高等学校公共课系列教材

毛泽东思想与中国特色社会主义理论体系概论

夏永林　　陈鹏联　　张熙凤　主编

西安电子科技大学出版社

内 容 简 介

本书围绕着马克思主义中国化的历史进程与理论成果的具体形态及其精髓问题而展开，全书共分为13 章，先后就马克思主义中国化的历史进程与理论成果、中国革命的基本理论与实践、社会主义的本质与根本任务、社会主义初级阶段理论、社会主义改革和对外开放，以及中国特色社会主义经济建设、政治建设、文化建设、和谐社会建设、生态文明建设，祖国完全统一的构想，中国特色社会主义建设外部环境及外交政策，中国特色社会主义事业的依靠力量和领导核心等一系列问题进行理论探讨。通过学习本书，可以使广大学生深入了解中国特色社会主义理论与实践的成果，坚定对中国特色社会主义的"道路自信"、"理论自信"和"制度自信"。本书最大的特点是紧紧结合党的十八大精神，在全书各个章节中贯彻党的十八大精神，保证了内容的新颖和与实现的结合。

图书在版编目(CIP)数据

毛泽东思想与中国特色社会主义理论体系概论/夏永林，陈鹏联，张熙凤主编.
—西安：西安电子科技大学出版社，2013.8(2023.8 重印)
ISBN 978–7–5606–3139–4

Ⅰ. ① 毛… Ⅱ. ① 夏… ② 陈… ③ 张… Ⅲ. ① 毛泽东思想—远程教育—教学参考资料 ② 中国特色社会主义—远程教育—教学参考资料 Ⅳ. ① A84 ② D616

中国版本图书馆 CIP 数据核字(2013)第 167036 号

策　　划　李惠萍
责任编辑　李惠萍
出版发行　西安电子科技大学出版社(西安市太白南路 2 号)
电　　话　(029)88202421 88201467　　邮　　编　710071
网　　址　www.xduph.com　　　　　　电子邮箱　xdupfxb001@163.com
经　　销　新华书店
印刷单位　咸阳华盛印务有限责任公司
版　　次　2013 年 8 月第 1 版　　2023 年 8 月第 9 次印刷
开　　本　787 毫米×960 毫米　1/16　印　张　17.5
字　　数　343 千字
印　　数　22 601～23 600 册
定　　价　38.00 元(含答题纸)
ISBN 978-7-5606-3139-4/A

XDUP 3431001-9

如有印装问题可调换

现代远程教育系列教材

编审委员会名单

主　　任　史小卫　丁振国

副　主　任　李文兴　辛　庄

编　　委　(按姓氏笔画排序)

王晓华　王燕妮　宁艳丽　冯育长　戎毓春

周　涛　周　源　范永武　赵文平　赵常兴

夏永林　黄锁成　康晓玲　詹海生　滕　昕

本书编委会名单

主　　编　夏永林　陈鹏联　张熙凤

参　　编　(以姓氏笔画为序)

王　凯　韦统义　刘建伟　邹　贺　赵常兴

罗淑宇　张美珍　禹海霞　曹　飞　蒲伟芬

前　言

本书是为高校"毛泽东思想与中国特色社会主义理论体系概论"这门课程专门编写的集教材和同步训练为一体的教学用书。作为当代青年学生，通过对本门课程的学习，了解中国的近代历史，了解以毛泽东为代表的党的第一代领导集体带领全党，团结工农大众和一切进步力量，夺取新民主主义革命胜利的历史；了解我国改革开放及党的二代、三代领导集体及新世纪党的领导集体的执政思想和执政理念，对于把握改革开放的历史进程、认识当今社会的热点问题及其他社会问题、提高自身思想政治素质是非常有意义的。近年来，我们一直在探索网络教育中的学生如何学习好这门课程、如何对学生进行考核的问题。希望同学们通过对课程的学习，能够树立正确的世界观和价值观，而不仅仅把学习这门课作为一件任务来完成。我们编写本书也是希望能为学生的学习增加一个检验自己学习效果的材料，这也是考试改革的一种尝试。

本书围绕着马克思主义中国化的历史进程与理论成果的具体形态及其精髓问题而展开。全书共分为 13 章，在对马克思主义中国化的历史进程及其理论成果与精髓进行总体阐述之后，先后就中国革命的基本理论与实践、社会主义的本质与根本任务、社会主义初级阶段理论、社会主义改革和对外开放，以及中国特色社会主义经济建设、政治建设、文化建设、和谐社会建设、生态文明建设，祖国完全统一的构想，中国特色社会主义建设外部环境及外交政策，中国特色社会主义事业的依靠力量和领导核心等一系列问题进行理论探讨。通过学习本书，可以使广大学生深入了解中国特色社会主义理论与实践的成果，坚定对中国特色社会主义的"道路自信"、"理论自信"和"制度自信"。

本书由夏永林、陈鹏联、张熙凤主编，全书的框架及编写提纲由夏永林设计草拟，经编委会全体同仁讨论后确定。本书主要由西安电子科技大学人文学院多年来一直承担同名课程的教师参加编写，具体分工为(按撰写内容先后为序)：夏永林、张熙凤、罗淑宇、曹飞、韦统义、蒲伟芬、王凯、陈鹏联、邹贺、赵常兴、刘建伟、张美珍、禹海霞依次编写第1～13章，第1～6章由张熙凤统稿，第7～13章由陈鹏联统稿，最后由夏永林对全书进行文字润色和整理，陈鹏联负责提纲和书稿的组织撰写工作。全书是在所有参编者的共同努力下完成的。

　　本书得到了西安电子科技大学网络与继续教育学院副院长辛庄，办公室黄锁成、周涛、范永武等老师的大力支持和帮助，也得到了西安电子科技大学出版社及李惠萍编辑的关心和帮助，在这里对他们表示衷心的感谢。同时，由于在编写该书的过程中也大量参考了国内同行和同名教材的部分内容，这里对相关作者也一并表示感谢。

　　由于编者们水平有限，全书定有不足之处，希望广大读者与同行批评指正。

夏永林

2013 年 5 月 27 日于西安

目　　录

第1章　马克思主义中国化的历史进程与理论成果 1

　　1.1　马克思主义中国化的科学内涵及其历史进程 2

　　　　1.1.1　马克思主义中国化的提出与科学内涵 2

　　　　1.1.2　马克思主义中国化的历史进程及其重要意义 4

　　1.2　马克思主义中国化的理论成果 5

　　　　1.2.1　毛泽东思想是马克思主义中国化的第一个重大理论成果 5

　　　　1.2.2　中国特色社会主义理论是马克思主义中国化的最新理论成果 8

　　　　1.2.3　党的十八大对坚持中国特色社会主义提出了新要求 16

　　1.3　马克思主义中国化理论成果的精髓 20

　　　　1.3.1　党的实事求是思想路线 20

　　　　1.3.2　解放思想、实事求是、与时俱进 23

　　本章小结 26

　　同步练习 27

第2章　中国革命的基本理论与实践 30

　　2.1　新民主主义革命理论 31

　　　　2.1.1　新民主主义革命的总路线和基本纲领 31

　　　　2.1.2　新民主主义革命的道路及其历史经验 33

　　2.2　社会主义改造理论 36

　　　　2.2.1　从新民主主义向社会主义的转变与过渡 36

　　　　2.2.2　社会主义改造道路及其历史经验 39

　　　　2.2.3　社会主义制度在中国的确立 44

　　本章小结 46

　　同步练习 46

第3章　社会主义的本质与根本任务 49

　　3.1　社会主义本质理论 50

　　　　3.1.1　党对中国特色社会主义建设道路的积极探索 50

　　　　3.1.2　社会主义本质的重新探索与认识 52

3.2 社会主义的根本任务 56
    3.2.1 社会主义的根本任务是发展生产力 56
    3.2.2 新时期党对社会主义的根本任务的再认识 57
本章小结 60
同步练习 61

第4章 社会主义初级阶段理论 64

4.1 社会主义初级阶段是我国的最大实际 64
    4.1.1 社会主义初级阶段理论的形成与发展 65
    4.1.2 社会主义初级阶段理论的科学含义和主要特征 67
    4.1.3 我国社会主义初级阶段的长期性 69
4.2 社会主义初级阶段的基本路线与基本纲领 70
    4.2.1 社会主义初级阶段的基本路线 70
    4.2.2 社会主义初级阶段的基本纲领 73
4.3 社会主义初级阶段的发展战略 74
    4.3.1 "三步走"发展战略 74
    4.3.2 全面建成小康社会的奋斗目标 76
本章小结 77
同步练习 78

第5章 社会主义改革和对外开放 81

5.1 改革开放是决定当代中国命运的关键抉择 81
    5.1.1 改革开放是一场新的伟大革命 82
    5.1.2 深刻把握全面深化改革开放目标的新要求 85
5.2 坚定不移地推进全面改革 86
    5.2.1 坚持全面改革的方针不动摇 86
    5.2.2 正确处理改革、发展、稳定的关系 88
5.3 毫不动摇地坚持对外开放 90
    5.3.1 中国的发展需要不断扩大对外开放 90
    5.3.2 不断提高对外开放的水平 92
本章小结 93
同步练习 94

第6章 中国特色社会主义经济建设 96

6.1 建立社会主义市场经济体制 97

6.1.1 社会主义市场经济理论的形成与发展 97

6.1.2 社会主义市场经济的基本特征 99

6.2 坚持和完善社会主义基本经济制度 101

6.2.1 社会主义初级阶段基本经济制度的确立 101

6.2.2 在所有制问题上坚持"两个毫不动摇" 102

6.3 社会主义初级阶段的分配制度 105

6.3.1 社会主义初级阶段的收入分配制度 106

6.3.2 深化分配制度改革,健全社会保障体系 108

6.4 促进国民经济又好又快发展 115

6.4.1 我国国民经济发展战略方针的形成 115

6.4.2 转变经济发展方式是实现科学发展的必经之路 116

本章小结 119

同步练习 119

第7章 中国特色社会主义政治建设 122

7.1 中国特色社会主义的民主政治 122

7.1.1 坚持走中国特色社会主义政治发展道路 123

7.1.2 中国特色社会主义的民主政治制度 124

7.2 依法治国,建设社会主义法治国家 129

7.2.1 依法治国是党领导人民治理国家的基本方略 129

7.2.2 加强社会主义法制建设 130

7.3 推进政治体制改革,发展民主政治 131

7.3.1 深化政治体制改革,扩大社会主义民主 131

7.3.2 社会主义社会的民主、自由和人权 134

本章小结 135

同步练习 136

第8章 中国特色社会主义文化建设 138

8.1 发展社会主义先进文化 138

8.1.1 坚持社会主义先进文化的前进方向 139

8.1.2 充分认识推进文化改革发展的重要性和紧迫性 141

8.1.3　中国特色社会主义文化建设的根本任务与基本方针 142

8.2　建设社会主义核心价值体系 143

8.2.1　社会主义核心价值体系的基本内容 144

8.2.2　社会主义核心价值观 145

8.3　加强思想道德建设和教育科学文化建设 147

8.3.1　加强思想道德建设 147

8.3.2　加强教育科学文化建设 149

本章小结 151

同步练习 152

第9章　中国特色社会主义和谐社会建设 155

9.1　构建社会主义和谐社会的重要性和紧迫性 156

9.1.1　构建社会主义和谐社会提出的背景和科学含义 156

9.1.2　构建社会主义和谐社会的科学含义 160

9.1.3　构建社会主义和谐社会的重要意义 161

9.2　构建社会主义和谐社会的总体思路 162

9.2.1　构建社会主义和谐社会的指导思想、基本原则和目标任务 162

9.2.2　构建社会主义和谐社会的主要举措 164

本章小结 166

同步练习 167

第10章　中国特色社会主义生态文明建设 170

10.1　生态文明思想的提出及意义 171

10.1.1　生态文明思想的提出 171

10.1.2　生态文明思想提出的现实意义 174

10.2　建设社会主义生态文明的总体思路 176

10.2.1　建设社会主义生态文明的指导思想、基本原则和总体布局 176

10.2.2　建设资源节约型、环境友好型社会，实现人与自然的和谐发展 ... 178

本章小结 180

同步练习 180

第11章　祖国完全统一的构想 183

11.1　实现祖国的完全统一是中华民族的根本利益 183

11.1.1 中国人民终将实现祖国的完全统一 184

11.1.2 从武力解放台湾到和平解放台湾政策的演变 184

11.2 "和平统一、一国两制"科学构想及其实践 185

11.2.1 "和平统一、一国两制"科学构想的提出及基本内容 185

11.2.2 "和平统一、一国两制"科学构想的成功实践及其意义 188

11.3 "和平统一、一国两制"构想的重要发展 189

11.3.1 "和平统一、一国两制"科学构想的丰富与发展 189

11.3.2 新世纪新阶段的对台方针政策 191

本章小结 193

同步练习 193

第 12 章 中国特色社会主义建设外部环境及外交政策 196

12.1 国际形势的发展与特点 196

12.1.1 和平与发展是当今时代的主题 197

12.1.2 世界多极化和经济全球化趋势在曲折中发展 199

12.2 坚持独立自主的和平外交政策 201

12.2.1 我国独立自主的和平外交政策 201

12.2.2 建设持久和平、共同繁荣的和谐世界 205

本章小结 207

同步练习 207

第 13 章 中国特色社会主义事业的依靠力量和领导核心 210

13.1 中国特色社会主义事业的依靠力量 211

13.1.1 建设中国特色社会主义的根本力量与重要力量 211

13.1.2 团结一切可以团结的力量 215

13.2 中国特色社会主义事业的领导核心 218

13.2.1 中国共产党的执政地位是历史与人民的选择 218

13.2.2 党的领导是社会主义现代化建设的根本保证 218

13.3 新时期加强党的建设的必要性 219

13.3.1 坚持立党为公、执政为民的执政理念 220

13.3.2 以改革创新的精神全面推进党的建设新的伟大工程 222

本章小结 225

同步练习 226

第 1 章　马克思主义中国化的历史进程与理论成果

内 容 导 学

【学习目标】

通过对本章的学习,使学生了解马克思主义中国化的科学内涵、历史进程及其重要意义;掌握马克思主义中国化的理论成果——毛泽东思想和马克思主义中国化的最新成果——中国特色社会主义理论体系形成的社会历史条件、基本内容及其意义;深刻领会党的十八大对中国特色社会主义的新要求,坚定中国特色社会主义的道路自信、理论自信和制度自信;了解和把握党的思想路线的基本内容和意义,把握马克思主义中国化理论成果的精髓所在。

【基本概念】

马克思主义中国化,中国特色社会主义理论体系,两次飞跃和两大理论成果,毛泽东思想,邓小平理论,"三个代表"重要思想,科学发展观,"三个自信",党的思想路线,教条主义,解放思想,实事求是,与时俱进,求真务实。

【教学重点】

(1) 马克思主义中国化的科学内涵;

(2) 中国特色社会主义理论体系形成的历史条件及其主要内容;

(3) 党的十八大关于坚持中国特色社会主义的基本要求;

(4) 党的思想路线的内容和重要意义;

(5) 坚持和贯彻党的思想路线的基本要求;

(6) 解放思想、实事求是、与时俱进、求真务实之间的关系。

【教学难点】

(1) 马克思主义中国化的历史必然性及其历史使命;

(2) 马克思主义中国化理论成果是与时俱进又一脉相承的科学理论；

(3) 如何形成对中国特色社会主义的三个自信；

(4) 马克思主义中国化理论成果的精髓；

(5) 党的思想路线的实质和核心；

(6) 实践基础上的理论创新是社会发展和变革的先导。

1.1　马克思主义中国化的科学内涵及其历史进程

中国共产党把马克思主义基本原理同中国具体实际相结合的进程，就是马克思主义中国化的进程。为什么要推进马克思主义中国化，是学习"毛泽东思想和中国特色社会主义理论体系概论"课程应该首先解决的问题。

1.1.1　马克思主义中国化的提出与科学内涵

1. 马克思主义中国化的提出

中国共产党从成立伊始，就是一个以马克思列宁主义为指导思想的党。但是，如何把马克思主义的基本原理同中国的具体实际结合起来，实现马克思主义的中国化，中国共产党人对这个问题的认识经历了一个过程。

党的早期领导人李大钊等都曾经提出过要把马克思列宁主义应用到中国的实践中的思想，但由于党当时处于幼年时期，对此问题还没有形成深刻的、完整的、统一的认识。党真正认识到这个问题的重要性是在 1935 年遵义会议后，而就全党来讲，则是在延安整风运动以后。

1938 年，毛泽东在党的六届六中全会上作的题为《论新阶段》的政治报告中最先提出了"马克思主义中国化"这个命题，源于对中国革命进程中正反两个方面实践经验的科学总结。在第一、二次国内革命战争时期，由于党对马克思主义同中国实际相结合还不够自觉，特别是由于 1931 年开始在党内占统治地位的"左"倾错误，把马克思主义教条化，把共产国际决议和苏联经验神圣化，使中国革命遭受严重挫折。遵义会议确立了毛泽东在全党的实际领导地位之后，开始从理论上系统地总结中国革命的历史经验，为中国革命提供合乎实际的完整理论、路线、方针和政策。抗日战争初期，又努力排除党内在统一战线问题上出现的"右"倾错误的干扰。经过延安整风，马克思主义中国化的思想成为全党的共识。党的第七次代表大会通过的《中国共产党章程》在总纲中确定，以马克思列宁主义的理论与中国革命的实践之统一的思想——毛泽东思想，作为我们党一切工作的指针。毛泽东思想是马克思主义中国化的第一个重大理论成果，是"中国化的马克思主义"。

实现马克思主义中国化，是解决中国问题的需要。马克思主义作为科学真理，虽然具有普遍指导意义，但将这些普遍真理应用于中国的具体实际却是一项极其艰巨的任务。中国共产党人面对着特殊的国情，在旧中国这样的半殖民地半封建的东方大国，不仅革命的条件与西方资本主义国家大不一样，而且中国社会历史发展的具体道路同西方资本主义各国以及其他国家社会历史发展的道路也不相同；同样，在新中国如何进行社会主义建设，如何进行社会主义改革，也不同于其他社会主义国家。要真正运用马克思主义来指导中国革命、建设和改革，必须实现马克思主义中国化。

2. 马克思主义中国化的科学内涵

马克思主义中国化，就是将马克思主义基本原理同中国具体实际相结合。具体可以从以下方面理解：

(1) 马克思主义中国化就是运用马克思主义解决中国革命、建设和改革的实际问题。旧中国是一个半殖民地半封建的东方大国，农民占人口的绝大多数，经济和文化都十分落后。在这样的条件下进行革命，必然会遇到许多特殊的复杂问题，靠套用马克思主义一般原理和照搬外国经验，不可能解决具体的问题；同样，在中国进行社会主义建设和改革，也不能把马克思主义当做教条，更无法照抄别人的经验。要真正运用马克思主义来指导中国革命、建设和改革，必须紧密结合中国国情和时代条件，寻找适合中国的具体问题，制定正确方略。

(2) 马克思主义中国化就是把中国革命、建设和改革的实践经验及历史经验提升为理论。马克思主义中国化不是关起门来搞纯粹的理论工作，而是运用马克思主义的立场、观点和方法解决中国的实际问题。在解决中国实际问题的过程中，必然会产生许多具有独创性的实践经验，通过对这些经验的总结和提炼，就会创造出新的理论，从而丰富和发展马克思主义。马克思主义中国化还包括要运用马克思主义立场、观点和方法去总结中国的历史经验。在当代中国，马克思主义中国化就是要把马克思主义的基本原理同中国社会主义现代化建设实践经验很好地结合起来。

(3) 马克思主义中国化就是要把马克思主义根植于中国的优秀文化之中。中国是一个有着几千年文明历史的大国，积淀着丰富的历史经验，应该在马克思主义的指导下，把这些历史经验认真地加以概括和提炼，为马克思主义理论宝库增加新的内容。马克思主义要能为中国人民广泛接受，并在实践中发挥指导作用，就必须寻找一种为中国人民所能理解和接受的民族形式。马克思主义中国化既不是对马克思主义的照搬，也不是对中国文化的复制，而是将马克思主义的基本原理同中国文化中的优秀成分相结合进而达到融合。

概括地说，马克思主义中国化就是用马克思主义来解决中国的问题，同时又将中国丰富的实践经验上升为理论，并且同中国的历史传统、中国的优秀文化相结合，不断赋予中国马克思主义以鲜明的实践特色、民族特色、时代特色等。

1.1.2　马克思主义中国化的历史进程及其重要意义

1. 马克思主义中国化的历史进程

马克思主义中国化是一个历史进程，是中国共产党人把马克思主义的基本原理同中国具体实际日益结合的过程。

党在幼年时期，由于理论准备和实践经验都不足，还不善于将马克思列宁主义的理论同中国革命的实践相结合，使中国革命走了一些弯路，出现了严重的曲折。遵义会议以后，党的理论和实践逐步走上了正确的轨道。

在领导中国革命和建设的过程中，以毛泽东为主要代表的中国共产党人，把马克思主义基本原理同中国革命的具体实际结合起来，取得了新民主主义革命的胜利，建立了人民民主专政的中华人民共和国；顺利地进行了社会主义改造，确立了社会主义基本制度；发展了社会主义的经济、政治和文化，初步探索了社会主义建设的道路。

党的十一届三中全会以来，几代中国共产党领导核心，带领全党和全国各族人民进行社会主义现代化建设和改革开放，邓小平同志回答了"什么是社会主义，怎样建设社会主义"的问题；江泽民同志回答了"建设什么样的党，怎样建设党"的问题；胡锦涛同志回答了"实现什么样的发展，怎样实现发展"的问题；习近平同志正在回答"举什么旗，走什么路，以什么样的精神状态，朝着什么样的目标前进"这一关系到中国未来前途和命运的重大问题，深化了党对共产党执政规律、社会主义建设规律、人类社会发展规律的认识，继续推进着马克思主义中国化的发展进程。

毛泽东思想和中国特色社会主义理论体系虽然形成于不同的历史时期，但在基本精神上都是一致的，中国特色社会主义理论体系同毛泽东思想是一脉相承又与时俱进的。

2. 马克思主义中国化的重要意义

(1) 马克思主义中国化的理论成果指引着党和人民的伟大事业不断取得胜利。在毛泽东思想的指引下，中国共产党领导全国各族人民，取得了新民主主义革命的胜利，建立了中华人民共和国；新中国成立以后，成功地进行了社会主义改造，完成了从新民主主义到社会主义的过渡，确立了社会主义基本制度。在毛泽东思想和中国特色社会主义理论的指引下，我国又不断推进了中国特色社会主义建设和改革的进程，国民经济持续快速健康地发展，改革开放取得丰硕成果，社会主义民主政治和精神文明建设成效显著，祖国统一大业取得新进展，人民生活总体上达到小康水平，全国人民正朝着实现富强、民主、文明、和谐的社会主义现代化目标迈进。实践证明，如果离开了马克思主义中国化的不懈探索，离开了马克思主义中国化理论成果的指引，我们的实践就会陷入盲目性，我们的事业就会遭受挫折和失败。

(2) 马克思主义中国化的理论成果提供了凝聚全党和全国各族人民的强大精神支柱。

马克思主义中国化的一系列理论成果，代表着中国最广大人民在不同历史时期的意志和愿望，是中华民族优秀文化的结晶，是凝聚党心、民心的强大精神力量，是一定历史条件下中华民族智慧的最高表现和理论上的最高概括。在世界多极化和经济全球化的今天，我们面临着难得的历史机遇，同时也有很多的困难，需要用中国化的马克思主义来统一思想、凝聚人心、凝聚力量。

(3) 马克思主义中国化倡导和体现了对待马克思主义的科学态度和优良作风，不断开拓着马克思主义在中国发展的新境界。马克思主义中国化进程中形成的理论成果，是马克思主义与中国不同时期实际相结合的产物，体现了理论与实际的统一、坚持与发展的统一，既反对轻视甚至背离马克思主义的错误倾向，又反对教条式地对待马克思主义和静止地、孤立地研究马克思主义的错误倾向。它们为马克思主义的理论宝库增添了许多新内容，它们的形成和发展，既反映了马克思主义基本理论在中国的传承，又体现了马克思主义是一个不断发展的、开放的科学体系。

1.2　马克思主义中国化的理论成果

中国共产党在领导中国革命、建设和改革的长期实践中，把马克思主义基本原理同中国革命和建设的实际相结合，实现了两次历史性飞跃，产生了两大理论成果。第一次历史性飞跃形成的理论成果是毛泽东思想，是被实践证明了的关于中国革命和建设的正确的理论原则和经验总结；第二次历史性飞跃形成的理论成果是中国特色社会主义理论体系。

1.2.1　毛泽东思想是马克思主义中国化的第一个重大理论成果

1. 毛泽东思想的形成和发展

1) 毛泽东思想形成的社会历史条件

马克思主义中国化的第一个重大理论成果是毛泽东思想。它是马克思列宁主义在中国的运用和发展，是被实践证明了的关于中国革命和建设的正确的理论原则和经验总结，是中国共产党集体智慧的结晶。毛泽东思想产生的社会历史条件是：

第一，20 世纪前、中期世界和中国政局的变动，是毛泽东思想产生和形成的时代背景。

第二，新的社会生产力的增长和工人运动的发展，为毛泽东思想的产生和形成提供了物质基础和阶级基础。

第三，新文化运动的兴起和马克思列宁主义的传入与传播，为毛泽东思想的产生和形成准备了思想理论条件。

第四，中国共产党领导人民进行的反帝反封建的革命，是毛泽东思想产生和形成的实践基础。

2) 毛泽东思想形成和发展的过程

马克思主义同中国革命实际相结合的历史进程，同时也是毛泽东思想形成和发展的过程。毛泽东思想的形成和发展过程大致上经历了以下几个阶段：

第一，在中国共产党创建和国民革命时期，毛泽东为代表的中国共产党人初步提出了新民主主义革命的基本思想，标志着毛泽东思想开始萌芽。

第二，在土地革命战争前中期，毛泽东提出了农村包围城市、武装夺取政权的革命道路理论，提出了实事求是、群众路线、独立自主的基本思想，标志着毛泽东思想初步形成。

第三，在土地革命战争后期和抗日战争时期，毛泽东写了大量著作，对新民主主义理论作了系统而完整的阐述，标志着毛泽东思想达到成熟。

第四，在解放战争和从新民主主义向社会主义的过渡时期，毛泽东思想在军事原则、战略策略和政策、国家政权理论、革命转变理论等方面，均有新的重大发展。

第五，在社会主义建设时期，在探索中国社会主义建设道路的曲折历程中，毛泽东为代表的中国共产党人在工作重心转移、社会主义现代化目标、中国工业化道路、经济体制改革、民主政治建设、思想文化建设、执政党建设等方面，提出了许多重要思想观点，特别是创立了社会主义社会矛盾学说。但毛泽东晚年也有失误，包括文化大革命这样的错误。

2. 毛泽东思想的科学体系和主要内容

毛泽东思想的科学体系包含着丰富的内容，主要有以下几个方面：

(1) 新民主主义革命理论。毛泽东创立了无产阶级领导的，工农联盟为基础的，人民大众的，反对帝国主义、封建主义和官僚资本主义的新民主主义革命的理论。它是反映中国新民主主义革命客观规律的理论形态，是毛泽东思想达到成熟的主要标志。

(2) 社会主义革命和社会主义建设理论。毛泽东领导我们党进行了社会主义改造；提出了社会主义基本矛盾和两类不同性质矛盾的学说；在社会主义制度建立以后，毛泽东又领导全党和全国人民积极探索中国自己建设社会主义的道路，提出了一系列具有战略意义的正确思想和方针。

(3) 革命军队建设和军事战略的理论。毛泽东规定了全心全意为人民服务是人民军队的唯一宗旨，规定了是"党指挥枪"而不是"枪指挥党"的原则，制定了《三大纪律八项注意》，强调实行政治、经济、军事三大民主，实行官兵一致、军民一致和瓦解敌军的原则，提出和总结了一套军队政治工作的方针和方法。

(4) 政策和策略的理论。毛泽东精辟地论证了革命斗争中政策和策略问题的极端重要性，提出把原则性和灵活性结合起来；提出了战略上要藐视敌人，战术上要重视敌人；对敌人要区别对待、分化瓦解，实行利用矛盾、争取多数、反对少数、各个击破的策略，并做到有理、有利、有节等。

(5) 思想政治工作和文化工作的理论。毛泽东提出关于思想政治工作是经济工作和其他一切工作的生命线，要实行政治和经济的统一、政治和技术的统一、又红又专的方针；关于发展民族的、科学的、大众的文化，实行百花齐放、百家争鸣和古为今用、洋为中用、推陈出新的方针等。

(6) 党的建设理论。毛泽东特别注重从思想上建党，提出党员不但要在组织上入党，而且要在思想上入党；提出了理论和实践相结合的作风，和人民群众紧密地联系在一起的作风，以及批评与自我批评的作风，是中国共产党区别于其他任何政党的显著标志；提出务必使同志们继续地保持谦虚、谨慎、不骄、不躁的作风，务必使同志们继续地保持艰苦奋斗的作风，反对脱离群众的官僚主义。这些重要思想，为马克思主义建党理论增添了新的内容，为中国共产党的建设指明了正确的方向。

除了上面讲的这几个方面外，毛泽东思想体系中还有关于国际战略及外交工作思想方法和工作方法的理论等。这些都是建设中国特色社会主义的宝贵精神财富。

毛泽东思想活的灵魂，是贯穿于上述各个理论的立场、观点和方法。它们有三个基本方面，即实事求是、群众路线、独立自主。实事求是，就是一切从实际出发，理论联系实际。毛泽东思想把辩证唯物主义和历史唯物主义运用于党的全部工作，在中国革命和建设的长期艰苦奋斗中形成了具有中国共产党人特色的这些立场、观点和方法，丰富和发展了马克思列宁主义。

3. 毛泽东思想的历史地位和指导意义

(1) 毛泽东思想是马克思主义中国化第一次历史性飞跃的理论成果。在中国共产党的历史上，毛泽东第一个提出了"马克思主义中国化"的科学命题，深刻论证了马克思主义中国化的必要性和极端重要性，系统阐述了马克思主义中国化的科学内涵和实现马克思主义中国化的正确途径，开辟了马克思主义在中国的发展道路，为党沿着正确的方向发展奠定了坚实的基础。毛泽东思想是马克思主义中国化的第一个理论形态，实现了马克思主义中国化的第一次历史性飞跃。

(2) 毛泽东思想是中国革命和建设的科学指南。在毛泽东思想的指引下，我们党找到了一条新民主主义革命的正确道路，完成了反对帝国主义、封建主义、官僚资本主义的任务，结束了中国半殖民地半封建社会的历史，建立了中华人民共和国；找到了一条从新民主主义向社会主义过渡的道路，确立了社会主义基本制度，实现了中国历史上最深刻、最伟大的社会变革。积累了在中国这样的社会生产力水平十分落后的东方大国进行社会主义建设的重要经验。

(3) 毛泽东思想是中国共产党和中国人民宝贵的精神财富。毛泽东思想形成和发展的历史条件，与我们今天面临的形势和任务有很大的不同，但这丝毫没有减弱和降低毛泽东思想的科学价值。如果不了解毛泽东思想，就不能对邓小平理论和"三个代表"重要思想有深刻的认识，毛泽东思想是中国人民不断奋进的强大精神动力，将长期激励和指导着我们前进。

(4) 坚持毛泽东思想就必须正确认识毛泽东思想的历史地位和指导意义。"文化大革命"结束后，在对毛泽东和毛泽东思想的认识问题上，存在过两种错误倾向，即对"两个凡是"的全盘肯定和全盘否定。这两种态度都是没有把毛泽东思想同毛泽东晚年所犯的错误区别开来。1981 年党的十一届六中全会作出的《关于建国以来党的若干历史问题的决议》，对毛泽东和毛泽东思想的历史地位作出了科学的、实事求是的评价。这个评价有利于统一全党认识，得到了全党的拥护。

毛泽东是伟大的马克思主义者、伟大的无产阶级革命家、战略家和理论家。他为中国共产党和中国人民解放军的创立和发展，为中国各族人民解放事业的胜利，为中华人民共和国的缔造和社会主义事业的发展，建立了不可磨灭的功勋，为世界被压迫民族的解放和人类进步事业作出了重大贡献。虽然毛泽东晚年特别是在"文化大革命"中的确犯有严重错误，但是就他的一生来看，他的功绩远远大于他的过失。他的功绩是第一位的，错误是第二位的。他的错误是一个伟大的革命家、一个伟大的马克思主义者所犯的错误。将毛泽东晚年所犯的错误同经过长期历史考验成为科学理论的毛泽东思想区别开来，为我们完整准确的理解毛泽东思想、坚持和发展毛泽东思想指明了方向。正如邓小平所指出："没有毛主席，至少我们中国人民还要在黑暗中摸索更长的时间。"

1.2.2　中国特色社会主义理论是马克思主义中国化的最新理论成果

中国特色社会主义理论体系主要包括以下理论形态：

1. 邓小平理论

1) 邓小平理论的形成和发展

邓小平理论是马克思主义原理与当代中国实践和时代特征相结合的产物，是毛泽东思想在新的历史条件下的继承和发展，是中国共产党集体智慧的结晶。这一理论是在以下背景和条件下形成与发展的：

第一，时代主题的转换是邓小平理论形成的时代背景。20 世纪 70 年代以来，新科技的革命和世界经济不断发展，国际形势和世界政治格局发生了重大变动。和平与发展逐渐成为时代的主题，为我国社会主义现代化建设、实行改革开放、借鉴和吸收人类社会创造的一切文明成果提供了良好机遇。

第二，社会主义建设正反两方面历史经验是邓小平理论形成和发展的历史背景。社会主义基本制度确立以后，我国开展大规模的社会主义建设，取得了很大的成绩，但同时党的工作在指导方针上有过严重失误，甚至发生了"文化大革命"那样全局性、长时间的"左"倾错误。以邓小平为核心的党的第二代中央领导集体果断停止使用"以阶级斗争为纲"的口号，坚持以经济建设为中心，大力推进改革开放，坚持四项基本原则，使生产力获得新的解放和巨大发展。

第三，我国改革开放以来社会主义现代化建设的实践是邓小平理论形成和发展的现实依据。邓小平理论是我国改革开放后和社会主义现代化建设的进程中逐步形成和发展起来的。1978年12月，邓小平同志在中央工作会议上强调全党要解放思想、实事求是、团结一致向前看；党的十一届三中全会上重新倡导确立了实事求是的思想路线；在党的十二大上，邓小平第一次提出了"建设有中国特色的社会主义"的重要命题；党的十三大第一次比较系统地论述了社会主义初级阶段的理论，制定了党在社会主义初级阶段的理论及"一个中心，两个基本点"的基本路线；特别是在1992年初，邓小平在南巡讲话中，从理论上深刻回答了长期困扰和束缚人们思想的许多重大认识问题，把改革开放和现代化建设推向了新境界。党的十四大对"建设有中国特色社会主义理论"的主要内容作了系统概括，指出这个理论第一次比较系统地回答了在中国这样经济文化比较落后的国家如何建设社会主义、如何巩固发展社会主义的基本问题；党的十五大正式提出"邓小平理论"这一科学概念，郑重地把邓小平理论同马克思列宁主义、毛泽东思想一起，确定为党在一切工作中的指导思想，并写入党章，又载入宪法。

2）邓小平理论的科学体系的内容

邓小平理论的科学体系包含着丰富的内容，主要有以下几个方面：

第一，社会主义本质理论。"什么是社会主义，怎样建设社会主义"，是建设中国特色社会主义首要的基本理论问题。邓小平提出："社会主义的本质是解放生产力，发展生产力，消灭剥削，消除两极分化，最终达到共同富裕。"这一科学概括，反映了社会主义社会发展的基本规律，反映了人民的利益和时代的要求，把对社会主义的认识提高到了新的认识水平。

第二，社会主义初级阶段理论。邓小平指出，我国还处在社会主义初级阶段，这是一个至少需要经历上百年的历史阶段，制定一切方针政策都必须以这个基本国情为前提，不能脱离实际与超越阶段。邓小平和党对当代中国基本国情的科学判断，使我们对社会主义建设的长期性、紧迫性、复杂性和艰巨性有了更加清醒的思想准备，也使我们深化了对社会主义建设任务的认识，使我们的方针政策建立在科学的基础之上。

第三，社会主义改革开放理论。邓小平强调改革也是一场革命，只有改革才能解放和发展生产力，它是中国现代化的必由之路，僵化停滞是没有出路的。对外开放是建设中国特色社会主义的一项基本国策，是改革和建设必不可少的，应该吸收和利用世界各国包括资本主义发达国家所创造的一切先进文明成果来发展社会主义，封闭只能导致落后。

第四，社会主义市场经济理论。邓小平提出，计划经济不等于社会主义，市场经济不等于资本主义，从根本上解除了把计划经济和市场经济看做属于社会制度范畴的思想束缚。在坚持公有制和按劳分配为主体、其他经济成分和分配方式为补充的基础上，把市场经济配置资源的长处和社会主义制度的优越性结合起来，建立和完善社会主义市场经济体制，为促进我国经济发展和社会进步注入了强大而持久的活力。

除了上面指出的几个方面外，邓小平理论体系中还包括社会主义现代化发展战略、社会主义民主政治建设、社会主义精神文明建设、统一战线、军队和国防建设、社会主义国家外交战略、祖国完全统一、党的建设等理论。

邓小平理论是贯通哲学、政治经济学、科学社会主义等领域，涵盖了经济、政治、文化、党的建设等方面的一个比较完备的科学体系，又是需要从各个方面进一步丰富和发展的科学体系。

3) 邓小平理论的历史地位和指导意义

邓小平理论的历史地位和指导意义体现在以下几点：

第一，对中国社会主义建设规律的科学认识。邓小平理论坚持解放思想、实事求是，在新的实践基础上继承前人又突破陈规，开拓了马克思主义的新境界；它抓住"什么是社会主义，怎样建设社会主义"这个根本问题，揭示了社会主义的本质，把对社会主义的认识提高到新的科学水平；它坚持用马克思主义的宽广眼界观察世界，对当今时代特征和总体国际形势，对世界上其他社会主义国家的成败、发展中国家谋求发展的得失、发达国家发展的态势和矛盾进行了正确的分析，作出了新的科学判断。

第二，它是改革开放和社会主义现代化建设的科学指南。邓小平理论指引我们实现了从"以阶级斗争为纲"到以经济建设为中心、从封闭半封闭到改革开放、从计划经济到社会主义市场经济等一系列重大转变，使我国实现政治稳定、经济发展、民族团结，使社会生产力、综合国力和人民生活都上了一个大台阶，成功走出了一条具有中国特色的社会主义道路。

第三，它是党和国家必须长期坚持的指导思想。今天我们推进中国特色社会主义的伟大事业，仍然要紧紧围绕"什么是社会主义，怎样建设社会主义"这个根本问题，继续解放思想、实事求是，推动经济社会全面发展。这些根本性的方针，关系到中国特色社会主义的前途和命运，不能有任何的动摇。

2. "三个代表"重要思想

1) "三个代表"重要思想的形成和发展

"三个代表"重要思想是对马克思列宁主义、毛泽东思想、邓小平理论的继承和发展，反映了当代世界和中国的发展变化对党和国家工作的新要求，是中国共产党集体智慧的结晶。其产生的社会历史条件是：

第一，"三个代表"重要思想是在科学判断党的历史方位的基础上提出来的。20 世纪 80 年代以来，尽管我们所面临的时代主题、主要矛盾和主要任务没有根本性改变，但是党所处的地位和环境、党肩负的历史任务、党的自身状况，都出现了许多新情况。中国共产党已经从领导人民为夺取国家政权而奋斗的党，成为领导人民掌握国家政权并长期执政的党；已经从受到外部封锁和实行计划经济条件下领导国家建设的党，成为实行对外开放和发展社会主义市场经济条件下领导国家建设的党。

第二，国际局势和世界格局的深刻变化，是"三个代表"重要思想形成的时代背景。随着东欧剧变、苏联解体，世界社会主义出现严重曲折；世界多极化和经济全球化的趋势在曲折中发展。虽然和平与发展仍是当今时代的主题，但霸权主义和强权政治又有新的表现，恐怖主义危害上升，一些地区的冲突和争端时起时伏，世界还很不安宁；科技进步日新月异，以经济为基础、科技为先导的综合国力竞争更为激烈。

第三，改革开放以来党和人民建设中国特色社会主义的伟大探索，是"三个代表"重要思想形成的实践基础。我国进入了全面建设小康社会、加快推进社会主义现代化新的发展阶段。同时，改革处于攻坚阶段，发展处于关键时期，我国社会主义事业发展面临着巨大的困难和挑战。随着改革开放和社会主义市场经济的发展，社会经济成分、组织形式、就业方式、利益分配和分配方式日益多样化。加入世界贸易组织，给我国经济社会带来深刻影响。

第四，党的建设面临的新形势与新任务，是"三个代表"重要思想形成的现实依据。随着党和国家事业的发展，党的队伍发生了重大变化。新党员的数量大幅度增加，干部队伍新老交替不断进行，一大批年轻干部走上领导岗位，既给党的发展带来了新的活力，也提出了新的课题。如何进一步提高党的领导水平和执政水平、如何提高领导干部拒腐防变和抵御风险的能力，是当今必须解决好的两大历史性课题。这就要求党从新的实际出发，以改革的精神加强和改进自身的建设。

正是在上述世情、国情、党情新变化的背景下，党的十三届四中全会以后，以江泽民为核心的党的第三代中央领导集体，高举邓小平理论伟大旗帜，在科学判断党的历史方位的基础上，在建设中国特色社会主义的伟大实践中，逐步将治党、治国、治军的新经验加以概括和总结，创立了"三个代表"重要思想。

面对在实行改革开放和发展社会主义市场经济的条件下，"建设什么样的党，怎样建设党"这一关系到党和国家前途命运的重大现实问题，党的十三届四中全会以来，以江泽民为核心的党的第三代中央领导集体，进行了艰苦的理论探索和实践创新。经过长期思考，江泽民指出，只要我们党始终代表中国先进生产力的发展要求，代表中国先进文化的前进方向，代表最广大人民的根本利益，我们党就能永远立于不败之地，永远得到全国各族人民的衷心拥护并带领人民不断前进。始终做到"三个代表"，是我们党的"立党之本、执政之基、力量之源"。在纪念建党 80 周年大会上，江泽民全面阐述了在新的历史条件下"建设什么样的党，怎样建设党"这一重大问题，提出了按照"三个代表"要求加强和改进党的建设、始终保持党的先进性和纯洁性的任务。党的十六大进一步指出了贯彻"三个代表"重要思想，即关键在坚持与时俱进、核心在坚持党的先进性、本质在坚持执政为民，并把

"三个代表"重要思想同马克思列宁主义、毛泽东思想、邓小平理论一道，确立为党必须长期坚持的指导思想，并写入党章，又写入了宪法。

2) "三个代表"重要思想的科学体系和主要内容

"中国共产党必须始终代表中国先进生产力的发展要求，代表中国先进文化的发展方向，代表中国最广大人民的根本利益。"这就是对"三个代表"重要思想的集中概括。

第一，始终代表中国最先进生产力的发展要求，就是党的理论、路线、纲领、方针、政策和各项工作，必须努力符合生产力发展的规律，体现不断推动社会生产力的解放和发展的要求，尤其是体现推进先进生产力发展的要求，通过发展生产力不断提高人民群众的生活水平。

第二，始终代表中国先进文化的前进方向，就是党的理论、路线、纲领、方针、政策和各项工作，必须努力体现面向现代化、面向世界、面向未来的，民族的、科学的、大众的、社会主义文化的发展要求，促进全民族思想道德素质和科学文化素质的不断提高，为我国经济发展和社会进步提供精神动力和智力支持。

第三，始终代表中国最广大人民的根本利益，就是党的理论、路线、纲领、方针、政策和各项工作，必须坚持把人民的根本利益作为出发点和归宿，充分发挥人民群众的积极性、主动性、创造性，在社会不断发展进步的基础上，使人民群众不断获得切实的经济、政治、文化利益。

"三个代表"重要思想是统一的整体，相互联系、相互促进。发展先进生产力，是发展先进文化的基础，是实现最广大人民利益的前提；发展先进文化，是发展先进生产力和实现最广大人民根本利益的重要思想保证；发展先进生产力和先进文化，归根到底都是为了实现最广大人民的根本利益，而人民群众则是创造先进生产力和先进文化的主体，也是实现自身利益的根本力量。

3) "三个代表"重要思想的历史地位和指导意义

第一，党的指导思想的又一次与时俱进。"三个代表"重要思想继承和发展了马克思主义关于人类社会前进最终是由生产力发展决定的，同时是由先进文化引导的、由人民群众推动的等基本原理。解释了中国特色社会主义是社会主义市场经济、社会主义民主政治和社会主义先进文化的有机统一，表明党对执政规律、社会主义建设规律和人类社会发展规律的认识达到了新的理论高度。

第二，全面建设小康社会的根本指针。"三个代表"重要思想是指引全党、全国人民为实现全面建设小康社会的宏伟目标而奋斗的根本指针。我们在实现这个宏伟目标的征程中，将长期面对着如何科学判断和全面把握国际形势的发展变化、如何科学判断和全面把握我国将长期处于社会主义初级阶段的基本国情、如何科学判断和全面把握党所处的历史方位和肩负的历史使命等重大课题。"三个代表"重要思想为我们正确认识和处理这些重大课题提供了科学理论和科学方法。

第三，加强和改进党的建设、推进我国社会主义自我完善和发展的强大理论武器。"三个代表"重要思想创造性地回答了"建设什么样的党、怎样建设党"的问题，把党的建设新的伟大工程同中国特色社会主义伟大事业紧密联系起来，确定了党的建设的总体部署。坚持贯彻"三个代表"重要思想，党就能在世界形势发生深刻变化的历史进程中始终走在时代前列，在应对国内外各种风险考验的历史进程中始终成为全国人民的主心骨，在建设中国特色社会主义进程中始终成为领导核心。

3．科学发展观

1) 科学发展观的形成和发展

科学发展观，是对中国共产党的三代中央领导集体关于发展的重要思想的继承和发展，是马克思主义关于发展的世界观和方法论的集中体现，是同马克思列宁主义、毛泽东思想、邓小平理论和"三个代表"重要思想既一脉相承又与时俱进的科学理论。其产生的社会历史条件是：

第一，我国社会主义初级阶段基本国情是提出科学发展观的根本依据。党的十三大深刻论述了社会主义初级阶段理论，强调我国社会已经是社会主义社会，同时，我国社会主义社会还处于初级阶段，我们必须从这个实际出发而不能超越这个阶段。此后，党的十四大、十五大、十六大都重申和强调了社会主义初级阶段问题。党的十七大报告指出：经过新中国成立以来特别是改革开放以来的不懈努力，我国取得了举世瞩目的发展成就，但我国仍处于并将长期处于社会主义初级阶段的基本国情没有变，人民日益增长的物质文化需要同落后的社会生产之间的矛盾这一社会主要矛盾没有变。提出科学发展观，就是要求我们牢记社会主义初级阶段的基本国情，认清全面建设小康社会、基本实现现代化的长期性和艰巨性，提高想问题、办事情决不可脱离实际的自觉性。

第二，我国在新世纪的阶段性特征是提出科学发展观的现实基础。随着经济体制深刻变革、社会结构深刻变动、利益格局深刻调整、思想观念深刻变化，我国经济社会发展呈现出一系列新的阶段性特征：经济实力显著增强，同时生产力水平总体上还不高，自主创新能力还不强，长期形成的结构性矛盾和粗放型增长方式尚未根本改变；社会主义市场经济体制初步建立，同时影响发展的体制机制障碍依然存在，改革攻坚面临深层次矛盾和问题；人民生活总体上达到小康水平，同时收入分配差距拉大的趋势还未根本扭转，城乡贫困人口和低收入人口还有相当数量，统筹兼顾各方面利益难度加大；协调发展取得显著成绩，同时农业基础薄弱、农村发展滞后的局面尚未改变，缩小城乡、区域发展差距和促进经济社会协调发展任务艰巨；社会主义民主政治不断发展，依法治国基本方略坚持贯彻，同时民主法制建设与扩大人民民主和经济社会发展的要求还不完全适应，政治体制改革需要继续深化；社会主义文化更加繁荣，同时人民精神文化需求日趋旺盛，人们思想活动的独立性、选择性、多变性、差异性明显增强，对发展社会主义先进文化提出了更高要求；社会活力显著增强，同时社会结构、社会组织形式、社会利益格局发生深刻变化，社会建设和管理面临诸多新课题；对外开放日益扩大，同时面临的国际竞争日趋激烈，发达国家在经济科技上占优势的压力长期存在，可以预见和难以预见的风险增多，统筹国内发展和对外开放要求更高。以上这些阶段性特征，是社会主义初级阶段基本国情在新世纪新阶段的具体表现。它表明我国已进入发展的关键时期、改革的攻坚时期和社会矛盾的凸显时期，要求我们全面认识发展的新形势、新任务，深刻把握我国发展面临的新课题、新矛盾，以新的思路、新的方法推进现代化建设，更加自觉地走科学发展的道路。

第三，当代世界的发展实践和发展理念是提出科学发展观的重要借鉴。第二次世界大战后，加快经济发展成为世界各国的共识。但是，由于一些国家在社会制度方面存在的问题和弊端，出现单纯追求经济增长、不重视社会发展、不解决社会公平问题、忽视能源资源节约和生态环境保护的现象，致使世界发展遇到了一系列严重的问题。世界各国发展的实践表明，发展绝不仅仅是经济增长，而应该是经济、政治、文化、社会全面协调发展，应该是人与自然和谐的可持续发展。作为世界上坚持社会主义道路的最大的发展中国家，我国要完成工业化和信息化的双重任务，面临着促进经济发展和节约资源、保护环境的双重压力，这就决定了我们不能重复其他国家走过的老路，而必须走出一条中国特色的发展道路。

科学发展观的提出经历了一个在实践中逐步丰富和发展的过程。党的十六届三中全会通过的《中共中央关于完善社会主义市场经济体制若干问题的决定》指出："坚持以人为本，树立全面、协调、可持续的发展观，促进经济社会和人的全面发展。"这是党的文件中第一次提出科学发展观；党的十六届四中全会通过的《中共中央关于加强党的执政能力建设的决定》，把树立和落实科学发展观作为提高党的执政能力的重要内容；党的十六届五中全会通过的《中共中央关于制定国民经济和社会发展第十一个五年规划的建议》强调，要坚定不移地以科学发展观统领经济社会发展全局，坚持以人为本，转变发展观念，创新发展模式，提高发展质量，把经济社会发展切实转入全面协调、可持续发展的轨道；全国人大十届四次会议通过的《中华人民共和国国民经济和社会发展第十一个五年规划纲要》中指出，"十一五"时期促进国民经济持续、快速、协调、健康发展和社会全面进步，关键是要牢固树立和全面贯彻落实科学发展观；党的十七大报告中进一步深刻阐述了科学发展观的时代背景、科学内涵、精神实质和根本要求，并将它写入了党章；党的十八大将其同马克思列宁主义、毛泽东思想、邓小平理论、"三个代表"重要思想一道，确立为党必须长期坚持的指导思想。

2）科学发展观包括的具体内容

第一，科学发展观的第一要义是发展。一个真正马克思主义政党在执政以后，根本任务就是发展社会生产力，发展是硬道理。要求我们必须坚持把发展作为党执政兴国的第一要务，牢牢扭住经济建设这个中心，坚持聚精会神搞建设、一心一意谋发展，不断解放和发展社会生产力。要更加有效地实施科教兴国战略、人才强国战略、可持续发展战略，着力把握发展规律、创新发展理念、转变发展方式、破解发展难题、提高发展质量和效益、实现又好又快发展，为发展中国特色社会主义打下坚实基础。

第二，科学发展观的核心是以人为本。以人为本，体现了马克思主义历史唯物论的基本原理，体现了我们党全心全意为人民服务的根本宗旨和我们推动经济社会发展的根本要求。坚持以人为本，就要始终把实现好、维护好、发展好最广大人民的根本利益作为党和国家一切工作的出发点和落脚点，尊重人民主体地位，发挥人民首创精神，保障人民各项权益，走共同富裕道路，促进人的全面发展，做到发展为了人民、发展依靠人民、发展成果由人民共享。

第三，科学发展观的基本要求是全面协调可持续。我们所追求的发展，不是片面的发展、不计代价的发展、竭泽而渔式的发展，而是全面、协调、可持续的发展。这就要求我们必须按照中国特色社会主义事业的总体布局，全面推进经济建设、政治建设、文化建设、社会建设和生态文明建设五位一体的建设。要坚持走生产发展、生活富裕、生态良好的文明发展道路，建设以资源环境承载力为基础、以自然规律为准则、以可持续发展为目标的资源节约型、环境友好型社会，实现速度和结构质量效益相统一、经济发展与人口资源环境相协调，使人民在良好生态环境中生产生活，实现经济社会永续发展。

第四，科学发展观的根本方法是统筹兼顾。坚持统筹兼顾，就是既要总揽全局、统筹规划，又要抓住牵动全局的主要工作、事关群众利益的突出问题。这就要求我们必须正确认识和妥善处理中国特色社会主义事业中的重大关系，统筹城乡发展、区域发展、经济社会发展、人与自然和谐发展、国内发展和对外开放，统筹中央和地方关系，统筹个人利益和集体利益、局部利益和整体利益、当前利益和长远利益，充分调动各方面积极性。要统筹国内国际两个大局，树立世界眼光，加强战略思维，善于从国际形势发展变化中把握发展机遇、应对风险挑战，营造良好的国际环境。

3) 科学发展观的指导意义

第一，科学发展观是同马克思列宁主义、毛泽东思想、邓小平理论和"三个代表"重要思想既一脉相承又与时俱进的科学理论。马克思主义关于社会发展的基本原理始终是我们发展的指导思想。毛泽东提出的根据本国情况走自己的道路，正确处理人民内部矛盾，正确处理社会主义建设中的十大关系，坚持统筹兼顾、综合平衡等重要方针和原则；邓小平提出的社会主义的根本任务是发展生产力、发展才是硬道理、实施"三步走"战略、坚持"两手抓、两手都要硬"、统筹两个大局等一系列重要思想；江泽民提出的把发展作为党执政兴国的第一要务，坚持用发展的办法解决前进中的问题，建立社会主义市场经济体制，促进社会主义物质文明、政治文明、精神文明全面发展和人的全面发展，正确处理改革发展稳定关系等一系列重要思想，这些都是马克思主义发展观的重要内容，也是科学发展观的理论基础和思想来源。

第二，科学发展观是马克思主义关于发展的世界观和方法论的集中体现。科学发展观强调发展是第一要义，特别强调经济发展作为一切发展的前提，体现了历史唯物主义关于生产力发展是人类社会发展的基础的观点；科学发展观坚持以人为本，体现了历史唯物主义关于人民是历史发展主体的观点和共产党人全心全意为人民服务的宗旨；科学发展观坚持全面发展和协调发展，体现了唯物辩证法关于事物之间相互联系、辩证统一的基本原理；科学发展观坚持可持续发展，体现了辩证唯物主义关于人与自然关系的思想和社会主义在消除资本主义弊端方面的优越性。科学发展观坚持把社会主义物质文明、政治文明、精神文明、和谐社会建设和人的全面发展看成有联系的整体，体现并进一步丰富和深化了马克思主义对发展问题的认识。

第三，科学发展观是我国经济社会发展的重要指导方针和发展中国特色社会主义必须坚持和贯彻的重大战略思想。科学发展观站在历史和时代的高度，围绕中国特色社会主义这一主题，深刻回答了我国社会主义经济建设、政治建设、文化建设、社会建设和党的建设的一系列重大问题，是中国特色社会主义理论体系的重要创新成果，体现了我们党对共产党执政规律、社会主义建设规律、人类社会发展规律认识的进一步深化。科学发展观针对我国发展过程中一些领域和方面出现的发展不够平衡问题，着眼于实现经济社会又好又快发展，进一步提出了解决城乡、区域、经济社会、人与自然发展的不平衡、不协调问题的思路，进一步指明了我国经济社会发展的正确方向，是我国经济社会发展的重要指导方针。

1.2.3　党的十八大对坚持中国特色社会主义提出了新要求

1. 必须坚定不移走中国特色社会主义道路

党的十八大报告指出，道路关乎党的命脉，关乎国家前途、民族命运、人民幸福。在中国这样一个经济文化落后的国家探索民族复兴道路是极为艰巨的任务。我们必须把马克思主义基本原理同中国实际和时代特征结合起来，独立自主走自己的路，取得革命建设改革伟大胜利，开创和发展中国特色社会主义，从根本上改变了中国人民和中华民族的前途命运。

(1) 以毛泽东同志为核心的党的第一代中央领导集体带领全党全国各族人民完成了新民主主义革命，进行了社会主义改造，确立了社会主义基本制度，成功实现了中国历史上最深刻最伟大的社会变革，为当代中国一切发展进步奠定了根本政治前提和制度基础。在探索过程中，虽然经历了严重曲折，但党在社会主义建设中取得了独创性理论成果和巨大成就，为新的历史时期开创中国特色社会主义提供了宝贵经验、理论准备、物质基础。

(2) 以邓小平同志为核心的党的第二代中央领导集体带领全党全国各族人民深刻总结了我国社会主义建设正反两方面的经验，借鉴世界社会主义历史经验，作出把党和国家工作中心转移到经济建设上来、实行改革开放的历史性决策，深刻揭示了社会主义本质，确立了社会主义初级阶段基本路线，明确提出走自己的路、建设中国特色社会主义，科学回答了建设中国特色社会主义的一系列基本问题，成功开创了中国特色社会主义。

(3) 以江泽民同志为核心的党的第三代中央领导集体带领全党全国各族人民坚持党的基本理论、基本路线，在国内外形势十分复杂、世界社会主义出现严重曲折的严峻考验面前捍卫了中国特色社会主义，依据新的实践确立了党的基本纲领、基本经验，确立了社会主义市场经济体制的改革目标和基本框架，确立了社会主义初级阶段的基本经济制度和分配制度，开创全面改革开放新局面，推进党的建设新的伟大工程，成功把中国特色社会主义推向 21 世纪。

(4) 新世纪新阶段，党中央抓住重要战略机遇期，在全面建设小康社会进程中推进实践创新、理论创新、制度创新，强调坚持以人为本、全面协调可持续发展，提出构建社会主义和谐社会、加快生态文明建设，形成中国特色社会主义事业总体布局，着力保障和改善民生，促进社会公平正义，推动建设和谐世界，推进党的执政能力建设和先进性建设，成功地在新的历史起点上坚持和发展了中国特色社会主义。

2. 坚持中国特色社会主义的道路、理论和制度的统一

十八大报告对中国特色社会主义道路、中国特色社会主义理论体系、中国特色社会主义制度内涵作了深刻阐述：

(1) 中国特色社会主义道路，就是在中国共产党领导下，立足基本国情，以经济建设为中心，坚持四项基本原则，坚持改革开放，解放和发展社会生产力，建设社会主义市场经济、社会主义民主政治、社会主义先进文化、社会主义和谐社会、社会主义生态文明，促进人的全面发展，逐步实现全体人民共同富裕，建设富强、民主、文明、和谐的社会主义现代化国家。

(2) 中国特色社会主义理论体系，就是包括邓小平理论、"三个代表"重要思想、科学发展观在内的科学理论体系，是对马克思列宁主义、毛泽东思想的坚持和发展。

(3) 中国特色社会主义制度，就是人民代表大会制度的根本政治制度，中国共产党领导的多党合作和政治协商制度、民族区域自治制度以及基层群众自治制度等基本政治制度，是中国特色社会主义的法律体系，是公有制为主体、多种所有制经济共同发展的基本经济制度，以及建立在这些制度基础上的经济体制、政治体制、文化体制、社会体制等各项具体制度。

(4) 中国特色社会主义道路是实现途径，中国特色社会主义理论体系是行动指南，中国特色社会主义制度是根本保障，三者统一于中国特色社会主义伟大实践，这是党领导人民在建设社会主义长期实践中形成的最鲜明特色。

(5) 中国特色社会主义的历史地位及其意义。建设中国特色社会主义，总依据是社会主义初级阶段，总布局是"经济建设、政治建设、文化建设、社会建设与生态文明建设"五位一体，总任务是实现社会主义现代化和中华民族伟大复兴。中国特色社会主义，既坚持了科学社会主义基本原则，又根据时代条件赋予其鲜明的中国特色，以全新的视野深化了对共产党执政规律、社会主义建设规律、人类社会发展规律的认识，从理论和实践结合上系统回答了在中国这样人口多、底子薄的东方大国建设什么样的社会主义、怎样建设社会主义这个根本问题。实践充分证明，中国特色社会主义是当代中国发展进步的根本方向，只有中国特色社会主义才能发展中国。发展中国特色社会主义是一项长期的、艰巨的历史任务，必须准备进行具有许多新的历史特点的伟大斗争。我们一定要毫不动摇地坚持、与时俱进地发展中国特色社会主义，不断丰富中国特色社会主义的实践特色、理论特色、民族特色、时代特色等。

3. "八个必须坚持"丰富了中国特色社会主义内涵

党的十八大要求在新的历史条件下必须牢牢地把握以下基本要求：

(1) 必须坚持人民主体地位。中国特色社会主义是亿万人民自己的事业。要发挥人民主人翁精神，坚持依法治国这个党领导人民治理国家的基本方略，最广泛地动员和组织人民依法管理国家事务和社会事务、管理经济和文化事业、积极投身社会主义现代化建设，更好地保障人民权益，更好地保证人民当家做主。

(2) 必须坚持解放和发展社会生产力。解放和发展社会生产力是中国特色社会主义的根本任务。要坚持以经济建设为中心，以科学发展为主题，全面推进经济建设、政治建设、文化建设、社会建设、生态文明建设，实现以人为本、全面协调可持续的科学发展。

(3) 必须坚持推进改革开放。改革开放是坚持和发展中国特色社会主义的必由之路。要始终把改革创新精神贯彻到治国理政的各个环节，坚持社会主义市场经济的改革方向，坚持对外开放的基本国策，不断推进理论创新、制度创新、科技创新、文化创新以及其他各方面创新，不断推进我国社会主义制度自我完善和发展。

(4) 必须坚持维护社会公平正义。公平正义是中国特色社会主义的内在要求。要在全体人民共同奋斗、经济社会发展的基础上，加紧建设对保障社会公平正义具有重大作用的制度，逐步建立以权利公平、机会公平、规则公平为主要内容的社会公平保障体系，努力营造公平的社会环境，保证人民平等参与、平等发展权利。

(5) 必须坚持走共同富裕道路。共同富裕是中国特色社会主义的根本原则。要坚持社会主义基本经济制度和分配制度，调整国民收入分配格局，加大再分配调节力度，着力解决收入分配差距较大的问题，使发展成果更多、更公平地惠及全体人民，朝着共同富裕的方向稳步前进。

(6) 必须坚持促进社会和谐。社会和谐是中国特色社会主义的本质属性。要把保障和改善民生放在更加突出的位置，加强和创新社会管理，正确处理改革发展稳定关系，团结一切可以团结的力量，最大限度地增加和谐因素、增强社会创造活力，确保人民安居乐业、社会安定有序、国家长治久安。

(7) 必须坚持和平发展。和平发展是中国特色社会主义的必然选择。要坚持开放的发展、合作的发展、共赢的发展，通过争取和平国际环境发展自己，又以自身发展维护和促进世界和平，扩大同各方利益汇合点，推动建设持久和平、共同繁荣的和谐世界。

(8) 必须坚持党的领导。中国共产党是中国特色社会主义事业的领导核心。要坚持立党为公、执政为民，加强和改善党的领导，坚持党总揽全局、协调各方的领导核心作用，保持党的先进性和纯洁性，增强党的创造力、凝聚力、战斗力，提高党的科学执政、民主执政、依法执政水平。

4. 坚定"三个自信"，夺取中国特色社会主义建设新胜利

"三个自信"即"道路自信"、"理论自信"、"制度自信"。"道路自信"就是坚定走中国特色社会主义道路毫不动摇，既不走僵化固化的老路，也不走改旗易帜的邪路；"理论自信"，就是以中国特色社会主义理论体系为理论支撑；"制度自信"就是理论付诸实践要有中国特色社会主义制度作保障。具体理解为：

第一，深刻认识中国特色社会主义道路，坚定道路自信。我们党所经历的历史进程和所获得的实践成就，使我们更加深刻地认识到中国特色社会主义道路是中国发展的必然选择和必由之路，从内心深处增强了坚持和发展中国特色社会主义的底气。从发展进程看，我国仍处于并将长期处于社会主义初级阶段。我们要牢牢把握这个最大国情，牢牢立足这个最大实际来分析我国全面建设小康社会所取得的成就和进程，从而把握中国特色社会主义当前方位，时刻提醒我们保持清醒头脑。目标就是方向，党提出了建立中国特色社会主义总任务的总目标，"两个百年目标"，"两个全面"的目标，确保2020年全面建成小康社会的目标以及全面深化改革开放的目标。在新的历史条件下，我们要认清前进方向，夺取中国特色社会主义新胜利。

第二，深刻领会中国特色社会主义理论体系，坚定理论自信。这一理论体系，是马克思主义中国化的最新成果。它坚持辩证唯物主义和历史唯物主义的世界观、方法论，与时俱进，并在不同时期对坚持和发展中国特色社会主义作出了历史性贡献，赋予当代中国马克思主义勃勃生机。这一理论体系，是中国特色社会主义的行动指南；这一理论体系已经指引中国特色社会主义取得新成就；这一理论体系必将指引夺取中国特色社会主义新胜利。

第三，深刻把握中国特色社会主义制度，坚定制度自信。中国特色社会主义制度，集中体现了中国特色社会主义的本质要求，其特色鲜明：一是符合国情，切合实际；二是保障民主，体现集中；三是提高效率，注重公平；四是激发活力，规范秩序。同时，通过各

种制度规范五大建设秩序，保障社会安定团结，保障经济快速发展，保障文化发展繁荣，保障生态永续发展，保障党的先进纯洁。对于这样一套符合国情、切实有效的制度体系，我们应该引以为豪，充满自信。这一制度优势明显，必须毫不犹疑地坚持。中国特色社会主义制度，有利于保持党和国家活力，调动广大人民群众和社会各方面的积极性、主动性、创造性，有利于解放和发展社会生产力，有利于维护和促进社会公平正义，有利于集中力量办大事，有利于维护民族团结、社会稳定、国家统一。当然，这一制度还不尽完美，在某些方面还存在着创新滞后、供给不足、执行不力等问题，制约科学发展的体制和机制障碍还较多。为此，十八大报告十分强调制度建设，提出要把制度建设摆在突出位置。

同时，我们还必须清醒地认识到，我国仍处于并将长期处于社会主义初级阶段的基本国情没有变，人民日益增长的物质文化需要同落后的社会生产之间的矛盾这一社会主要矛盾没有变，我国是世界最大发展中国家的国际地位没有变。只要我们胸怀理想、坚定信念、不动摇、不懈怠、不折腾、顽强奋斗、艰苦奋斗、不懈奋斗，就一定能在中国共产党成立100年时全面建成小康社会，就一定能在新中国成立100年时建成富强、民主、文明、和谐的社会主义现代化国家。

1.3　马克思主义中国化理论成果的精髓

马克思主义中国化理论成果的精髓同中国共产党思想路线的核心是完全一致的。实事求是作为我们党的思想路线，十一届三中全会以来，这条思想路线不仅得到了重新确立，而且有了进一步的丰富和发展。实事求是的思想路线是怎么形成和确立的？为什么又要重新确立？为什么说实事求是马克思主义中国化理论成果的精髓？搞清楚这些问题，有助于我们更好地把马克思主义基本原理同中国实际相结合，坚持走自己的路，建设中国特色社会主义。

1.3.1　党的实事求是思想路线

1. 实事求是思想路线的形成和发展

1) 实事求是思想路线的形成和确立

思想路线，亦称认识路线，指的是人们的认识所遵循的方向、途径、原则和方法。一个政党的思想路线，是指这个政党确定自己的指导思想并支配自己行动的认识路线。

为了揭露主观主义、特别是教条主义错误的思想根源，1937年7月，毛泽东在《实践论》和《矛盾论》等著作中，深刻阐述了理论对于实践的依赖关系，以及矛盾的普遍性和特殊性的关系，对党的思想路线作了系统的哲学论证。1938年6月，在党的六届六中全会上，毛泽东同志借用我国传统文化中的"实事求是"来提倡马克思主义同中国实际相结合的科学态度。在延安整风期间，毛泽东从思想路线的角度，系统地阐述了坚持实事求是的重要性。1941年5月，他在《改造我们的学习》的报告中，对实事求是的科学含义作了马克思主义的界定。此后，毛泽东为中央党校题写了"实事求是"四个字作为校训。经过延安整风和党的七大，实事求是的思想路线在全党得到了确立。

2) 实事求是思想路线的重新确立和发展

1957年下半年以后，党的实事求是思想路线被不同程度地偏离了，以至于发生"大跃进"的失误和"文化大革命"的错误。粉碎"四人帮"之后，邓小平以马克思主义者的非凡胆略和科学态度批评了"两个凡是"，强调必须"完整地、准确地理解毛泽东思想"。1978年12月，邓小平《解放思想、实事求是，团结一致向前看》的讲话精神，为党的十一届三中全会重新确立了马克思主义的思想路线奠定了基础。

在重新确立实事求是的思想路线和推进改革开放的进程中，邓小平反复强调："实事求是、一切从实际出发、理论联系实际、坚持实践是检验真理的标准，这就是我们党的思想路线。"我们党在十一届三中全会以来之所以能够制定出一系列新的方针政策，归根到底就是恢复和坚持了实事求是的思想路线。

江泽民在党的十四大报告中指出，解放思想，实事求是，是邓小平创立的"建设有中国特色社会主义理论"的精髓，是党永葆蓬勃生机的法宝。党的十五大又强调，在走向新世纪的新形势下，面对许多我们从来没有遇到过的艰巨课题，邓小平理论要求我们增强和提高解放思想、实事求是的坚定性和自觉性，不断开拓我们事业的新局面。进入21世纪后，江泽民强调指出，马克思主义最重要的理论品质是与时俱进。要通过理论创新推动制度创新、科技创新、文化创新以及其他各方面的创新，不断在实践中探索前进，永不自满，永不懈怠，这是我们要长期坚持的治党治国之道。党的十六大明确地提出：坚持党的思想路线，解放思想、实事求是、与时俱进，是我们党坚持先进性和增强创造力的决定性因素。

胡锦涛强调指出，必须大力弘扬求真务实精神、大兴求真务实之风。他说，"越是形势好，越是群众加快发展的积极性高，越要坚持求真务实，越要保持清醒的头脑，越要坚持好的工作作风"。党的十七大进一步提出，解放思想是发展中国特色社会主义的一大法宝，我们要坚持解放思想、实事求是、与时俱进，勇于变革、勇于创新，永不僵化、永不停滞，不为任何风险所惧，不被任何干扰所惑，使中国特色社会主义道路越走越宽广，让当代中国马克思主义放射出更加灿烂的真理光芒。这些论述，进一步强调了贯彻实事求是思想路线的重要性，也深化了对实事求是思想路线的认识。

2. 实事求是思想路线的内容和意义

1) 实事求是思想路线的基本内容

第一，一切从实际出发。我们今天讲一切从实际出发，其中最大的实际就是中国目前正处于并长期处于社会主义初级阶段。我们想问题、办事情、做决策，都必须从社会主义初级阶段的实际出发，而不能脱离这个实际。唯心论和机械唯物论，"左"的和"右"的错误思想，都是以主观和客观相分裂，以认识和实践相脱离为特征的。从实际出发，就要尊重和承认客观事实，努力排除个人的主观随意性；就要全面地看问题，绝不能以偏概全；就要发展地看问题，决不能静止地僵化地看问题。一切从实际出发就是要在任何时间、地点和条件下都要反对本本主义，做到"不唯书、不唯上、只唯实"。

第二，理论联系实际。在理论和实际的关系上，中国共产党在历史上曾存在过两种错误倾向：一种是从书本出发的教条主义；另一种是从狭隘经验出发的经验主义。两者的表现形式虽然不同，但都是以理论和实际相脱节为基本特征的主观主义。要做到理论联系实际必须做到两点：一要吃透理论，不仅要认识马克思主义的一般原理，更要注重把握贯穿于马克思主义中的立场、观点和方法；二要搞清实际，不仅要有对中国实际的感性认识，更要上升到对其本质理想的把握。

第三，实事求是。毛泽东在《改造我们的学习》中明确地界定了实事求是的科学含义："'实事'就是客观存在着的一切事物，'是'就是客观事物的内部联系，即规律性，'求'就是我们去研究。我们要从国内外、省内外、县内外、区内外的实际情况出发，从其中引出其固有的而不是臆造的规律性，即找出周围事变的内部联系，作为我们行动的向导。实事求是内在地包含一切从实际出发、理论联系实际、在实践中检验真理和发展真理的内容。实事求是还包含着解放思想、与时俱进、求真务实等内容，要做到实事求是必须解放思想。解放思想，就是使思想和实际相符合，使主观和客观相符合，就是实事求是。做到实事求是，必然要与时俱进。与时俱进，就是党的全部理论和工作要体现时代性，把握规律性，富于创造性。同样地，要做到实事求是，又必须求真务实。

第四，在实践中检验真理和发展真理。实践是真理的唯一标准，实践是检验路线、方针、政策是否正确的唯一标准。在实践中检验真理和发展真理，需要弘扬与时俱进的精神。马克思主义的一个重要特征是实践性，这一特征赋予了它根据新的实践不断丰富和发展自己的内在动力，使其在实践的基础上不断丰富和发展。当原有理论中的某些结论同新的实践产生矛盾的时候，就不能以原有理论中某些结论来裁定新的实践，而应该由实践来赋予原有理论以新的内容，敢于抛弃不合时宜的旧观念，以实践的发展来推进理论的发展。

2）实事求是思想路线的理论意义和实践意义

第一，它是马克思主义认识论在马克思主义中国化实践过程中的运用、丰富和发展。实事求是思想路线在中国共产党的确立，就是以马克思主义认识论为哲学基础的。这条思想路线强调从实际出发，用全面的观点和发展的观点看问题；强调思想和实际相结合，主观和客观相结合，理论和实践相结合；强调认识是从实践到理论、再从理论到实践的没有止境的过程；强调没有调查就没有发言权、解放思想和实事求是的有机统一、民主是解放思想和实事求是的重要条件、与时俱进是马克思主义的理论品质，实践基础上的理论创新是社会发展和变革的先导；等等。这些都充分体现并进一步丰富和发展了马克思主义认识论。

第二，它是制定并贯彻执行正确的政治路线的思想基础。政治路线是党为实现一定历史时期的奋斗目标而制定的总路线和总政策，它的正确与否直接关系到人民的根本利益。在我国革命建设和改革的各个历史阶段取得的一切胜利，都是因为坚持了实事求是的思想路线，才制定出并贯彻执行了正确的政治路线；而所遭受的一切挫折，或者是因为违背了实事求是思想路线而没有能够制定出正确的政治路线，或者是因为在实践过程中偏离了实事求是思想路线，而没有能够将原来制定的正确的政治路线坚持贯彻下去的结果。

第三，它是加强党的思想作风建设和提高领导能力的重要内容。毛泽东把理论和实际相结合的作风、和人民群众密切联系在一起的作风，以及批评与自我批评的作风，概括为中国共产党新的工作作风。在这三大作风中，理论和实际相结合是最根本的，强调的就是实事求是的思想路线。坚持实事求是的思想路线，就要自觉地深入群众，关心群众生活，注意工作方法，而不会浮在上空、脱离群众；坚持实事求是的思想路线，就要老老实实做人和老老实实办事，严于律己，接受群众的批评、勇于自我批评，而不能夸夸其谈、哗众取宠，实事求是还是党的基本领导方法和工作方法。无论是在革命、建设还是改革中，我们都必须坚持实事求是。

1.3.2　解放思想、实事求是、与时俱进

1. 实事求是是马克思主义中国化理论成果的精髓

所谓精髓，对于某一理论而言，指的是能使这一理论得以形成和发展并贯穿其始终，同时又体现在这一理论体系各个基本观点中的最本质的东西。马克思主义中国化的各个理论成果，其精髓都是实事求是。

以毛泽东为主要代表的中国共产党人所提出的创造性理论，都贯穿着实事求是的思想。毛泽东从来反对离开中国的实际去研究马克思主义，他创立的新民主主义革命理论，就是突破了对马克思主义教条化和苏联经验神圣化的思想束缚，深刻研究中国社会和中国革命的特点，把马克思主义推向前进的成果。同样，毛泽东关于社会主义革命和社会主义建设的理论、关于党的建设的理论，以及其他许多方面的理论也都体现了这个精髓。

改革开放以来，党坚持解放思想和实事求是的统一，大力发扬求真务实的精神，不断深化对共产党执政规律、社会主义建设规律、人类社会发展规律的认识，自觉地把思想认识从那些不合时宜的观念、做法和体制的束缚中解放出来，从对马克思主义的错误和教条式的理解中解放出来，从主观主义和形而上学的桎梏中解放出来，以实践基础上的理论创新回答了一系列重大理论和实际问题，为改革开放提供了理论指导，开辟了马克思主义新境界，逐步形成了中国特色社会主义理论体系这一马克思主义中国化的最新成果。

总之，贯穿于马克思主义中国化理论成果始终的是实事求是。把握了这个精髓，就把

握了马克思主义中国化各个理论成果之间的历史联系及其统一的科学思想体系，就把握了马克思主义中国化理论成果中的最本质的东西。由于把握了这个精髓，一代又一代马克思主义者在开创和发展社会主义事业的历史进程中，不断解决新课题，开拓新境界。

2. 解放思想是发展中国特色社会主义的一大法宝

坚持实事求是的思想路线，必须不断地解放思想。胡锦涛在党的十七大报告中指出：解放思想是发展中国特色社会主义的一大法宝，在新的发展阶段必须继续解放思想。

解放思想是党的思想路线的本质要求，是实事求是的前提条件。邓小平就曾经说过：解放思想、开动脑筋、实事求是、团结一致向前看，首先是解放思想。只有思想解放了，我们才能正确地以马列主义、毛泽东思想为指导，解决过去遗留的问题，解决新出现的一系列问题。

什么是解放思想呢？邓小平指出：我们讲解放思想，是指在马克思主义指导下打破习惯势力和主观偏见的束缚，研究新情况，解决新问题。解放思想通常包括两种情况：一是对原先的认识进行再认识，这其中既有对原先认识中那些正确部分的坚持，也有对原先认识中那些错误部分的纠正；二是在研究新情况、解决新问题、总结新经验的基础上，形成新的正确认识。邓小平同志冲破“两个凡是”的禁锢和思想僵化的状态，发表的南巡讲话所回答的长期束缚人们思想的许多重大认识问题，都是解放思想、实事求是的结果；进入 21 世纪，我们又面临着新的形势，江泽民同志在党的十六大报告中进一步提出，要善于在解放思想中统一思想。正是经过了这个时期的思想解放，以“三个代表”重要思想的形成为标志，中国特色社会主义理论体系得到进一步发展。党的十六大以来，胡锦涛继续强调解放思想对于实现在新世纪新阶段实事求是的重要意义。他指出如何切实抓好发展这个党执政兴国的第一要务，如何进一步完善公有制为主体、多种所有制经济共同发展的基本经济制度，如何建成完善的社会主义市场经济体制，如何走新型工业化道路、统筹城乡社会发展，如何扩大就业和促进再就业，如何在更大范围、更大领域和更高层次上参与国际经济技术合作和竞争，如何推动整个社会走上发展、生活富裕、生态良好的文明发展道路，如何更好地实现坚持党的领导、人民当家做主和依法治国的有机统一，如何最广泛、最充分地调动一切积极因素，不断为中华民族的伟大复兴增添新力量，如何在新的历史条件下不断巩固马克思主义在意识形态领域的指导地位，如何弘扬和培育民族精神，如何改革和完善党的领导方式和执政方式，如何以加强党的执政能力建设为重点全面推进党的建设新的伟大工程等，还都需要我们在实践中去探索，在实践中找到解决的办法。

解放思想是发展中国特色社会主义的思想保证。在新世纪新阶段，深入贯彻落实科学发展观，我们必须着力转变不适应、不符合科学发展观的思想观念，着力解决影响和制约科学发展的突出问题，把全社会的发展积极性引导到科学发展上来，把科学发展观贯彻落实到经济社会发展的各个方面。我们只有坚持解放思想，才能科学地分析我国全面参与经济全球化的新机遇、新挑战，全面认识工业化、信息化、城镇化、国际化深入发展的新形势新任务，深刻把握我国发展面临的新课题、新矛盾，正确制定适应时代要求和人民愿望的方针、政策，奋力开创中国特色社会主义事业的新局面。

3．不断推进理论创新

坚持实事求是的思想路线，就要大力弘扬与时俱进的精神，不断推进理论创新，开拓马克思主义发展的新境界。江泽民指出：创新是一个民族进步的灵魂，是一个国家兴旺发达的不竭动力，也是一个政党永葆生机的源泉。实践基础上的理论创新是社会发展和变革的先导。要使党和国家的事业不停顿，首先理论上不能停顿。如果因循守旧、停滞不前，我们就会落伍，我们党就有丧失先进性和领导资格的危险。否定马克思主义的科学性，丢掉老祖宗，是错误的、有害的；教条式地对待马克思主义，也是错误的、有害的。离开本国实际和时代发展来谈马克思主义，没有意义；孤立地、静止地研究马克思主义，把马克思主义同它在现实生活中的生动发展割裂开来、对立起来，没有出路。

科学的本质在于探求事物发展的客观规律性，创新必须建立在求真的基础上。理论创新和一切工作的创新，都要大力弘扬求真务实精神，大兴求真务实之风。求真务实就是不断求我国社会主义初级阶段基本国情之真，务坚持长期艰苦奋斗之实；求社会主义建设规律和人类社会发展规律之真，务抓好发展这个党执政兴国的第一要务之实；求共产党执政规律之真，务全面加强和改进党的建设之实。要把工作的着力点真正放到研究解决改革发展稳定中的重大问题上，放到研究解决群众生产生活中的紧迫问题上，放到研究解决党的建设中的突出问题上。坚持求真务实，就要一切从人民利益和实际出发，察实情，讲实话，办实事，求实效，既积极进取，又量力而行，既立足当前，又着眼长远；同时，还要切实建立健全各种制度，为坚持求真务实提供体制保证。

4．坚定不移地走自己的路

坚持实事求是的思想路线，在中国革命、建设和改革问题上，最根本的就是要把马克思主义同我国实际结合起来，坚定不移地走自己的路。

毛泽东不是从马克思、恩格斯、列宁的书本里寻求在落后的中国夺取新民主主义革命胜利的现成答案，而是把马克思主义基本原理和中国具体实际相结合，在一个半殖民地半封建的大国，领导我们党成功地走出一条适合中国情况的革命道路。在社会主义发展道路问题上，他同样强调要从实际出发，努力探索一条适合中国情况的建设社会主义的道路。

邓小平认为，我国社会主义建设的主要教训之一，是过去我们搬用了苏联社会主义建设的模式，并主要表现为高度集中的计划经济体制。为此，邓小平在党的十二大开幕词中明确指出：把马克思主义的普遍真理同我国的具体实际结合起来，走自己的道路，建设有中国特色的社会主义。

走自己的路，在思想方法上体现了矛盾的普遍性和特殊性的统一。在中国建设社会主义这样的事，从马克思、列宁的本本上也找不出来；每个国家的基础不同，历史不同，所处的环境不同，左邻右舍不同，还有其他许多不同，别人的经验可以参考，但是不能照搬；离开自己国家的实际谈马克思主义，没有意义。我们要坚持马克思主义，坚持走社会主义道路，但是，马克思主义必须是同中国实际相结合的马克思主义，社会主义必须是结合中国实际有中国特色的社会主义。

走自己的路，在基本立场上体现了独立自主和对外开放的统一。我们要大胆吸收和借鉴人类社会创造的一切文明成果，吸收和借鉴当今世界各国包括资本主义发达国家的一切反映现代社会化生产规律的先进经营方式、管理方法；同时又坚决抵制各种腐朽的和反映资本主义本质属性的东西，避免照搬西方模式即走"西化"的道路，而是要将世界各国的文明成果经过消化、改造，使之适合中国的国情。根据自己的特点，自己国家的情况，走自己的路，我们既不能照搬西方资本主义国家的做法，也不能照搬其他社会主义国家的做法，更不能丢掉我们制度的优越性。

走自己的路，在理论原则上体现了理论与实践具体的历史的统一。由于中国特色社会主义实践是不断发展的，在新的实践基础上又会产生新的主客观矛盾，这就需要根据变化了的实际不断发展对社会主义的认识，使之具体化和深刻化。

无论是普遍性和特殊性的统一，独立自主和对外开放的统一，还是理论与实践具体的历史的统一，都意味着对不合时宜的传统观念和不符合客观实际的主观偏见的突破，因而走自己的路，同时意味着开拓创新。实践永无止境，创新永无止境。只要我们坚持解放思想，实事求是，与时俱进，那么，中国特色社会主义的道路就一定会越走越宽广。

本 章 小 结

本章内容主要阐述了中国共产党人把马克思主义基本原理同中国革命和建设的实践相结合，即马克思主义中国化的历史进程及其重要意义，以及两次历史性飞跃形成毛泽东思想和中国特色社会主义理论体系各个理论形态形成的历史条件及其主要内容，特别是作为马克思主义中国化最新理论成果对于当代中国经济社会发展、改革开放和全面实现小康社会目标的理论与现实意义，并对党的十八大关于中国特色社会主义的最新认识和新的要求进行了理论阐释，要求广大学生认真学习中国特色社会主义理论，增强对中国特色社会主义的道路、理论和制度的自信，深刻领会马克思主义中国化理论成果的精髓，从而自觉坚持解放思想、实事求是、与时俱进和求真务实的思想路线。

同 步 练 习

Ⅰ 客观性试题

一、单项选择题(在每个小题列出的四个选项中，有一项是最符合题目要求的，请将正确选项的字母填在本书所附答题纸的括号内)

1. 马克思主义中国化的实质是(　　)。
   A. 传播马克思主义
   B. 继承马克思主义
   C. 开拓马克思主义发展的新境界
   D. 使马克思主义融入中国文化

2. 在民主革命早期，我们党在运用马克思主义指导中国革命的实践中，所犯错误的根本原因是(　　)。
   A. 把马克思主义具体化
   B. 把马克思主义教条化
   C. 把马克思主义抽象化
   D. 把马克思主义制度化

3. 贯彻"三个代表"重要思想的关键是(　　)。
   A. 执政为民
   B. 保持党的先进性
   C. 以人为本
   D. 与时俱进

4. 科学发展观的核心是(　　)。
   A. 坚持统筹兼顾全面发展
   B. 坚持以人为本的发展
   C. 坚持协调发展
   D. 坚持可持续发展

5. 我党历史上，初步界定中国共产党人思想路线基本含义的是在(　　)中阐述的。
   A.《中国社会各阶级分析》
   B.《湖南农民运动考察报告》
   C.《反对本本主义》
   D.《实践论》

6. 一切从实际出发、实事求是的思想路线是在同(　　)。
   A. 党内教条主义的斗争中形成的
   B. 党内"左"的错误路线的斗争中形成的
   C. 党内"右"的错误路线的斗争中形成的
   D. 国际修正主义的斗争中形成的

7. 党的思想路线的实质和核心是(　　)。
   A. 一切从实际出发
   B. 理论联系实际
   C. 实事求是
   D. 在实践中检验和发展真理

8. 解放思想就是指在马克思主义指导下(　　)。
   A. 什么都可以想，什么都可以做
   B. 充分发挥人的主观能动性

C. 打破习惯势力和主观偏见的束缚，研究新情况、解决新问题

D. 人的主观意志可以决定一切

9. 坚持解放思想和实事求是的辩证统一在实际工作中的根本要求是(　　)。

A. 发挥主观能动性，大胆创新　　　　　B. 尊重客观规律，尊重客观实际

C. 求实和创新相结合　　　　　　　　　D. 理论和实际相结合

10. 坚持实事求是的思想路线，在中国革命、建设和改革问题上，最根本的就是(　　)。

A. 实事求是　　　　　B. 解放思想　　　　　C. 与时俱进

D. 坚持把马克思主义同我国实际结合起来，坚定不移地走自己的路

二、多项选择题(在每小题列出的五个选项中有二至五个选项是符合题目要求的，选出正确答案前的字母填在本书所附答题纸的括号内)

11. 在民主革命早期，中国共产党运用马克思主义指导中国革命的实践中，思想路线上所犯的主要错误是(　　)。

A. 把马克思主义教条化　　　　　　　　B. 把马克思主义具体化

C. 把共产国际的指示神圣化　　　　　　D. 把原苏联模式绝对化

E. 把马克思主义基本原理制度化

12. 邓小平理论产生的社会历史条件是(　　)。

A. 和平与发展成为时代主题　　　　　　B. 世界新技术革命的机遇和挑战

C. 科学总结世界社会主义兴衰成败的经验教训

D. 科学总结我国社会主义建设的历史经验与教训

E. 科学总结中国社会主义改革开放的新成就新经验

13. 贯彻"三个代表"重要思想的基本要求是(　　)。

A. 关键是坚持与时俱进　　　　　　　　B. 核心是保持党的先进性

C. 关键是坚持以经济建设为中心　　　　D. 本质是执政为民

E. 关键是保持社会稳定

14. 科学发展观的主要内容是(　　)。

A. 第一要义是发展　　　　　　　　　　B. 核心是以人为本

C. 本质是执政为民　　　　　　　　　　D. 基本要求是全面协调可持续发展

E. 根本方法是统筹兼顾

15. 科学发展观形成的社会历史条件主要是(　　)。

A. 我国社会主义初级阶段的基本国情　　B. 我国社会主义发展的阶段性特征

C. 冷战结束后的国际环境　　　　　　　D. 对世界各国发展的实践和理念的借鉴

E. 对马克思主义发展观的继承和发展

16. "实事求是"被确立为中国共产党的思想路线，这条思想路线是在党(　　)。

A. 领导中国革命的实践中形成和发展起来的

B. 反对把马克思主义教条化的斗争中形成和发展起来的

C. 反对把苏联经验绝对化的过程中形成和发展起来的

D. 反对把共产国际的指示神圣化的斗争中形成和发展起来的

E. 纠正"文化大革命"的错误中形成和发展起来的

17. 在民主革命时期，党内盛行教条主义的突出表现是(　　)。

A. 坚持马克思主义的观点、立场和方法

B. 照抄照搬马克思主义的经典著作

C. 唯苏联和共产国际的指示是从

D. 脱离中国的具体实际搞革命

E. 把马克思主义当教条，僵化地理解和应用

18. 与时俱进，就是党的全部理论和工作要体现时代性，把握规律性，富于创造性，其中(　　)。

A. 体现时代性是前提　　　　　　　B. 把握规律性是核心

C. 突出科学性是基础　　　　　　　D. 富于创造性是目的

E. 具有目的性是归宿

19. 两个解放思想、实事求是的"宣言书"是指(　　)。

A.《解放思想、实事求是、团结一致向前看》

B.《走自己的路，建设有中国特色的社会主义》

C.《坚持四项基本原则，反对资产阶级自由化》

D.《改革党和国家领导制度》

E. 1992 年邓小平南巡讲话

20. 江泽民同志曾经指出，创新是(　　)。

A. 一个民族进步的灵魂　　　　　　B. 一个国家兴旺发达的不竭动力

C. 一个政党永葆生机的源泉　　　　D. 一个国家综合国力的标志

E. 一个社会进步与否的标准

Ⅱ　主观性试题

21. 谈一谈你对毛泽东思想的理解与认识。

22. 谈一谈你对科学发展观的理解与认识。

23. 如何理解实事求是是马克思主义中国化理论成果的精髓？

24. 如何理解党的理论创新的意义？

25. 如何理解走自己的路？

第2章　中国革命的基本理论与实践

内 容 导 学

【学习目标】

通过对本章的学习，使学生深入了解和掌握新民主主义革命理论的形成、基本内容及其意义，认识这一理论是中国革命成功经验的总结，是中国革命胜利的指南，是毛泽东思想的重要组成部分，是马克思主义中国化的重要理论成果；深入理解我国新民主主义社会的过渡性质和社会主义改造的历史必然性；掌握社会主义改造的道路和历史经验；认识社会主义制度在中国的初步确立及其重大意义，社会主义改造理论是马克思主义基本原理与中国实际相结合的重大成果。

【基本概念】

新民主主义革命，工农武装割据，农村包围城市，统一战线，三大法宝，新民主主义社会，过渡时期的总路线，国家资本主义，和平赎买，公私合营，四马分肥。

【教学重点】

(1) 新民主主义革命的总路线和基本纲领；

(2) 新民主主义革命的道路和基本经验；

(3) 适合中国特点的社会主义改造道路及其历史经验；

(4) 确立社会主义基本制度的重大意义。

【教学难点】

(1) 正确理解新民主主义社会是一个过渡性质的社会；

(2) 正确认识社会主义改造过程中出现的偏差和失误；

(3) 认识社会主义改造和社会主义改革的关系。

2.1 新民主主义革命理论

近代中国是一个半殖民地半封建性质的社会,这是近代中国最基本的国情。以毛泽东为代表的中国共产党人最突出的历史贡献在于,从中国半殖民地半封建社会的性质出发,反对把马克思主义教条化、把共产国际决议和苏联经验神圣化的错误倾向,坚持马克思主义基本原理与中国革命实际相结合,在分析和研究中国革命的历史特点和时代特征,在不断总结中国革命经验的基础上,解决了中国革命面临的一系列重要问题,逐步形成和发展具有独创性的新民主主义革命理论。

2.1.1 新民主主义革命的总路线和基本纲领

1. 新民主主义革命总路线

新民主主义革命总路线是在中国革命斗争实践中不断探索的结果。1948 年 4 月,毛泽东《在晋绥干部会议上的讲话》中完整提出了中国共产党新民主主义革命的总路线,即无产阶级领导的,人民大众的,反对帝国主义、封建主义和官僚资本主义的革命。新民主主义革命总路线包含了革命的对象、革命的动力、革命的领导权以及革命的性质与前途等四个方面。

1) 新民主主义革命的对象

毛泽东认为,既然中国是一个半殖民地半封建的国家,这就基本规定了近代中国社会的主要矛盾必然是帝国主义和中华民族的矛盾,封建主义和人民大众的矛盾。近代中国社会的性质和主要矛盾决定了中国革命的主要敌人,就是帝国主义、封建主义和官僚资本主义。

帝国主义是中国革命的首要对象,是中国人民第一个和最凶恶的敌人。近代以来中国所遭受的最大的压迫是来自帝国主义的民族压迫。帝国主义是阻碍中国社会进步和发展的首要因素,是近代中国贫穷落后和一切灾祸的总根源。推翻帝国主义的压迫是中国走向独立和富强的前提。

在近代中国,封建地主阶级是帝国主义统治中国和封建军阀实行专制统治的社会基础。地主阶级的统治也是中国经济现代化和政治民主化的主要障碍。反对封建主义,从根本上说,就是要在经济上消灭封建制度,在政治上消灭军阀的专制统治。消灭地主阶级,解放生产力,为中国的经济现代化和政治民主化创造条件。帝国主义和封建主义相互勾结,残酷地压迫和掠夺中国人民。所以,中国革命的任务就是对外推翻帝国主义压迫的民族革命和对内推翻封建地主阶级压迫的民主革命。

官僚资本主义是依靠帝国主义、勾结封建势力、利用国家政权力量发展起来的买办的封建的国家垄断资本主义。反对官僚资本主义并非因为它是资本主义，而是因为这种资本主义同帝国主义、国内地主阶级和旧式富农紧密结合在一起，具有买办性、封建性和垄断性，严重地束缚了中国社会生产力的发展，因此也是中国革命的对象。

2）新民主主义革命的动力

新民主主义革命的动力是工人阶级、农民阶级、城市小资产阶级以及民族资产阶级。其中根本的动力是工人和农民。

中国无产阶级是近代以来新的社会生产力的代表，是近代中国最进步的阶级。因此，无产阶级是中国革命最基本的动力。农民是中国革命的主力军，中国人口的 80%是农民，他们的政治、经济和社会地位低下，受压迫最深，具有要求变革现状的革命积极性。工人阶级只有同农民结成巩固的工农联盟，才能完成反帝反封建的革命任务。城市小资产阶级，同样受帝国主义、封建主义和官僚资本主义的压迫，因此同样是中国革命的动力之一。此外，毛泽东还对民族资产阶级的两重性做了科学的分析，由于民族资产阶级的两重性，决定了他们在一定时期中和一定程度上能够参加反对帝国主义和官僚军阀政府的革命，可以成为革命的一种力量；而在另一时期，就有跟在买办大资产阶级后面反对革命的危险。因此，对民族资产阶级采取又联合又斗争的政策，是争取革命胜利的合乎实际的需要。

3）新民主主义革命的领导权

无产阶级的领导权是中国革命的中心问题，也是新民主主义革命理论的核心问题。区别新旧两种不同范畴的民主主义革命，根本的标志是革命的领导权掌握在无产阶级手中还是资产阶级手中。中国无产阶级除了具有一半无产阶级的共同特点之外，还具有自身的特点和优势，例如分布集中，深受帝国主义、封建主义和资本主义的三重压迫，因此革命觉悟性和战斗力异常强大，从而使它能够成为中国革命的领导力量。无产阶级及其政党——中国共产党的领导，是中国革命取得胜利的根本保证。

4）新民主主义革命的性质与前途

近代中国社会的性质和中国革命的历史任务，决定了中国革命的性质是资产阶级民主主义革命。但是，中国革命已经不是旧式的、一般的资产阶级民主主义革命，而是新民主主义革命。之所以是新民主主义革命，是因为革命的领导力量是无产阶级及其先锋队——中国共产党，革命的指导思想是马克思列宁主义，革命的前途是社会主义而不是资本主义。新民主主义革命的前途是社会主义决定了中国革命必须分为两个步骤走：第一步是改变半殖民地半封建的社会形态，使之变成一个独立的民主主义的社会；第二步是使革命继续向前发展，建立一个社会主义的社会。因此，新民主主义革命是社会主义革命的必要准备，社会主义革命是新民主主义革命的必然趋势，中间不容横插一个资产阶级专政的阶段。

2. 新民主主义革命的基本纲领

新民主主义革命的基本纲领是新民主主义革命总路线的具体展开和体现，为新民主主义革命指明了具体的奋斗目标。1945 年，毛泽东为党的七大所做的《论联合政府》的政治报告中，将新民主主义的政治、经济和文化与党的基本纲领联系起来进行阐述，形成了完整的新民主主义的基本纲领。

(1) 新民主主义的政治纲领就是推翻帝国主义和封建主义的统治，建立一个无产阶级领导的、以工农联盟为基础的、各革命阶级联合专政的新民主主义共和国。新民主主义共和国既不同于欧美式的资产阶级专政的共和国，又和苏联式的无产阶级专政的社会主义共和国相区别。新民主主义共和国的国体是各革命阶级的联合专政，政体是民主集中制的人民代表大会制度。

(2) 新民主主义的经济纲领就是没收封建地主阶级的土地归农民所有，没收官僚资产阶级的垄断资本归新民主主义的国家所有，保护民族工商业。

(3) 新民主主义的文化纲领就是无产阶级领导的人民大众的反帝反封建的文化，即民族的、科学的、大众的文化。在新民主主义文化中居于指导地位的是共产主义思想。

总之，新民主主义政治、经济、文化纲领是新民主主义革命总路线的具体化，是新民主主义理论体系的重要组成部分。新民主主义的政治、新民主主义的经济和新民主主义的文化相结合，就构成了新民主主义的共和国。

2.1.2 新民主主义革命的道路及其历史经验

1. 新民主主义革命的道路

以毛泽东为代表的中国共产党人，根据中国的现实国情，将马克思主义基本原理与中国实际相结合，创造性地提出了农村包围城市、武装夺取政权的理论，开辟了一条具有中国特色的革命道路。

1) 中国共产党人对中国革命道路的艰辛探索

中国革命应当走什么样的道路，党对这一问题的认识，经历了一个逐步探索的过程。党成立初期，首先把工作重心放在了城市，领导工人阶级，开展工人运动，有利于扩大党的阶级基础。1924 年国共合作统一战线建立后，走的是以城市为中心的道路。1927 年大革命失败后，党的工作重心开始转向农村。秋收起义失败后，毛泽东创建了井冈山革命根据地，把武装斗争的主攻方向首先指向农村。1927—1930 年间，毛泽东在总结井冈山革命根据地经验的基础上，先后写了《中国的红色政权为什么能够存在？》、《井冈山的斗争》、《星星之火，可以燎原》等文章，阐述了以农村小块红色政权的发展去促进全国革命高潮的观点，初步提出了具有中国特色的以农村包围城市、在农村先建立和发展红色政权，待条件成熟时再夺取全国政权的革命道路理论。抗日战胜时期，毛泽东深入分析了近代中国的国情，论述了中国革命的长期性和不平衡性等特点，进一步丰富了农村包围城市的整体战略思想，把经过长期武装斗争，先占乡村，后取城市，最后夺取全国胜利，作为革命道路确定下来。

2）农村包围城市、武装夺取政权道路的客观依据和可能性

第一，中国革命走农村包围城市、武装夺取政权道路的客观依据是：首先，中国是一个半殖民地半封建的国家，内无民主制度而受封建主义的压迫；外无民族独立而受帝国主义的压迫。中国革命的主要斗争形势只能是武装斗争，以革命的武装消灭反革命的武装。其次，农民占全国人口的 80%，是中国革命的主力军，中国革命想要成功，必须发动农民、依靠农民和武装农民，农民问题是中国革命的中心问题。再次，由于中国革命的敌人总是长期地占据着中心城市，农村则是反革命力量的薄弱环节，中国革命想要取得成功，必须先占乡村，后取城市，走具有中国特点的革命道路。

第二，关于中国革命走农村包围城市、武装夺取政权道路的可能性，亦即中国红色政权存在的原因和条件，毛泽东总结为五点：一是近代中国是一个政治、经济、文化发展极不平衡的半殖民地半封建的大国，中国经济发展的不平衡，没有统一的资本主义经济，自给自足的自然经济广泛存在，这就为在农村建立革命根据地提供了条件；二是由于政治上的不平衡，城市是反革命力量统治的中心，农村则是其统治的薄弱环节，这是农村革命根据地能够存在和发展的根本原因；三是红色政权首先能够发展和长期存在的地方，也是那些受过大革命影响、曾经有过高涨的革命群众运动的地方，为农村革命根据地的建立奠定了较好的群众基础；四是中国革命形势的继续向前发展，是中国红色政权能够存在和发展的又一重要的客观条件；五是相当力量正是红军的存在，党的领导及其正确的政策，则是红色政权能够存在和发展的主观原因和条件。

第三，中国革命走农村包围城市、武装夺取政权的道路，必须处理好土地革命、武装斗争和根据地建设三者之间的关系。土地革命是民主革命的中心内容；武装斗争是中国革命的主要形式，是农村革命根据地建设和土地革命的强有力的保证；农村革命根据地是中国革命的战略阵地，是进行武装斗争和开展土地革命的依托。要在中国共产党的领导下，实现土地革命、武装斗争和根据地建设三者的密切结合和有机统一。

2．新民主主义革命的基本经验

毛泽东在《〈共产党人〉发刊词》一文中指出："统一战线、武装斗争、党的建设，是中国共产党在中国革命中战胜敌人的三个法宝，三个主要的法宝。"正确理解和处理了这三个问题及其相互关系，就等于正确地理解了全部中国革命。

（1）统一战线是无产阶级政党的基本策略路线。

建立最广泛的统一战线，首先是由中国半殖民地半封建社会的阶级状况所决定的。作为无产阶级先锋队的中国共产党所领导的革命力量，要战胜作为地主阶级和官僚资产阶级

代表的国民党所领导的强大的反革命力量，就必须把农民、城市小资产阶级以及其他中间阶级都团结在自己的周围，结成最广泛的统一战线。其次是由中国革命的长期性、残酷性及其发展的不平衡性所决定的。无产阶级政党有必要采取正确的统一战线策略，把一切可以团结和利用的力量尽可能团结在自己的周围，以逐步从根本上改变敌强我弱的态势，夺取全国革命的最终胜利。

中国共产党领导的统一战线包含两个联盟：一是工人阶级同农民阶级、广大知识分子及其他劳动者的联盟，主要是工农联盟；另一个是工人阶级和非劳动人民的联盟，主要是与民族资产阶级的联盟。

党在统一战线中必须坚持独立自主的原则，保持党在思想上、政治上和组织上的独立性。党领导统一战线最根本的经验就是正确处理好与资产阶级的关系，对资产阶级实行又联合又斗争的策略方针。

(2) 武装斗争是中国革命的特点和优点。

由于中国是一个半殖民地半封建的国家，帝国主义和封建主义凭借反革命的暴力对革命人民实行残酷镇压，无产阶级和广大人民既没有议会可以利用，又没有组织工人进行罢工的合法权利，这就基本规定了中国革命斗争的主要形式是武装斗争。

强调武装斗争，并不意味着忽视其他斗争形式。武装斗争必须同其他战线上的斗争直接或间接地配合起来，才能取得革命的胜利。但是，其他斗争形式都是要服从和服务于革命战争这个主要斗争形式。

(3) 中国共产党要领导革命取得胜利，就必须不断加强党的思想建设、组织建设和作风建设。

半殖民地半封建的中国社会是一个以农民为主体的国度，无产阶级人数很少，农民和其他小资产阶级占人口的大多数，农民和小资产阶级出身的党员占多数。加之长期处于农村游击战争的环境，各种非无产阶级的思想，特别是小资产阶级的思想必然会反映到党内来。党内无产阶级思想和非无产阶级思想之间的矛盾成为党内思想上的主要矛盾，这种情况决定了要建设一个群众性的、马克思主义的无产阶级政党，是一项艰巨的任务，也是一项伟大的工程。加强党的建设，必须把思想建设放在首位，克服党内各种非无产阶级思想。在加强党的思想建设的同时，必须加强党的组织建设和作风建设，必须把党的建设同党的政治路线密切联系起来。党在领导新民主主义革命的过程中，逐步形成了理论联系实际、密切联系群众以及批评与自我批评的作风。这三大优良作风是中国共产党区别于其他任何政党的显著标志。

统一战线、武装斗争、党的建设，是中国共产党在中国革命中战胜敌人的三个主要法宝。毛泽东对新民主主义革命的基本经验作了系统论述，他指出，统一战线和武装斗争是中国革命的两个基本特点，是战胜敌人的两个基本武器。统一战线是实行武装斗争的统一战线，武装斗争是统一战线的中心支柱，党的组织则是掌握统一战线和武装斗争这两个武器以实行对敌冲锋陷阵的英勇战士。

3．新民主主义革命理论的意义

新民主主义革命是以毛泽东为主要代表的中国共产党人，把马克思主义与中国革命的具体实际相结合，不断进行理论创新，形成的具有独创性的关于中国革命的理论。新民主主义革命理论是中国革命取得胜利的指导思想，具有重要的意义。

(1) 新民主主义革命理论，解决了在一个以农民为主体的、落后的半殖民地半封建的东方大国，进行新民主主义革命的一系列理论问题；科学地回答了近代中国革命向何处去的问题；科学地解决了中国革命的发展阶段问题；揭示了近代中国革命的发展规律，是符合中国革命实际的理论、路线、方针和政策，极大地丰富了马克思主义的理论宝库。

(2) 新民主主义革命理论是马克思主义中国化的理论成果，既符合马克思主义的基本原理，也吸收了中国传统文化的积极成果，开辟了马克思主义中国化的发展道路。这一理论是中国共产党运用马克思主义的立场、观点和方法，独立自主地分析和研究中国革命的实际问题，在长期实践的过程中，对中国革命经验的概括和总结，是中国共产党集体智慧的结晶。

2.2　社会主义改造理论

中华人民共和国宣告成立，如何实现从新民主主义向社会主义的转变，中国社会主义改造应该走一条什么样的道路？以毛泽东为主要代表的中国共产党人，创造性地运用马克思列宁主义关于社会主义革命的理论，结合中国实际，系统地回答了中国为什么选择和怎样过渡到社会主义这一根本问题，形成了关于社会主义改造的理论。

2.2.1　从新民主主义向社会主义的转变与过渡

1．新民主主义社会是一个过渡性的社会

1) 新民主主义社会的过渡性质

毛泽东指出，新中国的成立，标志着我国新民主主义革命阶段的结束和社会主义革命阶段的开始。从中华人民共和国成立到社会主义改造基本完成，是我国从新民主主义到社会主义过渡的时期。这一时期，我国社会的性质是新民主主义社会，它是属于社会主义体系和逐步过渡到社会主义社会的过渡性质的社会。新民主主义社会不是一个独立的社会形态，而是由新民主主义到社会主义转变的过渡性的社会形态。

2) 新民主主义社会的经济成分和阶级构成

在新民主主义社会中，存在着五种经济成分，即社会主义性质的国营经济、半社会主义性质的合作社经济、农民和手工业者的个体经济、私人资本主义经济、国家资本主义经济。其中半社会主义性质的合作社经济是个体经济向社会主义集体经济过渡的形式，国家资本主义经济是私人资本主义经济向社会主义国营经济过渡的形式。所以，主要的经济成分可以划分为三种：社会主义经济、个体经济、资本主义经济。在这些经济成分中，通过没收官僚资本而形成的社会主义的国营经济，掌握了主要经济命脉，居于领导地位。而以农业和手工业为主体的个体经济，则在国民经济中占有绝对的优势。

与新民主主义时期三种不同性质的主要经济成分相联系，中国社会的阶级构成主要是：工人阶级、农民阶级和其他小资产阶级、民族资产阶级等基本的阶级力量。由于农民和手工业者的个体经济既可以自发地走向资本主义，也可以被引导走向社会主义，本身并不代表一种独立的发展方向。因此，这三种基本的经济成分以及与之相连的三种基本阶级力量之间的矛盾，就集中表现为资本主义和社会主义两条道路、资产阶级和工人阶级两个阶级的矛盾。

3) 新民主主义社会的主要矛盾

1950 年初，毛泽东明确指出，今天的斗争对象主要是帝国主义、封建主义及其走狗国民党反动派的残余，不是民族资产阶级。国内的主要矛盾是中国共产党领导的全国各族人民与国民党残余势力之间的矛盾，主要任务依旧是完成民主革命的遗留任务。但是，随着国民经济的恢复发展和土地改革的基本完成，工人阶级和资产阶级的矛盾逐渐成为国内的主要矛盾。这一时期的民族资产阶级仍然是一个具有两面性的阶级：既有剥削工人的一面，又有接受工人阶级及其政党领导的一面。因此，民族资产阶级与工人阶级的矛盾也具有两重性：既有剥削者与被剥削者的阶级利益相互对立的对抗性的一面，又有相互合作、具有相同利益的非对抗性的一面。民族资产阶级作为一个剥削阶级是被消灭的对象，作为可以接受共产党和工人阶级领导的社会力量，又是团结和改造的对象。所以，与此相对应的主要任务是在进行国家社会主义工业化建设的同时，对农业、手工业和资本主义工商业进行社会主义改造，以解决当时国内的主要矛盾，推动中国社会向前发展。

总之，我国新民主主义社会不是一个独立的社会形态，而是一个由新民主主义社会向社会主义社会转变的过渡性质的社会。在新民主主义社会中，既有社会主义的因素，又有资本主义的因素，社会主义的因素不断增长，资本主义的因素不断受到限制和改造。矛盾斗争的结果必然走向社会主义。所以，新民主主义社会属于社会主义体系，是逐步过渡到社会主义社会的过渡性质的社会。

2．党在过渡时期的总路线

1) 从新民主主义社会向社会主义社会过渡思想的提出

早在新民主主义革命时期，毛泽东就对中国如何实现"由农业国进到工业国，由新民主主义社会进到社会主义社会"的问题有过深入的思考，并提出了许多富有创见的新思想。但是对于何时过渡？怎样过渡？过渡的具体步骤和方法是什么？毛泽东和党的其他领导人的认识经历了一个先搞工业化建设，再一举过渡到建设和改造同时并举，从彻底完成民主革命起即逐步过渡的发展变化过程。

1951年前后，党内大体形成了先用三五年计划搞工业化建设，再向社会主义过渡的共识。即在过渡时间上，认为需要一个相当长的新民主主义建设阶段，一般估计为 15 年到 20 年时间；在转变条件上，认为只有实现了国家工业化，才能实现私营工业国有化和农业集体化；在过渡步骤和方式上，认为当工业发展了、国营经济壮大了的时候，就可以进一步实行资本主义工商业的国有化和个体农业的集体化。

从 1949 年到 1952 年，党领导人民首先集中力量恢复国民经济，继续完成民主革命的遗留任务。与此同时，开始为将来向社会主义过渡准备条件，这主要是：没收官僚资本，建立社会主义性质的国营经济；在完成土地改革后的农村及时地开展互助合作运动；在调整工商业的过程中，采取对私营工商业加工订货、经销代销等方式，广泛发展初级形式的国家资本主义。

2) 从新民主主义社会向社会主义社会过渡的客观条件

1949 年到 1952 年，我国国民经济得到恢复，民主革命的遗留任务已经完成，中国政治、经济以及社会面貌发生了巨大的变化，这些变化是：

第一，国营工商业和私营工商业的比重发生了根本性的变化，我国已经有了相对强大和迅速发展的社会主义国营经济。到 1952 年 9 月，国营工商业的比重上升到 67.3%，私营工商业下降到 32.7%，社会主义国营经济在国家经济中实际上已经居于相对强大的地位。这就为党提出向社会主义过渡的总路线提供了物质基础。

第二，土地改革完成后，广大农民为了发展生产、抵御自然灾害，具有了走互助合作道路的要求，并且出现了许多以土地入股为主要特点的农业生产合作社。这为党提出向社会主义过渡的总路线提供了重要依据。

第三，新中国成立初期，党和国家在合理调整工商业的过程中，出现了加工订货、经销代销、统购包销、公私合营等一系列从低级向高级的国家资本主义形式。这也是党提出向社会主义过渡的总路线的一个重要因素。

第四，新中国成立以后，进行了土地改革、镇压反革命、"三反"、"五反"等一系列民主革命和社会政治斗争，巩固了人民民主专政的国家政权，为党提出向社会主义过渡的总路线奠定了良好的政治基础。

第五，当时的国际形势也有利于中国向社会主义过渡。与资本主义国家的不景气形成鲜明对比的是，以苏联为首的社会主义国家正充满向上发展的活力。此外，朝鲜战争的停战使世界的形势开始缓和。为实行过渡时期的总路线提供了有利的国际环境。

3) 党在过渡时期的总路线的内容

1953 年 6 月，毛泽东在中央政治局会议上正式提出了过渡时期的总路线和总任务，同年 12 月形成关于总路线的完整表述："从中华人民共和国成立，到社会主义改造基本完成，这是一个过渡时期。党在这个过渡时期的总路线和总任务，是要在一个相当长的时期内，逐步实现国家的社会主义工业化，并逐步实现国家对农业、对手工业和对资本主义工商业的社会主义改造。"

过渡时期总路线的主要内容被概括为"一化三改"。"一化"即社会主义工业化；"三改"即对个体农业、手工业和资本主义工商业的社会主义改造。它们之间相互联系、不可分离，可以比喻为"主体"和"两翼"。"一化"是主体，"三改"是两翼，两者相互促进、相辅相成。这是一条社会主义建设和社会主义改造同时并举的路线，体现了社会主义工业化和社会主义改造的紧密结合，体现了解放生产力和发展生产力、变革生产关系与发展生产力的有机统一。

逐步实现工业化是党在过渡时期总路线的主题。要从根本上改变中国贫穷落后的面貌，把中国从一个落后的农业国变成一个先进的工业国，就必须实现国家的工业化。而在中国的具体条件下，就是必须实现社会主义工业化，这是国家独立和富强的必然要求和必要条件。

党在过渡时期的总路线，是毛泽东和以他为核心的党的第一代领导集体根据马克思和列宁关于革命转变的科学理论，并借鉴了列宁新经济政策中科学合理的部分后，结合中国社会和中国革命的具体实际，在总结新中国在国民经济恢复时期的实践经验的基础上逐步提出和形成的。它的提出，集中地反映了我国由新民主主义社会向社会主义社会顺利过渡的历史必然，更是以毛泽东为核心的中国共产党第一代领导集体对中国社会主义革命和建设问题的重大理论贡献。

2.2.2　社会主义改造道路及其历史经验

过渡时期，毛泽东等党的领导人不仅根据中国国情创造性地设计了带有中国特色的社会主义改造理论，而且成功地领导了社会主义改造的实践。

1. 农业的社会主义改造

中国的特点是农民占人口的绝大多数。如何将几亿农民的个体所有制改造成为集体所有制，这是一个历史性的难题。以毛泽东为代表的中国共产党人，根据马克思列宁主义关于农业社会主义改造的基本原理，从我国农村实际出发，制定并实行了一整套适合中国特点的对农业进行社会主义改造的道路。具体来说如下：

(1) 积极引导农民组织起来，走互助合作的道路。土地改革完成后，农民的生产积极性大为提高，主要表现为个体经济的积极性和互助合作的积极性。党中央正确分析了农民这两方面的积极性，提出一方面不能挫伤个体经济的积极性，另一方面要提倡组织起来，发展互助合作的积极性。党在农村工作的主要任务就是将农民组织起来，使农业能够由分散落后的个体经济变为合作经济，使农民逐步摆脱贫困状况而过上共同富裕的生活。

(2) 农业社会主义改造的原则。在农业社会主义改造中，遵循自愿互利、典型示范和国家帮助的原则，以互助合作的优越性吸引农民走互助合作的道路。毛泽东认为，农民既是私有者又是劳动者，对他们不能采取剥夺的办法，只能引导、说服和教育，使其自愿走合作化的道路。

(3) 正确分析农村的阶级和阶层状况，制定正确的阶级政策。土改后，贫农和下中农一起，占农村人口的 60%～70%，这是党在农村的依靠力量。在此基础上，党制定并贯彻执行了依靠贫下中农，巩固和团结其他中农，发展互助合作，由逐步限制到最后消灭富农剥削的农村阶级政策，这使农业合作化进程有了坚实的阶级基础和群众基础。

(4) 坚持积极引导、稳步前进的方针，采取循序渐进的步骤。在农业合作化的过程中，毛泽东和党中央及时引导，多次召开互助合作会议，指出要"积极领导、稳步发展"，各级领导机关主动加强领导，采取逐步过渡的办法，使农民容易接受。农业社会主义改造大体上经历了互助组、初级社和高级社三个发展阶段。

第一阶段是 1953 年底以前，主要是发展互助组，同时试办初级社。互助组由几户或十几户农民自愿组成，土地耕畜和其他生产资料仍属农民个人所有，但在生产方面组织起来、互帮互助，是农业合作化的最初过渡形式，具有社会主义萌芽性质。

第二阶段从 1954 年到 1955 年下半年，主要是建立初级农业生产合作社。初级社以土地入股和统一经营为特点，实行集体劳动，产品分配采取按劳分配和土地入股分红相结合，耕畜和大农具也付给一定的报酬，具有半社会主义性质。

第三阶段是发展高级社。从 1955 年下半年起到 1956 年底，由于对所谓"右倾机会主义"的批判，农业合作化运动的步伐加快，进入农业合作化的高潮，将初级农业生产合作社转为高级农业生产合作社，有些甚至由互助组直接转为高级社。高级社实行生产资料农民集体所有，具有完全的社会主义性质。到 1956 年底，入社农户已占总农户的 96.3%，其中加入高级社的已达 87.8%。全国提前实现了农业合作化，农业社会主义改造基本完成。

2. 手工业的社会主义改造

(1) 手工业与城乡人民生活有密切关系，在国民经济中占有相当的比重。但是，作为个体经济的手工业，经营分散、生产规模小、技术落后、劳动生产率很低，因此必须通过合作化对手工业进行社会主义改造，使之能够适应国家工业化建设和人民生活的需要。由于手工业者同个体农民一样，也是小私有的独立劳动者，因此，对个体手工业的社会主义改造，采取了类似改造个体农业的逐步过渡的方法。当然，手工业也有与农业不同的特点，如手工业个体经济是商品经济，生产活动离不开市场；手工业者经营灵活，凭手艺吃饭，有行业帮会传统等。这些特点客观上又要求对手工业采取一些与农业合作化不同的方针政策。

(2) 对手工业的社会主义改造，党和政府采取了积极领导、稳步前进的方针。在方法步骤上，从供销合作入手，逐步发展到走生产合作的道路。具体来说，手工业的社会主义改造经历了由小到大、由低级到高级的三个步骤：

第一步是办手工业供销小组。加入这个组织的成员，由国营商业或供销合作社供给原料，包销产品。它虽然没有改变生产资料的私有制，但已经把个体手工业者组织起来，使之开始脱离资本主义工商业的供销轨道，因而具有社会主义萌芽性质。

第二步是办手工业供销合作社。它是由供销小组合并起来的，开始是统一供销业务，分别核算，生产活动仍由各户分散独立完成；后来逐步有部分生产资料是公有的，合作社对各户的生产也有一定的干预，因而具有半社会主义性质。

第三步是建立手工业生产合作社。手工业者的生产资料全部归集体所有，统一经营，入社人员参加集体劳动，采取按劳分配原则。它是社会主义性质的集体经济组织。在手工业的社会主义改造过程中，党和政府采取说服教育、示范和国家帮助的方法，使他们自愿参加到手工业合作社中来，从而把手工业者的私有制改变为社会主义的集体所有制。到1956年年底，全国91.7%的手工业者已经组织起来，对手工业的社会主义改造基本完成。

3. 资本主义工商业的社会主义改造

在推进农业合作化运动的同时，党和政府也有计划、有步骤地开展了对资本主义工商业的社会主义改造，创造性地开辟了一条适合中国情况的对资本主义工商业进行社会主义改造的道路。

(1) 用"和平赎买"的方法改造资本主义工商业。对于资本主义工商业，马克思主义的一般原则是剥夺过去的"剥夺者"，使被资本家占有的生产资料变成人民的财产，这是社会主义革命的一条基本原则。但如何剥夺，马克思、恩格斯曾设想过暴力没收与和平赎买这两种方式，并认为如果能用赎买的办法变革所有制，将是"最便宜不过了"。十月革命胜利后，列宁曾提出通过国家资本主义进行赎买政策，认为这对无产阶级是最有利的事情。后来由于俄国资产阶级选择了国内战争的反抗方式，使列宁的设想未能实现。根据马克思、恩格斯和列宁的设想，结合中国的具体情况，中国共产党提出了对资本主义工商业实行和平赎买的方针。所谓赎买，就是国家有偿地将私营企业改变为国营企业，将资本主义私有制改变为社会主义公有制。赎买的具体方式不是由国家支付一笔巨额补偿资金，而是让资本家在一定年限内从企业经营所得中获取一部分利润。

对资本主义工商业实行和平赎买，有利于发挥私营工商业在国计民生方面的积极作用，促进国民经济的发展；有利于争取和团结民族资产阶级，有利于团结各民主党派和各界爱国民主人士，巩固和发展统一战线；有利于发挥民族资产阶级中大多数人的知识、才能、技术专长和管理经验，也有利于争取和团结那些原来同资产阶级相联系的知识分子为社会主义建设服务。

(2) 采取从低级到高级的国家资本主义的过渡形式。所谓国家资本主义，就是在社会主义国家直接控制和支配下的资本主义经济。这种资本主义经济已经不是普通的资本主义经济，而是一种特殊的资本主义经济，即新式的国家资本主义经济。它主要地不是为了资本家的利润而存在，而是为了供应人民和国家的需要而存在。因此，这种新式国家资本主义经济是带着很大的社会主义性质的，是对工人和国家有利的。国家资本主义有初级形式和高级形式之分。初级形式的国家资本主义是国家对私营工商业实行委托加工、计划订货、统购包销、经销代销等，高级形式的国家资本主义是个别企业的公私合营和全行业公私合营。对资本主义工商业的社会主义改造经历了三个步骤：

第一步是在 1953 年以前，主要实行初级形式的国家资本主义。国家在私营工业中实行委托加工、计划订货、统购包销，在私营商业中采取委托经销、代销等形式，既帮助私营企业克服困难，也使其生产和经营开始纳入国家计划的轨道。这些企业的利润，按国家所得税、企业公积金、工人福利费、资方红利四个方面进行分配，即当时所说的"四马分肥"。资方红利大体占四分之一，资本主义的剥削受到限制，工人在企业中的地位也发生了变化。这就使企业具有了社会主义的因素。

第二步是从 1954 年到 1955 年夏，主要实行个别企业的公私合营。国家向私营企业投资入股，企业的生产资料由国家和资本家共同所有；企业利润的分配仍为"四马分肥"；国家派干部(即公方代表)进入企业内部，根据国家建设需要，同工人、资本家(私方代表)共同管理和改造企业，公方代表居领导地位。资本家的剥削进一步受到限制。企业的经营管理以发展生产、满足人民需要和完成国家计划为目标，因而已经属于半社会主义性质的企业。

第三步是从 1955 年秋到 1956 年，主要实行全行业的公私合营。1956 年，全行业公私合营进入高潮，全国 99%的工业企业和 82%的商业企业实行了全行业的公私合营，标志着国家对资本主义工商业的社会主义改造已基本完成。全行业公私合营后，国家对合营企业进行清产核资，定股定息，国家委派人员负责企业的生产经营管理，统一调配企业的人、财、物，生产资料为国家所有。国家按企业资本的股份额，每年拨付给原工商业者 5%的定息，开始决定付息 7 年，后来又延长 3 年，共计 10 年。全行业公私合营后，企业的生产关系已经发生了根本的变化，基本上成为社会主义国营性质的企业。

(3) 把资本主义工商业者改造成为自食其力的劳动者。在资本主义工商业的社会主义改造中，国家对资方在职人员和资方代理人采取"包下来"的政策，以企业为基地，根据

"量才使用，适当照顾"的原则，对他们在政治上适当安排、工作上发挥作用、生活上妥善照顾，通过改造阶级成分的方式达到从整体上消灭资产阶级的目的。对企业的改造和对人的改造相结合，改造资本家个人与消灭他们所属的资产阶级相结合，既避免了激烈的阶级对抗，减少了改造的阻力，又推动了生产力的发展和社会进步。

4．社会主义改造的历史经验

在进行社会主义改造、向社会主义过渡的进程中，中国共产党积累了丰富的历史经验：

(1) 坚持社会主义工业化建设与社会主义改造同时并举。实行以社会主义工业化为主体，完成对农业、手工业的社会主义改造和对资本主义工商业社会主义改造为两翼，这是党在过渡时期总路线的明确要求。社会主义改造就是变革不适应工业化发展要求的生产关系，是围绕着社会主义工业化建设这个中心任务进行的；引导个体农民、个体手工业者走集体化的道路，改造私人资本主义工商业，目的都是为了适应社会主义工业化建设的要求，更好地发展生产力。因此，在改造过程中，党和政府所采取的实际步骤，总是力求使之与促进工业化进程和经济发展的要求相适应，而不允许对生产力造成破坏。

(2) 采取积极引导、逐步过渡的方式。我国对农业、手工业和资本主义工商业的改造都采取了区别对待，用不同的办法积极引导、逐步过渡的方式。在农业社会主义改造方面，及时总结农民的实践经验，创造出互助组、初级社、高级社等过渡形式。这种从实际出发引导农民逐步走向社会主义的渐进的改造方式，使农民亲身体会到"组织起来力量大"，可以增加生产，有利于克服困难，抵抗灾害，防止出现两极分化，逐步地提高农民的觉悟，逐步地改变他们的生活方式。实践证明，这种逐步过渡的办法符合农民的特点和生产力状况。在手工业改造方面的逐步过渡，不仅保护和促进了手工业生产的发展，而且为手工业逐步进行技术改造创造了条件。在资本主义工商业的改造中，创造出从初级到高级的各种国家资本主义形式，实现了对资产阶级的和平赎买，避免了在改造期间可能发生的剧烈的社会震荡和经济破坏。中国的这场巨大而深刻的社会变革，不仅没有对生产力的发展造成破坏，而且促进了生产力的发展。

(3) 用和平方法进行改造。在社会主义改造之前，无论是资本主义工商业，还是农民和手工业者的个体所有制，都具有私有制的性质。坚持用和平的办法，保证了我国社会主义改造的顺利进行。农业的社会主义改造，党和政府坚持和平的方法和自愿的原则不动摇，并用事实向农民表明，合作化可以使占农村人口多数的、在生产条件方面还有各种困难的贫农和下中农得到利益，至少不损害他们的利益，因此他们对合作化是拥护的或者是比较拥护的。对资本主义工商业的改造则要复杂得多。把资产阶级的生产资料转归全社会所有是社会主义革命的基本任务，中国共产党结合我国实际，以和平赎买的方法完成了对资本主义工商业的社会主义改造。党和政府不仅没有采取斗争地主的办法对待民族资本家，而且还继续支付定息、安排工作，因此总体上也可以使他们接受改造。党和政府除了通过经济赎买的办法团结资本家外，还十分重视对他们进行思想教育，经常组织他们参加各种学习，引导他们参加各种政治实践活动，对他们进行社会主义前途的教育，使他们自愿接受和平改造。对资本家实行团结、教育和改造的方针，不仅稳定了资本家的思想，提高了他们的认识，保证了改造的顺利进行，而且将几十万资本家改造成自食其力的劳动者，成为社会主义企业的经营和管理干部。这不仅保证了社会的稳定，而且极大地促进了社会主义事业的发展。

我国的社会主义改造也出现了一些失误和偏差。主要是在 1955 年夏季以后，农业合作化以及对手工业和个体商业的改造要求过急，工作过粗，改变过快，形式也过于简单划一，以致在长期间遗留了一些问题。出现这些问题，有指导思想上急于求成、不够谨慎，工作方法上过于简单的因素，同时，受当时历史条件的限制，也有认识上的一些问题，主要是：在社会主义经济模式的选择和理解上，过于单一，追求纯粹的、单一的社会主义经济成分；在公有制实现形式的选择和理解上过于简单化，只注意到集体所有制和全民所有制这两种基本形式，而对社会主义改造完成以后公有制经济可以和非公有制经济共同发展缺乏认识。

但是，不能因为出现这些失误而否定社会主义改造的伟大意义。在我国社会主义改造的历史上，有两个事实是世界历史上各种革命大变动中罕见的：一是在一个几亿人口的大国中比较顺利地实现了如此复杂、困难和深刻的社会变革，不仅没有造成生产力的破坏，反而促进了工农业和整个国民经济的发展；二是这样的变革没有引起巨大的社会动荡，反而极大地加强了人民的团结，并且是在人民基本普遍拥护的情况下完成的。这些情况说明，我国社会主义改造的基本完成的确是一个伟大的历史性胜利。

2.2.3　社会主义制度在中国的确立

社会主义改造的基本完成，标志着社会主义制度在中国的确立，实现了中国历史上最深刻，最伟大的社会变革，从此我国进入社会主义初级阶段的社会主义建设时期。

1. 社会主义基本制度的初步确立

(1) 社会主义改造的胜利使我国的社会主义经济结构发生了根本变化。1956 年我国生产资料的社会主义改造取得了决定性的胜利，使我国的社会主义经济结构发生了根本变化，社会主义的经济成分已占绝对优势，社会主义公有制已成为我国的经济基础，社会主义经济占国民经济比重由 21.3%上升到 92.9%，这表明以生产资料公有制为基础的社会主义经济制度已经基本建立起来了。

(2) 社会主义改造的胜利使我国的阶级关系发生了重要变化。广大劳动人民从此彻底摆脱了受压迫、受剥削的地位，成为了掌握生产资料的主人，剥削阶级已经被消灭。帝国主义侵略势力被清除出中国大陆；官僚资产阶级在中国内地被消灭；地主和富农被改造为自食其力的新人；民族资产阶级被改造为自食其力的社会主义劳动者；工人阶级已经成为国家的领导阶级；农民和其他个体劳动者已经变成社会主义的集体劳动者；知识分子组成为社会主义服务的队伍。

(3) 社会主义改造的伟大胜利，大大解放了我国的社会生产力。到 1957 年超额完成了第一个五年计划，使我国国民经济结构发生了很大变化，一大批旧中国没有的基础工业部门和大中型工业企业相继建立，工业技术水平和设计能力有了较大的提高，从而奠定了社会主义工业化的初步基础。工业的高速发展，缩小了我国与发达国家的差距，为以后大规模社会主义建设开辟了道路。

(4) 确立了中国共产党领导的人民民主专政的社会主义政治制度。1954 年 9 月，第一届全国人民代表大会在北京召开。大会通过的《中华人民共和国宪法》，是中国人民 100多年来为建立新中国而英勇奋斗的历史经验的总结，也是中华人民共和国成立以来新的历史经验的总结，为各族人民参与国家政治生活提供了条件和保证，为逐步健全和完善我国社会主义政治制度，逐步健全社会主义民主和法制，创造有利于社会发展的良好的社会政治环境，奠定了坚实的基础。

(5) 我国社会的主要矛盾也发生了根本的变化。无产阶级与资产阶级之间的矛盾基本上解决，人民对经济迅速发展的需要同当前经济文化不能满足人民需要的状况之间的矛盾，成为社会的主要矛盾。党和人民面临的主要任务，就是集中精力解决这个矛盾，集中力量发展社会生产力，把我国尽快地从落后的农业国变成先进的工业国。

2．确立社会主义基本制度的重大意义

(1) 社会主义制度的确立，为当代中国一切发展进步奠定了制度基础。

(2) 社会主义制度的确立，使广大劳动人民真正成为国家的主人和社会生产资料的主人。

(3) 中国社会主义制度的确立，使占世界人口四分之一的东方大国进入了社会主义社会，这是世界社会主义运动历史上又一个历史性的伟大胜利。

(4) 社会主义改造的胜利丰富和发展了马克思主义的科学社会主义理论。一方面，社会主义改造的胜利实践了马克思主义关于和平赎买的构想，创造了一条中国特色的道路，丰富和发展了马克思主义的科学社会主义理论和关于资本主义向社会主义过渡的理论。

总之，社会主义改造的基本完成和社会主义建设的巨大成就，标志着社会主义制度已经在我国经济领域和政治领域基本确立。中华人民共和国的成立和社会主义制度的建立，是我国历史上最深刻、最伟大的社会变革，也是一个世纪以来，中国人民在前进道路上的第二次历史性巨变，它为我国社会的发展和进步奠定了坚实的基础。从此，中国和中国人民开始了在社会主义的轨迹上寻求中华民族的伟大复兴之路。

本 章 小 结

　　新民主主义革命理论是以毛泽东为主要代表的中国共产党人，把马克思列宁主义的基本原理与中国革命的具体实践相结合，逐步形成和发展起来的具有独创性的关于中国革命的理论。新民主主义革命总路线就是无产阶级领导的，人民大众的，反对帝国主义、封建主义和官僚资本主义的革命。新民主主义的政治、经济和文化纲领是新民主主义革命总路线的展开和具体化。中国革命必须走农村包围城市、武装夺取政权的革命道路。统一战线、武装斗争、党的建设是新民主主义革命的三大法宝，是新民主主义革命胜利的基本经验。从中华人民共和国成立到社会主义改造基本完成，我国的社会性质是新民主主义社会，它是一个过渡性质的社会。中国共产党人结合我国实际，创造性地开辟了一条适合中国特点的社会主义改造道路，成功完成了生产资料私有制的社会主义改造，确立了社会主义基本制度，实现了中国最深刻、最伟大的社会变革。中华人民共和国的成立和社会主义基本制度的确立，是 20 世纪中国又一次划时代的历史巨变，也是世界社会主义运动史上又一个历史性的伟大胜利，为当代中国的一切发展进步奠定了制度基础。

同 步 练 习

Ⅰ 客观性试题

　　一、单项选择题(在每个小题列出的四个选项中，有一项是最符合题目要求的，请将正确选项的字母填在本书所附答题纸的括号内)

　　1. "因为中国资产阶级根本上与剥削农民的豪绅地主相连接相混合，中国革命要推翻豪绅地主阶级，便不能不同时推翻资产阶级。"这一观点的主要错误是(　　)。

　　A. 忽视了反对帝国主义的必要性　　　B. 混淆了民主革命和社会主义革命的任务

　　C. 未能区分中国资产阶级的两面性　　D. 不承认中国资产阶级与地主阶级的区别

　　2. 区别新旧两种不同的民主主义革命的根本标志是(　　)。

　　A. 革命的动力不同　　　　　　　　　B. 革命的对象不同

　　C. 革命的前途不同　　　　　　　　　D. 革命的领导阶级不同

　　3. 党在过渡时期的总路线和总任务是(　　)。

　　A. 稳步地由农业国转变成工业国，由新民主主义国家转变为社会主义国家

　　B. 鼓足干劲、力争上游、多快好省地建设社会主义

C．无产阶级领导的，人民大众的，反对帝国主义、封建主义和官僚资本主义的革命

D．在一个相当长的时期内，逐步实现国家的社会主义工业化，并逐步实现国家对农业、手工业和资本主义工商业的社会主义改造

4．在社会主义改造中，中国共产党对资本主义工商业所采取的政策是(　　)。

A．和平赎买　　　　B．加以利用　　　　C．严格限制　　　　D．暴力没收

5．下面关于社会主义改造不正确的论述是(　　)。

A．社会主义改造的基本完成标志着中国历史上长达数千年的剥削制度的结束

B．社会主义改造的基本完成实现了由新民主主义向社会主义的转变

C．社会主义改造的基本完成标志着社会主义基本制度在我国的初步确立

D．社会主义改造的基本完成标志着我国已经建成了社会主义

二、**多项选择题**(在每小题列出的五个选项中有二至五个选项是符合题目要求的，请将正确选项前的字母填在本书所附答题纸的括号内)

6．中国革命走农村包围城市、武装夺取政权的道路，必须处理好关系的三个要素是(　　)。

A．武装斗争　　　　　　　　　　B．统一战线

C．土地革命　　　　　　　　　　D．党的建设

E．农村革命根据地建设

7．关于新民主主义社会的性质，下列说法正确的有(　　)。

A．是一个独立的社会形态　　　　B．是属于社会主义体系的过渡性社会

C．是属于资本主义体系的过渡性社会

D．是一个既有社会主义因素又有非社会主义因素的过渡性社会

E．是一个社会主义因素起决定性作用、必然向社会主义过渡的社会

8．党提出过渡时期的总路线，充分考虑了具有实现可能性的因素有(　　)。

A．我国已经建立了完整的工业体系和国民经济体系

B．我国已经有了相对强大和迅速发展的社会主义国营经济

C．土地改革完成后，广大农民具有走互助合作道路的要求

D．新中国成立初期，党和国家在合理调整工商业的过程中，出现了一系列从低级到高级的国家资本主义形式

E．当时的国际形势有利于中国向社会主义过渡

9．20 世纪 50 年代初，我国对个体农业进行社会主义改造的成功经验有(　　)。

A．在土地改革的基础上，不失时机地引导个体农民走互助合作的道路

B．遵循自愿互利、典型示范和国家帮助的原则

C．实行"三级所有、队为基础"的农村经济政策

D. 全面推广联产承包责任制

E. 采取从互助组到初级社再到高级社的逐步过渡形式

10. 在对资本主义工商业进行社会主义改造过程中所采取的"四马分肥"是指(　　)。

A. 国家所得税　　　　　B. 企业公积金　　　　　C. 工人福利费

D. 资方红利　　　　　　E. 统个人所得税

Ⅱ　主观性试题

11. 如何理解新民主主义革命的基本经验?

12. 如何认识社会主义改造同社会主义改革之间的关系?

13. 中国确立社会主义基本制度的重大意义是什么?

14. 分析中国革命走农村包围城市、武装夺取政权道路的客观依据。

15. 如何认识我国进行社会主义改造的历史经验?

第3章 社会主义的本质与根本任务

内 容 导 学

【学习目标】

通过本章的学习，使学生了解建设中国特色社会主义的基本理论问题，搞清楚初步探索过程中经历曲折的原因；对社会主义本质论要有完整、准确、科学的理解；全面认识和掌握邓小平的社会主义观，懂得中国共产党为什么始终代表先进生产力的发展要求；明确社会主义根本任务与社会主义本质的密切关系，清醒地认识没有对社会主义本质的科学概括，就不可能有正确的社会主义根本任务的提出；对社会主义的认识既要强调解放生产力、发展生产力，又要强调共同富裕的基本思想。

【基本概念】

"大跃进"，社会主义的本质，解放生产力，发展生产力，共同富裕，科技是第一生产力，发展是硬道理。

【教学重点】

(1) 深入理解社会主义本质的内容；

(2) 社会主义本质与社会主义根本任务之间的关系；

(3) 发展生产力和实现共同富裕的关系；

(4) 科学技术是第一生产力的论述。

【教学难点】

(1) 理解发展是硬道理的论断；

(2) 理解为什么党要把发展作为执政兴国的第一要务；

(3) 中国共产党怎样才能做到始终代表先进生产力的发展要求；

(4) 理解社会主义本质的实现表现为一个动态的过程；

(5) 正确看待社会主义本质要求、终极目标与当今社会现实之间出现的不一致现象。

3.1　社会主义本质理论

长期以来，我们对什么是社会主义的问题一直没有搞清楚，存在着各种认识上的偏差。通过对社会主义的反思和再认识，使我们对社会主义的本质有一个新的认识。

3.1.1　党对中国特色社会主义建设道路的积极探索

1. 中国特色社会主义建设道路初步探索的实践基础和理论成果

1) 党对中国特色社会主义建设道路初步探索

在社会主义改造基本完成到文化大革命前夕，我国开始了全面的社会主义建设，毛泽东向全党提出，要探索马克思主义同中国实际的"第二次结合"，走出中国自己的社会主义建设道路。"一五"计划时期，我国对个体农业、手工业和私营工商业的社会主义改造的任务基本完成。计划所规定的各项建设任务，到 1957 年底胜利完成，使我国建立起了社会主义工业化的初步基础，社会主义生产关系基本确定。建成了一大批重点工程，五年内完成基本建设投资总额 550 亿元，新增固定资产 460.5 亿元，相当于 1952 年底全国拥有的固定资产总值的 1.9 倍。595 个大中型工程建成投产，初步铺开我国工业布局的骨架；工业总产值比 1952 年增长 128.6%，五年合计钢产量 1656 万吨，等于旧中国从 1900 年～1948 年的 49 年钢产量 760 万吨的 218%，煤产量达到 1.31 亿吨，比 1952 年增长 98%；产业结构发生新的变化，在工业总产值中，工业产值所占比重由 1949 年的 30% 提高到 56.5%，重工业的比重由 26.4% 提高到 48.4%。1957 年粮食产量达到 3901 亿斤，棉花产量达到 3280 万担，都超额完成计划。

但"一五"计划实施中也存在的一些问题：一是农业生产跟不上工业生产的步伐，以工业总产值占农业总产值 70% 和工业总产值中生产资料占 60% 作为实现国家工业化的重要标志之一，在某种程度上忽视了农业的发展；二是 1956 年出现全局性的冒进，基本建设投资总额 147.35 亿元，比上年增长 70%，高于 1953、1954 年两年的投资额，基本建设拨款占财政支出的比重由上年的 30.2% 猛增到 48%，造成国家财政紧张；三是社会主义改造过急过快，为以后相当长的时间留下后遗症。"一五"计划以后的社会主义建设，在经济建设方面，仍然没能有效遏制这些缺陷的进一步扩展，这样，在总结第一个五年计划执行过程中的经验教训的基础上，以毛泽东为代表的第一代领导人开始了关于如何建设社会主义的伟大探索和尝试。

2) 社会主义建设道路初步探索的理论成果

第一，1956 年 4 月，在经过大量调查研究的基础上，毛泽东作了《论十大关系》的重要讲话，围绕把国内外一切积极因素都调动起来为社会主义事业服务的基本方针，深刻论述了正确处理经济建设和社会发展中的一系列重大关系。毛泽东指出，处理好十大关系，归结起来是要达到这样一个目的：努力把党内党外、国内国外的一切积极的因素全部调动起来，把我国建设成为一个强大的社会主义国家。这就是我们进行社会主义建设所必须遵循的基本方针。《论十大关系》中关于从中国国情出发、走自己的路的思想，关于调动一切积极因素、建设社会主义的基本方针，关于中国工业化道路和经济体制改革的若干设想等，是以毛泽东为代表的中国共产党人将马克思列宁主义与中国社会主义建设的实际相结合的产物，具有开创性的意义。

第二，1957 年 2 月，毛泽东作了《关于正确处理人民内部矛盾的问题》的讲话，提出了我国社会主义制度才刚刚建立，还没有完全完成，还不完全巩固的思想；提出了社会主义社会基本矛盾和两类矛盾的学说，强调了要严格区分和正确处理两类不同性质的矛盾，特别是要正确处理人民内部矛盾；提出了从全体人民出发，"统筹兼顾，适当安排"的方针；提出了发展工业必须同发展农业同时并举的工业方针。同年 8 月，毛泽东又提出要创造一个有集中又有民主、有纪律又有自由、有统一意志又有个人性情舒畅和生动活泼那样一种政治局面，以利于较快地建设我国的现代工业和现代农业的思想。

总之，以毛泽东为代表的中国共产党人在初步探索中提出了很多重要观点，尽管有的还不成熟，有的还没有付诸实施，有的在实践中没能坚持下去，但它们都为后来的探索作了开创性的工作，有着十分重要的理论和实践价值。

2. 党对社会主义认识的曲折发展

1957 年下半年以后，国际国内出现了一些复杂的情况。由于社会主义运动的历史不长，社会主义国家的历史很短，人们对社会主义社会发展规律的认识有些比较清楚，但更多的还有待继续探索。同时，我们党过去长期处于战争和激烈阶级斗争的环境中，对于迅速到来的新生的社会主义社会和全国规模的社会主义建设事业，缺乏充分的思想准备和科学研究，对建设社会主义的客观规律缺乏深刻的认识。使社会主义建设在方向上出现了很大的偏差，造成了很多不可弥补的损失。

(1) 社会主义建设实践中的偏差。由于在经济建设上急于求成，出现了"人民公社化"运动、"大跃进"运动等不符合当时具体国情的实践偏差，造成了很多不应有的损失；政治上把已经不属于阶级斗争的问题仍然看做阶级斗争，出现了以"阶级斗争为纲"的错误，对社会主义制度造成体制上的破坏；文化大革命的历史悲剧，使社会主义建设出现了全面倒退的局面，也使中国在如何建设社会主义这一问题上出现了极大的偏差，对社会主义建设事业造成了不可估量的损失。尽管如此，我们党始终没有停止对中国社会主义建设规律的探索，并且在这曲折的探索道路中，一些重要观点和思想仍然具有重大的理论和现实意义。

（2）曲折探索中的理论成果。20 世纪 50 年代末 60 年代初，毛泽东在总结"大跃进"以来我国社会主义建设中的经验教训的基础上，提出了一系列重要观点。毛泽东是较早地通过调查研究觉察到运动中出现严重问题并努力加以纠正的主要领导人。1958 年 11 月，第一次郑州会议召开，毛泽东提出并要求纠正已经觉察到的"左"的错误，强调要区别集体所有制和全民所有制，划清社会主义和共产主义两个发展阶段，批评了废除货币、取消商品生产和交换的主张。

此外，党中央许多同志都在探索适合中国国情的社会主义道路问题，为此做出了积极的贡献。刘少奇提出：我们应该学会自己走路，应该根据中国的特点，采取适合中国国情的方法来进行建设，要按经济办法管理经济；周恩来提出：我国知识分子绝大多数已经是劳动人民的知识分子，科学技术在我国现代化建设中具有关键性作用等观点；陈云提出："三个主体，三个补充"的思想，主张在工商业经营方面，国家经营和集体经营是工商业的主体，一定数量的个体经营是补充，在生产计划方面，计划生产是工农生产的主体，按照市场变化而在国家计划允许范围内进行的自由生产是补充，在流通领域，国家市场是社会主义的统一市场的主体，一定范围内国家领导的自由市场是补充的观点；邓小平提出：整顿工业企业，改善和加强企业管理，实行职工代表大会制等观点；朱德提出：要注意发展手工业和农业多种经营的观点，他还强调党执政后纪律工作的基本任务是保护生产、巩固和纯洁党的组织、巩固党同人民群众的联系、保证党的集中统一；邓子恢等提出：农业要实行生产责任制的观点。所有这些，都为十一届三中全会以后的经济体制改革提供了有益的启示。

总之，在党的十一届三中全会之前，虽然在探索社会主义道路的问题上犯下了包括"文化大革命"这样的严重错误，遭受了重大的损失，经历了巨大的挫折，但总体上，经济建设还是取得了巨大的成就，"大跃进"和"文化大革命"这样的重大挫折，为我们党在"什么是社会主义，怎样建设社会主义"这一根本问题提供了足够的教训，为我们党在如何更有效、更符合中国国情下进行社会主义建设提供了历史性的思考，十一届三中全会的召开，标志着党对社会主义的认识提高到了一个新的历史时期。

3.1.2　社会主义本质的重新探索与认识

1. 社会主义本质理论的提出

1）社会主义本质理论的提出过程

1978 年 5 月 11 日，《光明日报》发表了《实践是检验真理的唯一标准》一文，引发了全国范围的真理标准问题的讨论，长期以来禁锢人们思想的僵化局面被冲破。而邓小平在中央工作会议闭幕会上作了题为《解放思想，实事求是，团结一致向前看》的重要讲话，它实际上是随后召开的党的十一届三中全会的主题报告。1978 年 12 月 18 日至 22 日，党的十一届三中全会在北京举行。这次会议彻底否定"两个凡是"的方针，重新确立解放思想、实事求是的指导思想，实现了思想路线的拨乱反正；停止使用"以阶级斗争为纲"的口号，作出工作重点转移的决策，实现了政治路线的拨乱反正；形成以邓小平为核心的中央领导集体，取得了组织路线拨乱反正的最重要成果；恢复党的民主集中制的优良传统，提出使民主制度化、法律化的重要任务；审查和解决历史上遗留的一批重大问题和一些重要领导人的功过是非问题，开始了系统清理重大历史是非的拨乱反正。会议还提出要正确对待毛泽东的历史地位和毛泽东思想的科学体系。党的十一届三中全会是新中国成立以来党和国家历史上的伟大转折，开辟了改革开放和集中力量进行社会主义现代化建设的历史新时期。

十一届三中全会以后，邓小平总结多年来离开生产力抽象地谈论社会主义，把许多束缚生产力发展的、并不具有社会主义本质属性的东西当做"社会主义原则"加以固守，把许多在社会主义条件下有利于生产力发展的东西当做"资本主义"加以反对的深刻教训，经过深邃的思考，创造性地对社会主义本质进行了新的概括，深化了对社会主义的认识。

2) 邓小平的社会主义本质理论

20世纪80年代初，邓小平第一次提出了社会主义本质这个概念。他认为，讲社会主义，首先要使生产力发展，这是主要的。只有这样，才能表明社会主义的优越性。社会主义经济政策对不对，归根到底要看生产力是否发展，人民收入是否增加。他把发展生产和增加人民收入称为压倒一切的标准，实际已经提出了社会主义本质的核心内容。同时，邓小平对不符合社会主义本质要求的思想进行了深刻的剖析，他认为，贫穷不是社会主义，发展太慢也不是社会主义，平均主义不是社会主义，两极分化也不是社会主义，没有民主就没有社会主义。1992年邓小平南巡讲话后，他进一步明确提出，计划多一点还是市场多一点，不是社会主义与资本主义的本质区别。计划经济不等于社会主义，资本主义也有计划；市场经济不等于资本主义，社会主义也有市场，计划和市场都是经济手段。概括起来，邓小平关于社会主义本质理论的论断就是："社会主义的本质，是解放生产力，发展生产力，消灭剥削，消除两极分化，最终达到共同富裕。"

2. 社会主义本质的科学内涵

(1) 邓小平从生产力的高度概括出社会主义的本质，无疑是抓住了社会主义的核心问题。马克思主义认为，生产力在人类社会历史发展中具有最终的决定作用。长期以来，我们并非不懂得生产力的重要意义，但实际上对社会主义的认识和理解却更多地放在生产关系上，忽视了生产力的发展。由于对社会主义的本质认识不清，把许多束缚生产力发展并不具有社会主义本质属性的东西当做社会主义原则加以固守，而把许多在社会主义条件下有利于生产力发展和生产的商品化、社会化和现代化的东西，如按劳分配原则、商品生产、货币交换、价值规律，当做资本主义加以否定。这是违背马克思主义基本原理的。邓小平把解放和发展生产力作为社会主义本质来认识，既从根本上恢复了马克思主义的本来思想，又从根本上纠正了我们过去所犯的错误；既反映了中国社会主义初级阶段的迫切需要，又对当代世界提出的挑战作出了回答。

(2) 邓小平关于社会主义本质的论述，不仅讲发展生产力，而且讲解放生产力。传统观念认为，社会主义制度建立以后，主要任务是发展生产力，而不是解放生产力。但事实证明，社会主义国家的体制如果有问题，也会束缚生产力发展，因此，也就有一个解放生产力的问题。突出解放生产力问题，并且把它提到社会主义本质的高度，是对马克思主义的重大发展，也是社会主义本质论中最具有时代意义的内容。社会主义是取代资本主义而出现的崭新的社会形态，社会主义的生产关系是适应社会化大生产建立的以公有制为基础的生产关系。这种生产关系适应生产力发展的需要，使得原来被束缚的生产力获得了解放。尽管这种生产关系和生产力之间也有矛盾，但这种矛盾的性质是非对抗性的，可以通过社会主义制度本身自觉的调节来不断加以克服，从而保证生产关系适应生产力发展状况的规律持续地、正常地发挥作用。社会主义能够通过改革来解放生产力，从而促进生产力的发展，实现社会的发展。而这正是社会主义优越于资本主义的根据，是最能体现社会主义本质的东西。

(3) 消灭剥削，消除两极分化，最终达到共同富裕，是社会主义的根本目的、根本目标，这是社会主义同资本主义的最本质的区别所在，是社会主义伟大理想的最本质的体现。一方面，解放生产力、发展生产力的目的是为了人民的共同富裕。解放生产力、发展生产力是为了达到共同富裕，是达到共同富裕的手段。所以，它是达到共同富裕的关键。同时，它又不是我们的目的，我们的目的是达到共同富裕。其二，贫穷不是社会主义，而少数人富裕，多数人贫穷也不是社会主义。在社会主义社会，经过全国人民的共同努力，解放生产力、发展生产力，从而消灭了贫穷，使社会财富迅速增加。但是如果这些财富通过各种不正当的途径与形式聚敛在少数人手中，大多数人则依然贫穷，这则是完全背离社会主义本质要求的。只有共同富裕才既是社会主义的本质体现，又是社会主义优越性的重要表现。

(4) 邓小平的社会主义本质论，涵盖了社会主义的生产力问题以及社会主义生产关系为基础的社会关系问题，五句话互相联系，包含三个层次的内容：

第一层次是解放生产力、发展生产力。这是社会主义制度得以巩固和发展的物质前提和根本途径。只有解放生产力，发展生产力，才能消灭剥削，消除两极分化，最终达到共同富裕。这一层次从生产力的角度揭示了社会主义的本质要求是高效率。

第二层次是"消灭剥削，消除两极分化"。这个规定，确保生产力发展的社会主义方向，使生产发展成果属于人民，为生产力的持续发展和实现共同富裕创造条件、开辟道路。这一层次是从生产关系的角度揭示了社会主义本质的另一个要求是公平性。

第三层次是"最终达到共同富裕"。这是社会主义的根本目标，是解放生产力、发展生产、消灭剥削、消除两极分化的出发点和归宿。这一层次从生产力和生产关系相统一的角度揭示了社会主义的本质。它是社会主义效率与公平的高度统一，体现了社会主义最大的优越性。富裕是效率提高、生产力发展的结果；共同富裕则是社会公平的最高体现。

社会主义本质论的这三个层次互为条件，互为前提，紧密联系，不可分割，它们在社会主义本质论中各有着特定的地位和作用，充分体现了社会主义生产力和生产关系的统一、社会主义根本任务和根本目标的统一、社会主义物质基础和社会关系的统一、社会主义发展过程和最终目标的统一。

党的十六大以来，以胡锦涛为总书记的党中央作出了"社会和谐是中国特色社会主义的本质属性"的重大判断，深化了对社会主义本质的认识，是总结国内外社会主义建设特别是我国社会主义建设历史经验得出的重要结论，也是构建社会主义和谐社会的理论基础。

3. 社会主义本质理论的重要意义

(1) 社会主义本质理论把对社会主义的认识提高到了一个新水平。社会主义本质理论的提出，把我们对社会主义的认识，从主要强调公有制、按劳分配等基本特征，进一步深入到实现共同富裕这个建设社会主义的根本目的和目标。过去，由于缺乏对社会主义本质的认识，我们在建设社会主义、巩固和发展社会主义方面，常常认为公有制和按劳分配的范围越广、程度越高，越有助于实现共同富裕，结果导致远离根本目的的结果。在我国改革开放的进程中，一些政策调整之所以经常出现不同意见，从认识论的角度看，也是因为离开了社会主义的根本目的孤立地看待是否符合公有制、按劳分配等社会主义的特征。因此，提出把建设社会主义的手段和目的统一起来的更高层次的社会主义本质概念，搞清楚建设社会主义的根本目的和目标，对于统一认识，促进改革开放事业的发展，保证社会主义改革的正确方向，是十分重要的。

(2) 社会主义本质理论为探索怎样建设社会主义开辟了广阔的前景。邓小平提出社会主义本质理论的针对性，一方面是过去只着重于关注巩固和扩大公有制、按劳分配和计划经济，把它当做目的本身，而忽视了更为基本的建设社会主义的根本目的和目标；另一方面是防止改革进程中可能出现的少部分人富有而大部分人贫穷的两极分化和其他消极现象。这两种情况都不可能使我国的社会主义建设找到一条正确的道路。社会主义本质理论把搞清楚"什么是社会主义，怎样建设社会主义"紧密地结合起来，揭示了实现社会主义本质与建设社会主义的道路之间的内在逻辑关系。社会主义本质理论的提出，为我们寻找一种能够从更深层次把握住社会主义的本质，从而为中国的社会主义建设在改革开放中探索出一条发展更快、人民享受到社会主义建设成果最大、能够充分体现出对资本主义优越性的道路，奠定了科学基础，开辟了广阔前景。

总之，邓小平对社会主义本质所作的理论概括，对科学社会主义理论既是坚持和继承，又是发展和创新，为我们真正搞清楚什么是社会主义、怎样建设和发展社会主义这个问题，并在实践中创造出充满活力的社会主义奠定了科学的思想基础。

3.2 社会主义的根本任务

3.2.1 社会主义的根本任务是发展生产力

1. 社会主义的根本任务的提出

新中国成立后，毛泽东多次反复强调社会主义社会的根本任务是发展生产力，发展经济。社会主义基本制度建立以后，毛泽东曾经提出，群众性大规模的急风暴雨式的阶级斗争已经过去，我们的任务是搞文化革命、技术革命，向自然界开战。党的八大在分析了社会主义社会的主要矛盾后指出，全国人民的主要任务是集中力量发展社会生产力，实现国家工业化，逐步满足人民日益增长的物质和文化需要。但是后来由于党的指导思想上"左"倾错误的不断发展，"以阶级斗争为纲"取代了发展生产力这一根本任务，严重影响了社会主义建设事业的发展。改革开放以来，邓小平在总结历史经验的基础上更是一再强调了发展社会生产力的重要性。1992年他提出了"发展才是硬道理"的著名论断，从社会主义本质要求的高度强调发展的重要性。

2. 发展才是硬道理的原因

(1) 发展才是硬道理，把发展生产力作为社会主义的根本任务，是科学社会主义的根本观点，是巩固和发展社会主义制度的必然要求。马克思恩格斯在《共产党宣言》中提出，无产阶级夺取政权以后，要大力发展生产力，尽可能快地增加生产力的总量。在我国这样经济文化比较落后的条件下建设社会主义，更要把发展生产力作为根本的首要的任务。只有生产力发展了，才能提高人民的生活水平，实现社会安定，为社会主义民主政治建设、精神文明建设及和谐社会建设创造物质条件，从根本上巩固社会主义制度。只有社会主义的发展，才能使不相信社会主义的人逐步相信社会主义，使相信社会主义的人进一步坚信社会主义。

(2) 发展才是硬道理，是对社会主义实践经验教训的深刻总结。在改革开放前的20多年间，我国的社会主义现代化建设发展得不尽如人意，一个重要原因是，在相当长的时间里没有能切实将发展生产力作为社会主义建设的根本任务。邓小平认为，经济长期处于停滞状态总不能叫社会主义，人民生活长期停滞在很低的水平总不能叫社会主义。空讲社会主义不行，人民不相信，社会主义决不能长期建立在生产力水平低下和贫穷的基础上。社会主义必须以经济建设为中心，大力发展社会生产力。中国解决所有问题的关键是要靠自己的发展。这是对国内外社会主义建设的经验教训进行科学分析得出的重要结论。

(3) 发展才是硬道理，是适应时代主题变化的需要。和平与发展是当今世界的两大主题，是带全球性的战略问题。作为一个社会主义大国，中国是维护和平和稳定的力量，是世界和平力量发展的重要因素。中国发展得越强大，世界和平越靠得住。中国的发展对世界、对亚太地区的和平与稳定都是有利的。不仅维护世界和平需要中国的发展，而且解决全球发展问题也要中国的发展。中国是世界上最大的发展中国家，拥有丰富的劳动力资源、广阔的市场和不断改善的投资环境，社会政治稳定。中国的发展，既关系中国自身，也关系亚太地区和世界的和平与发展。中国经济保持良好的发展势头，不仅将造福 13 亿中国人民，也将为世界各国带来巨大的商机和市场。在经济全球化趋势深入发展的条件下，中国的发展正在成为世界经济发展新的推动力量。世界各国经济互利合作、相互依存的加深，必将给全球经济增长创造更加美好的前景。从这个方面看，中国的发展具有全球性的战略意义。

3.2.2　新时期党对社会主义的根本任务的再认识

1. 发展是党执政兴国的第一要务

江泽民同志从党长期执政的实际出发指出：党要承担起推动中国社会进步的历史责任，必须始终紧紧抓住发展这个执政兴国的第一要务，把坚持党的先进性和发挥社会主义制度的优越性，落实到发展先进生产力、发展先进文化、实现最广大人民的根本利益上来，推动社会全面进步，促进人的全面发展。在新世纪新阶段，把发展作为执政兴国的第一要务是由中国共产党的执政地位决定的，是对执政规律认识的深化，也是党实现其承担的历史责任的需要。

(1) 我国这样一个发展中大国，能不能解决好发展问题，直接关系人心向背、事业兴衰。中国共产党的执政地位是人民的选择，而人民之所以选择中国共产党，从根本上说是因为它能够领导中国实现民富国强、振兴中华。只有紧紧抓住发展这个执政兴国的第一要务，党才能实现自己在新世纪新阶段的历史使命。只有把发展作为主题，才能从根本上把握人民的愿望，不断巩固和发展党执政的群众基础，把中国特色社会主义事业不断推向前进，并通过几代人、十几代人甚至几十代人的努力，创造出比资本主义更发达的生产力，使人民群众享受更多的实际利益，使社会主义更好地显示自己的优越性。也只有靠发展，才能说服那些不相信社会主义的人，坚定对社会主义的信念和祖国未来前途的信心。总之，解决社会主义初级阶段的各种社会矛盾和问题，都要依靠发展。

(2) 坚持以发展的办法解决前进中的问题，是改革开放以来党的一条主要经验。改革开放以来，我们党的路线、方针、政策之所以会得到全体人民的拥护，我们之所以能够战胜各种困难和风险，都与紧紧抓住发展这个主题密切相关。改革开放 20 多年来，我国综合国力大幅度跃升，是人民得到最多实惠的时期，是我国社会长期保持安定团结、政通人和的时期，是我国国际影响显著扩大、民族凝聚力极大增强的时期。这些历史性成就充分证明，坚持以发展为主题，用发展的眼光、发展的思路、发展的办法解决前进中的问题，就能把中国特色社会主义事业不断推向前进。在新的世纪，我国社会主义现代化建设任重道远，既有过去积累起来的老问题，也有不断出现的新问题，但不论解决什么问题，最终都要靠发展。

(3) 党的十六大以来，以胡锦涛为总书记的党中央，高举邓小平理论和"三个代表"重要思想伟大旗帜，从新世纪新阶段党和国家事业发展全局出发，提出了以人为本、全面协调可持续发展的科学发展观。树立和落实科学发展观，必须始终坚持以经济建设为中心，聚精会神搞建设，一心一意谋发展；必须在经济发展的基础上，推动社会全面进步和人的全面发展，促进社会主义物质文明、政治文明、精神文明协调发展，同时更加注重发展社会事业，推动经济社会协调发展；必须着力提高经济增长的质量和效益，努力实现速度和结构、质量、效益相统一，经济发展和人口、资源、环境相协调，不断保护和增强发展的可持续性。

2. 代表中国先进生产力的发展要求

(1) 始终代表中国先进生产力的发展要求，就是党的理论、路线、纲领、方针、政策和各项工作，必须努力符合生产力发展的规律，体现不断推动社会生产力的解放和发展的要求，尤其要体现推动先进生产力发展的要求，通过发展生产力不断提高人民群众的生活水平。始终代表中国先进生产力的发展要求，大力促进先进生产力的发展，是中国共产党站在时代前列，保持先进性的根本体现和根本要求。

(2) 中国共产党从建立时就是以中国先进生产力的代表走上历史舞台的。党的一切方针政策都要促进生产力尤其是先进生产力的不断发展。党领导的新民主主义革命，目的是取消帝国主义在中国的特权，消灭地主阶级和官僚资产阶级的剥削和压迫，改变买办的封建的生产关系以及建立在这种经济基础之上的腐朽的上层建筑，确立以人民民主专政为核心的新的政治制度，从根本上解放被束缚的生产力。新中国成立以后，对农业、手工业和资本主义工商业进行社会主义改造，是为了确立社会主义生产关系，并在这种经济基础上进一步健全社会主义上层建筑，以继续解放和发展生产力。十一届三中全会以来，我国进行改革开放，也是为了进一步解放和发展生产力。总之，党领导人民进行革命、建设和改革，都是为了促进生产力的解放和发展。

(3) 先进生产力的发展是同生产关系、上层建筑的不断完善密切地联系在一起的。党要始终代表中国先进生产力的发展要求，就要使生产关系和上层建筑的各个方面不断体现先进生产力的发展要求。为此必须毫不动摇地坚持改革，不断完善社会主义的生产关系和上层建筑，为生产力的解放和发展开辟更广阔的途径。江泽民指出，全党同志无论在什么岗位上，都要对自己所从事的工作经常加以检查和总结，看看是不是符合先进生产力的发展要求，符合的就毫不动摇地坚持，不符合的就实事求是地纠正。这样，才能充分体现共产党人的先进性和时代精神。

(4) 人是生产力中最活跃的因素。党要始终代表中国先进生产力的发展要求，就必须充分发挥全体人民的积极性、主动性、创造性，不断提高工人、农民、知识分子和其他劳动群众以及全体人民的思想道德素质和科学文化素质，不断提高他们的劳动技能和创造才能。要积极营造尊重人才、鼓励创业的社会环境，形成人才脱颖而出、人尽其才的良好机制，开创人才辈出并能充分发挥各种人才积极性和创造性的新局面，为改革开放和现代化建设提供强大的人才保证。

(5) 党要始终代表中国先进生产力的发展要求，还必须大力推进科技进步和创新，努力实现生产力的跨越式发展。当今世界科学技术迅猛发展，给生产力和人类社会经济发展带来了极大的推动，对经济和社会发展的重要性从来没有像现在这样突出。未来的科学技术发展还将产生新的重大飞跃。党必须敏锐地把握这个客观趋势，始终注意把发挥我国社会主义制度的优越性，同掌握、运用和发展先进的科学技术紧密地结合起来，大力推动科技进步和创新，不断用先进科学技术改造和提高国民经济，努力实现我国生产力发展的跨越。这是党始终代表中国先进生产力的发展要求必须履行的重要责任。

3．科学技术是第一生产力

1) 科学技术是第一生产力理论的提出

第一，科学技术是推动现代生产力发展中的重要因素和重要力量。生产力的基本要素是生产资料和劳动者。其中的生产资料是同一定的科学技术相结合的；劳动者也同样是掌握了一定的科学技术知识。现代科学技术的飞速发展并向现实生产力迅速转化，改变了生产力中的劳动者、劳动工具、劳动对象和管理水平。科学技术为劳动者所掌握，极大地提高了人们认识自然、改造自然和保护自然的能力，提高了生产劳动能力。在生产力系统中，科学技术已经成为推动生产力发展的关键性要素和主导性的要素。

第二，科学技术是现代生产力发展和经济增长的第一要素。过去，生产力发展和经济增长主要靠劳动力、资本和自然资源的投入，现代社会随着知识经济时代的到来，科学技术、智力资源日益成为生产力发展和经济增长的决定性要素，生产力发展和经济增长主要靠的是科学的力量、技术的力量。

第三，现代科学技术的超前性对生产力发展具有先导作用。19 世纪末发生的第二次技术革命，是科学、技术、生产三者关系发生变化的一个转折点。在此之前，三者的关系主要表现为，生产的发展推动技术进步，进而推动科学的发展。例如，蒸汽机技术革命主要是从工匠传统发展而来，在生产经验积累的基础上摸索出技术发明，然后才总结出热力学理论。以电力技术革命为标志的第二次技术革命以来，这种生产带动科学技术发展的情况发生改变，现在是科学推动技术进步，再推动生产的发展。科学技术越来越走在社会生产的前面，开辟着生产发展的新领域，引导生产力发展的方向。

江泽民面对科技进步与社会发展的新形势进一步提出，科学技术是第一生产力，而且是先进生产力的集中体现和主要标志，科技进步和创新是发展生产力的决定因素，强调迎接当今世界科学技术突飞猛进和知识经济迅速兴起的挑战，最重要的是坚持创新。科学的本质是创新，创新的关键在人才，人才的成长靠教育。科学技术实力和国民教育水平，始终是衡量综合国力和社会文明程度的重要标志，也是每个国家走向繁荣昌盛的两个不可缺少的飞轮。为此，党相继提出了科教兴国和人才强国的战略。

2) 科教兴国与人才强国战略

科教兴国战略是党中央、国务院根据我国社会主义现代化建设的现实情况作出的重大战略决策。

科教兴国战略的基本含义是：全面落实科学技术是第一生产力的思想，坚持教育为本，把科技和教育摆在经济、社会发展的重要位置，增强国家的科技实力及向现实生产力转化的能力，提高全民族的科技文化素质，把经济建设转移到依靠科技进步和提高劳动者素质的轨道上来，加速实现国家的繁荣富强。

人才强国战略的基本含义是：在建设中国特色社会主义伟大事业中，要把人才作为推进事业发展的关键因素，努力造就数以亿计的高素质劳动者、数以千万计的专门人才和一大批拔尖创新人才，建设规模宏大、结构合理、素质较高的人才队伍，开创人才辈出、人尽其才的新局面，把我国由人口大国转化为人才资源强国。

进入 21 世纪，世界新科技革命发展的势头更加迅猛，正孕育着新的重大突破。面对世界科技发展的大势，面对日趋激烈的国际竞争，面对汹涌澎湃的世界新科技革命浪潮，胡锦涛强调，我们必须认清形势、坚定信心、抢抓机遇、奋起直追。为此，党中央、国务院作出了建设创新型国家的决策。

本 章 小 结

我们党在总结社会主义发展和我国社会主义建设道路探索过程中正反两方面的经验教训的基础上，对社会主义的本质特征进行了重新的探索与再认识，概括了社会主义的本质是"解放生产力、发展生产力、消灭剥削、消除两极分化、实现共同富裕"，科学地回答了"什么是社会主义，怎样建设社会主义"的问题，把我们对社会主义的认识提高到一个新的科学水平。依据社会主义的本质要求，我们党把解放和发展生产力作为社会主义建设的根本任务，强调"发展是硬道理"、"发展是党执政兴国的第一要务"、"科学技术是第一生产力、是先进生产力的集中体现"、"发展中要实现科学发展"等一系列的观点。中国共产党要始终代表先进生产力发展的要求，不断促进先进生产力的发展，不断完善适应先进生产力发展要求的社会主义基本制度。

同 步 练 习

Ⅰ 客观性试题

一、单项选择题(在每个小题列出的四个选项中，有一项是最符合题目要求的，请将正确选项前的字母填在本书所附答题纸的括号内)

1. 建设有中国特色社会主义首要的基本理论问题是(　　)。

A. 一个中心，两个基本点　　　　　B. 什么是市场经济，怎样建立市场经济体制

C. 解放思想，实事求是　　　　　　D. 什么是社会主义，怎样建设社会主义

2. 邓小平曾经提出，在改革中不管遇到哪种困难和挫折，我们都必须始终坚持的根本原则是(　　)。

A. 不断发展生产，增加社会财富　　B. 坚持以公有制为主体，实现共同富裕

C. 实行按劳分配，改善人民生活　　D. 扩大改革开放，增强综合国力

3. 由于我国跨越了资本主义高度发展阶段，是从半殖民地半封建社会直接进入社会主义社会，因此邓小平指出："现在我们虽说在搞社会主义，但事实上不够格。"这说明(　　)。

A. 我们还处于向社会主义的过渡时期

B. 我们搞的社会主义在补资本主义的课

C. 我国不可能搞真正的社会主义

D. 我们的生产力不发达，而贫穷不是社会主义

4. 发展之所以是我们党执政兴国的第一要务，是因为党的性质、地位、作用和前途，归根结底要看(　　)。

A. 党在推动历史进步和社会发展中的作用　　B. 党在国家政权中的地位和作用

C. 党在改革开放中的作用和表现　　　　　　D. 党在政治稳定中的作用

5. 中国共产党执政兴国的第一要务是(　　)。

A. 经济、社会以及人的全面发展　　　　B. 解决失业问题

C. 维持社会稳定　　　　　　　　　　　D. 解放思想，更新观念

二、多项选择题(在每小题列出的五个选项中有二至五个选项是符合题目要求的，选出正确答案前的字母填在本书所附答题纸的括号内)

6. 20 世纪 80 年代初，邓小平对不符合社会主义本质要求的思想进行了深刻的剖析，他认为(　　)。

A. 贫穷不是社会主义　　　　　　　B. 发展太慢不是社会主义

C. 平均主义不是社会主义　　　　　　　D. 两极分化不是社会主义

E. 没有民主就没有社会主义

7. 邓小平关于社会主义本质的论断(　　)。

A. 突出了生产力的基础性地位　　　　　B. 指出了实现价值目标的具体途径

C. 在动态中描述了社会主义本质　　　　D. 在目标层次上界定了社会主义本质

E. 突出了社会主义的价值目标

8. 解放生产力和发展生产力的关系是(　　)。

A. 两者是矛盾的,不统一的　　　　　　B. 生产力与生产关系的统一

C. 解放生产力是发展生产力的前提　　　D. 发展生产力是解放生产力的目的

E. 两者是社会主义根本任务和最终目的的统一

9. 邓小平回答和解决了"什么是社会主义,怎样建设社会主义"这一重大课题,意味着(　　)。

A. 我们已经完全掌握了对社会主义的认识

B. 进一步丰富和发展了马列主义、毛泽东思想

C. 对建设有中国特色社会主义有重大的实践指导意义

D. 提出了新的世界观和方法论

E. 我们不需要再进行理论探索

10. 发展之所以成为中国共产党执政兴国的第一要务,是因为(　　)。

A. 发展是坚持党的先进性的要求　　　　B. 发展是实现国富民强的要求

C. 发展是社会主义本质的要求　　　　　D. 发展决定着中国的前途和命运

E. 发展是发挥社会主义制度优越性的要求

11. 发展是党执政兴国的第一要务,要求把坚持党的先进性和社会主义制度的优越性落实到(　　)方面。

A. 发展先进生产力　　　　　　　　　　B. 发展先进文化

C. 实现最广大人民的根本利益　　　　　D. 推动社会全面进步

E. 促进人的全面发展

12. 邓小平在南巡讲话中阐述了一系列重要思想,其中有关于(　　)。

A. 社会主义可以搞市场经济的思想　　　B. 社会主义本质的思想

C. 改革党和国家领导制度的思想　　　　D. "三个有利于"的思想

E. 胆子大一些、步子快一些

13. 邓小平关于社会主义本质的论断体现了(　　)。

A. 解放生产力与发展生产力的统一　　　B. 生产力与生产关系的统一

C. 发展生产力与实现共同富裕的统一　　D. 目的与手段的统一

E．本质与现象的统一

14．改革开放前，我们党在社会主义建设认识上出现的问题是(　　)。

A．经济发展上急于求成　　　　　　　B．生产关系上急于过渡

C．在政治上放弃社会主义　　　　　　D．把阶级斗争作为社会的主要矛盾

E．片面追求 GDP 指标

15．在我国，解放生产力的含义有(　　)。

A．扫清封建专制制度对生产力发展的阻碍

B．扫清帝国主义殖民统治对生产力发展的阻碍

C．扫清官僚资本垄断对生产力发展的阻碍

D．解决不适应生产力发展的经济体制对生产力发展的阻碍

E．解决工作失误对生产力发展的影响

Ⅱ　主观性试题

16．谈一谈你对我党对社会主义建设道路探索的积极成果与曲折过程的认识。

17．谈一谈你对邓小平关于社会主义本质新概括的看法与认识。

18．谈一谈你对"发展是党执政兴国的第一要务"观点的认识。

19．谈一谈你对党必须始终代表中国先进生产力的发展要求的认识。

20．谈一谈你对科学技术是第一生产力的认识。

第4章　社会主义初级阶段理论

内 容 导 学

【学习目标】

通过对本章的学习，使学生树立国情意识和一切从我国处于社会主义初级阶段这一最大的国情出发；详细了解社会主义初级阶段的含义和基本特征，深刻理解社会主义初级阶段的长期性及其意义，明确党在社会主义初级阶段的基本路线和基本纲领；理解"三步走"发展战略的提出及其意义，深刻理解全面建设小康社会的历史要求、奋斗目标和重大意义，把握全面建设小康社会的举措和战略，增强为全面建设小康社会奋斗的自觉性。

【基本概念】

国情，社会主义初级阶段，主要矛盾，党的基本路线，党的基本纲领，党的最高纲领和最低纲领，"三步走"发展战略，总体小康，全面小康。

【教学重点】

(1) 社会主义初级阶段的含义与特征；

(2) 如何理解社会主义初级阶段的长期性；

(3) 如何理解全面建设小康社会的历史要求和奋斗目标。

【教学难点】

(1) 通过教学，使学生正确理解社会主义初级阶段的理论意义和实践价值；

(2) 使学生正确理解全面建设小康社会与社会主义初级阶段的逻辑关系。

4.1　社会主义初级阶段是我国的最大实际

判断一个社会处于什么样的阶段，对于确定该社会的主要矛盾和主要任务至关重要。包括我国在内的许多社会主义国家，在对社会发展阶段的认识上存在着较大的认识偏差，制定的路线、方针、政策的针对性不强，甚至是错误的。

4.1.1　社会主义初级阶段理论的形成与发展

1. 社会主义初级阶段理论的形成

1) 正确认识国情的重要性

正确认识国情是制定社会主义革命和建设路线、纲领的前提和基础。中国共产党准确把握国情有着丰富和成功的历史经验。早在新民主主义革命时期，以毛泽东为核心的党的第一代领导集体正确运用马克思主义基本原理，准确地把握了我国处于半殖民地半封建社会这一基本国情，就中国革命的对象、任务、性质、动力和前途等问题形成了关于新民主主义革命的系统理论、路线和纲领，取得了新民主主义革命的伟大胜利。社会主义制度初步建立后，我国又面临着如何正确认识国情，更好地开展社会主义建设的新问题，并就此进行了较为深入的探索，取得了一些成功的经验。但从总体上说，在党的十一届三中全会之前，我们对国情的认识处于不完全清醒的状态。此后，在不断总结建国后社会主义建设的历史经验，特别是改革开放后社会主义建设新经验的基础上，中国共产党和邓小平对当代中国国情做出了我国正处在社会主义初级阶段的科学判断，初级阶段是中国最大的"实际"和国情。

2) 社会主义初级阶段思想提出的背景

社会主义初级阶段是在总结前苏联、东欧社会主义国家的历史发展和我国社会主义建设曲折发展的历史经验和教训的基础上逐步形成的，是在社会主义建设实践中提出的新课题。

第一，提出"社会主义初级阶段"这一具有特定内涵的新概念，在马克思主义发展史上是第一次。由于客观条件的限制和时代背景的原因，马克思主义创始人对于未来社会发展提出过一些原则性的设想，认为未来社会大体要经历从资本主义社会到共产主义社会的革命转变时期、共产主义社会的第一阶段、共产主义社会的高级阶段，但对于这个共产主义社会的第一阶段还将经历哪些阶段，他们并没有做出进一步判断。

第二，十月革命成功后，社会主义的发展阶段问题成为苏联共产党人必须要面对和解决的现实而又重要的问题。列宁认为，在经济落后的俄国，只能建成"初级形式的社会主义"，而不能建成"发达的社会主义"。列宁的这些认识包含着社会主义也是一个由低级到高级、由不完备到比较完备的发展过程，但没有具体分析社会主义制度建立以后的发展阶段问题。

第三，列宁之后，斯大林领导苏联开启了苏联社会主义建设道路。斯大林没有从实际出发深入研究苏联的基本国情，对苏联社会主义建设的长期性和艰巨性也缺乏充分的认识。在 1936 年苏联确立社会主义制度之后不久，就提出了向共产主义过渡的设想。1939 年联共(布)十八大报告认为苏联正在向共产主义前进。1952 年，又认为苏联社会主义建设的任务已经完成，正处在"从社会主义逐渐过渡到共产主义"的时期，脱离实际，又急于过渡的思想，不仅对苏联，也对其他社会主义国家造成了不利的影响。

第四，对于社会主义发展阶段问题，毛泽东曾有比较正确和深入的思考。1952 年，毛泽东提出了用 10 至 15 年的时间，基本完成向社会主义过渡。1954 年，他认为经过 50 年建设成为社会主义国家，再经过 50 年后，会出现一个共产主义的中国。由于社会主义建设经验的缺乏，这些正确的思想没有能够得到坚持和进一步发展。1957 年，毛泽东提出了"十五年超过英国"的口号，在随后的 1958 年的"大跃进"和人民公社运动中又产生了"共产主义在我国的实现，已经不是什么遥远将来的事情了"的盲目乐观情绪。20 世纪 50 年代末 60 年代初，毛泽东在总结反思社会主义建设的经验教训后，逐步认识到社会主义建设的艰巨性、长期性和复杂性。进而提出：社会主义这个阶段，又可能分为两个阶段，第一个阶段是不发达的社会主义，第二个阶段是比较发达的社会主义。后一个阶段可能比前一个阶段需要更长的时间。这些可贵的认识为后来我国正确划分社会主义发展阶段，提供了有益的借鉴。

2．社会主义初级阶段理论提出的过程

(1) 初步提出。党的十一届三中全会重新确立了解放思想、实事求是的思想路线，完成了党和国家工作重心的转移，划清了社会主义时期同"过渡时期"的界限，对社会主义所处阶段进行了再认识。在邓小平主持通过的《关于建国以来党的若干历史问题的决议》中第一次使用了"初级的阶段"这一概念。党的十二大报告正式提出"我国的社会主义社会现在还处在初级发展阶段"。党的十二届六中全会通过的《关于社会主义精神文明建设指导方针的决议》进一步明确指出："我国还处在社会主义初级阶段。"这一时期虽对这一阶段的内容作了一定分析，但总的来说这三次提出社会主义初级阶段或初级发展阶段时，都还没有把它作为建设中国特色社会主义的全局性问题加以把握，因而也没有从理论上作为制定党的路线和政策的根本依据加以展开和发挥。

(2) 理论形成。党的十三大报告全面阐述了社会主义初级阶段的基本意义、历史地位、基本特征和基本任务，形成了比较完整的社会主义初级阶段理论。党的十三大对社会主义初级阶段的系统阐述，表明了党对社会主义和中国国情认识上的一次飞跃。党的十五大报告进一步强调了解决社会主义初级阶段的各种矛盾，关键在于对所处社会主义初级阶段的基本国情要有统一认识和正确把握。基于这一正确认识，党的十五大制定了党在社会主义初级阶段的基本纲领，精辟地回答了什么是社会主义初级阶段中国特色社会主义的经济、政治、文化，以及怎样建设的问题，进一步统一了全党和全国人民的思想。

(3) 理论发展。党的十六大报告对改革开放以来取得的成就进行了客观的评价，指出我国正处于并将长期处于社会主义初级阶段，虽然现在已经进入小康社会，但达到的小康还是低水平的、不全面的、发展很不平衡的小康。在此基础上，报告系统地阐述了全面建设小康社会的构想。党的十七大报告全面分析了进入 21 世纪以来，我国经济社会发展呈现出的新的阶段性特征，赋予了社会主义初级阶段理论新的内涵，但强调了我国仍处于并将长期处于社会主义初级阶段的基本国情没有变，人民日益增长的物质文化需要同落后的社会生产力之间的矛盾这一社会主要矛盾没有变。

纵观社会主义初级阶段理论的形成和发展过程，表明我们党对中国国情的认识越来越全面，对中国特色社会主义发展道路的探索越来越深入。正是由于对社会主义初级阶段的基本国情有了一个科学的认识和正确的把握，我们才得以成功地走出了一条建设中国特色社会主义的新道路，使社会主义在中国显示出蓬勃生机和活力，使社会主义现代化建设取得了举世瞩目的巨大成就。

4.1.2 社会主义初级阶段理论的科学含义和主要特征

1. 社会主义初级阶段的科学含义

在党的十三大报告中明确指出社会主义初阶段包括两层含义：第一，我国社会已经是社会主义社会。我们必须坚持而不能离开社会主义。第二，我国的社会主义还处在初级阶段。我们必须从这个实际出发，而不能超越这个阶段。前一层含义阐明的是初级阶段的社会性质，后一层含义阐明了我国社会主义社会的现实发展程度。也就是说，中国走的是社会主义道路，这是国情；中国正处于并将长期处于社会主义初级阶段，这也是国情。我们必须把社会主义社会的性质和发展程度有机地统一起来去认识和把握，否则，就有可能犯落后于社会发展阶段的右倾错误，更容易犯超越社会发展阶段的"左"倾错误。

社会主义初级阶段的两层含义既有区别，又紧密联系，构成了一个具有特定内涵的新概念。我们所说的初级阶段，不是泛指任何国家进入社会主义都会经历的起始阶段，而是特指我国在社会生产力水平不高、商品经济不发达条件下建设社会主义必然要经历的特定历史阶段。社会主义初级阶段是在建设有中国特色社会主义的漫长历史过程中的初级阶段，表明社会主义初级阶段与建设中国特色社会主义历史进程具有内在的联系。

2. 社会主义初级阶段的基本特征

(1) 从现实国情出发，党的十三大报告在概括我国社会主义初级阶段的基本特征时认为，我国社会主义初级阶段是逐步摆脱贫穷、摆脱落后的阶段；是由农业人口占多数的手工劳动为基础的农业国，逐步转变为非农产业人口占多数的现代化的工业国的阶段；是由自然经济、半自然经济占很大比重，变为商品经济高度发达的阶段；是通过改革和探索，建立和发展充满活力的社会主义经济、政治、文化体制的阶段；是全民奋起，艰苦创业，实现中华民族伟大复兴的历史阶段。

(2) 随着我国经济、政治、文化和社会事业的发展，特别是社会主义建设经验的日益丰富和发展，党的十五大全面地从现代化的发展水平、产业结构状况、经济运行方式、文化教育发展水平、人民富裕程度、地区发展状况、体制改革、精神文明建设及国际比较等方面，对社会主义初级阶段的特征做出了新的概括，提出社会主义初阶段：一是摆脱不发达状态，基本实现社会主义现代化的历史阶段；二是由农业人口占很大比重、主要依靠手工劳动的农业国，逐步转变为非农业人口占多数、包含现代农业和现代服务业的工业化国家的历史阶段；三是由自然经济、半自然经济占很大比重，逐步转变为经济市场化程度较高的历史阶段；四是由文盲、半文盲人口占很大比重、科技教育文化落后，逐步转变为科技教育文化比较发达的历史阶段；五是由贫困人口占很大比重、人民生活水平比较低，逐步转变为全体人民比较富裕的历史阶段；六是由于地区经济文化很不平衡，通过有先有后的发展，逐步缩小差距的历史阶段；七是通过改革和探索，建立和完善比较成熟的充满活力的社会主义市场体制、社会主义民主政治体制和其他方面体制的历史阶段；八是广大人民牢固树立建设有中国特色社会主义共同理想，自强不息，锐意进取，艰苦奋斗，勤俭建国，在建设物质文明的同时努力建设精神文明的历史阶段；九是逐步缩小同世界先进水平的差距，在社会主义基础上实现中华民族伟大复兴的历史阶段。其中，第一和第九是对社会主义初级阶段基本特点和所要完成的历史任务的总概括。概括地说，社会主义初级阶段是逐步摆脱不发达状态，基本实现社会主义现代化的历史阶段，也是逐步缩小同世界先进水平的差距，在社会主义基础上实现中华民族伟大复兴的历史阶段。其他七条是对社会主义初级阶段基本特点和历史任务在经济、政治、文化等各方面的展开。这九个方面体现了社会主义初级阶段是一个发展过程，是一个从不发达的社会主义国家到富强民主文明和谐的社会主义现代化国家的转变过程。

(3) 党在充分认识社会主义制度的发展和完善是一个长期的历史过程的基础上，坚持我国将长期处于初级阶段的判断，同时又结合我国在新世纪新阶段呈现出的新的阶段性特征进行了深入分析和概括：第一，经济实力显著增强，同时生产力水平总体上还不高，自主创新能力还不强，长期形成的结构性矛盾和粗放型增长方式尚未根本改变；第二，社会主义市场经济体制初步建立，同时影响发展的体制机制障碍依然存在，改革攻坚面临深层次的矛盾和问题；第三，人民生活总体上达到小康水平，同时收入分配差距拉大趋势还未根本扭转，城乡贫困人口和低收入人口还有相当数量，统筹兼顾各方面利益难度加大；第四，协调发展取得显著成绩，同时农业基础薄弱、农村发展滞后的局面尚未改变，缩小城乡、区域发展差距和促进经济社会协调发展任务艰巨；第五，社会主义民主政治不断发展、依法治国基本方略扎实贯彻，同时民主法制建设与扩大人民民主和经济社会发展的要求还不完全适应，政治体制改革需要继续深化；第六，社会主义文化更加繁荣，同时人民精神文化需求日趋旺盛，人们思想活动的独立性、选择性、多变性明显增强，对发展社会主义先进文化提出了更高要求；第七，社会活力显著增强，同时社会结构、社会组织形式、社会利益格局发生了深刻的变化，社会建设和管理面临诸多新课题；第八，对外开放日益扩大，同时面临的国际竞争日趋激烈，发达国家在经济和科技上占优势的压力长期存在，可以预见和难以预见的风险增多，统筹国内发展和对外开放要求更高。这些新的阶段性特征，是社会主义初级阶段基本国情在新世纪新阶段的具体表现。把握这些新的阶段性特征，是准确判断我国社会发展的主流和方向，制定正确的发展战略和政策的基本条件。

3. 科学认识和准确把握社会主义初级阶段的意义

社会主义初级阶段理论是我党对马克思主义关于社会发展阶段理论科学设想的重大创新，是党的十一届三中全会以来我党对社会主义和我国国情再认识的重大理论成果，是我们党制定一切正确方针、路线和政策的基本依据，是在社会主义建设过程中排除一切"左"和"右"的干扰，夺取改革开放和现代化建设胜利的强大思想武器。社会主义初级阶段理论的提出具有重大的理论和实践意义。坚持对社会主义初级阶段基本内涵和过程性特征的统一认识和科学把握，能够使我们更加深刻地理解、掌握党在社会主义初级阶段的基本理论、基本路线、基本纲领及各方面方针和政策的科学性、正确性，使我们始终保持清醒的头脑、更加有为地推进中国特色社会主义事业。

4.1.3　我国社会主义初级阶段的长期性

社会主义初级阶段绝不是一个一蹴而就的短暂历史时期，具有长期性。对于这种长期性，十三大报告曾指出："我国从五十年代生产资料私有制的社会主义改造基本完成，到社会主义现代化的基本实现，至少需要上百年时间，都属于社会主义初级阶段。"党的十五大对这种长期性表述为"我国正处于并将长期处于社会主义初级阶段"，党的十六大、十七大报告重申了这一论断，这表明我们党对社会主义初级阶段的长期性和艰巨性有了更加清醒的认识。

这种长期性，是由我国进入社会主义的历史条件和建成社会主义所需要的物质基础所决定的，是由我国的现实国情和整个世界经济发展趋势决定的。这就要求我们必须用相当长的一个历史时期，去建立和发展社会主义应有的发达的生产力基础，真正建立起成熟的社会主义所要求的物质技术基础，用相当长的时间来完善社会主义生产关系和上层建筑，提高经济的社会化、市场化和现代化程度，实现工业化。

只有正确认识社会主义初级阶段的长期性和牢固树立社会主义初级阶段长期性的观点，才能使我们从根本上克服急躁情绪，克服各种超越阶段的错误观念和认识，始终坚持党在社会主义初级阶段的基本路线、基本纲领、基本经验和各方面的方针政策，脚踏实地、攻坚克难，顺利完成社会主义初级阶段的各项任务，推动社会主义现代化建设进入新的阶段。

4.2　社会主义初级阶段的基本路线与基本纲领

明确了我国社会发展所处的历史阶段及其特征，为我们正确判断该阶段的主要矛盾、制定正确的基本路线和基本纲领奠定了基础。

4.2.1　社会主义初级阶段的基本路线

1. 社会主义初级阶段的主要矛盾

要正确认识和把握社会主义初级阶段，就要对初级阶段的社会矛盾的全局和主要矛盾有一个准确的认识。党的十五大报告指出，在社会主义初级阶段，我国的经济、政治、文化和社会生活各方面存在种种社会矛盾，但主要矛盾是人民日益增长的物质文化需要同落后的社会生产之间的矛盾。

我们党对社会主义初级阶段主要矛盾的认识经历了一个较为漫长的演变过程。新中国成立后，尽管阶级斗争在一定范围内仍然存在，但是决定全局的已经不是阶级矛盾。毛泽东在《论十大关系》和《关于正确处理人民内部矛盾的问题》中已经清醒地分析了社会矛盾全局和主要矛盾的根本转变。1956年党的八大指出，社会主义的社会制度在我国已经基本建立起来了，我国无产阶级同资产阶级之间的矛盾已经基本解决了。我们国内的主要矛盾是人民对于建立先进的工业国同落后的农业国现实之间的矛盾，是人民对于经济文化迅速发展的需要同当前经济文化不能满足人民需要的状况之间的矛盾。

党的八大对我国主要矛盾的认识和判断是正确的。然而一年之后，我们就在党的八届三中全会上重提阶级斗争是主要矛盾。1959年党的八届八中全会把阶级斗争扩大到党内，1962年党的八届十中全会实际上提出了党在整个社会主义初级阶段以阶级斗争为纲的基本路线，最终形成了长达十年的"文化大革命"。

党的十一届三中全会果断地停止了"以阶级斗争为纲"的错误路线，决定把党和国家的工作重心重新恢复到社会主义现代化建设上来，并对我国当前阶段的社会主要矛盾做出了新的概括。1981年，党的十一届六中全会通过的"历史决议"对我国社会主要矛盾作了规范的表述："在社会主义改造基本完成后，我国所要解决的主要矛盾，是人民日益增长的物质文化需要同落后的社会生产之间的矛盾。"党的十二大、十三大、十四大都坚持了这一论断。党的十五大进一步指出："阶级矛盾由于国际国内因素还将在一定范围内长期存在，但社会的主要矛盾是人民日益增长的物质文化需要同落后的社会生产之间的矛盾，这个矛盾贯穿我国社会主义初级阶段的整个过程和社会生活的各个方面。这就决定了我们必须把经济建设作为全党全国工作的中心，各项工作都要服从和服务于这个中心。"

2. 社会主义初级阶段基本路线的提出

党的基本路线，也就是党的总路线。它是党在一定历史时期为解决社会主要矛盾而制定的行动纲领，是总揽全局的根本指导方针，是统一全党思想和行动的基础，也是党制定各项具体方针和政策的依据。党在社会主义初级阶段的基本路线，是在总结过去制定和贯彻基本路线的经验和教训的基础上，在改革开放和社会主义现代化建设实践的过程中逐步形成的。

党在社会主义初级阶段的基本路线是在党的十一届三中全会以后逐步形成和发展的。基本路线的主要思想是由邓小平最早提出的。1978 年 12 月党的十一届三中全会重新确立了解放思想、实事求是的思想路线，决定把党和国家的工作重点转移到社会主义现代化建设上来，并作出了改革开放的伟大决策。1979 年 3 月，邓小平针对拨乱反正过程中出现极少数人企图否定党的领导、否定社会主义的错误思潮，旗帜鲜明地阐述了四项基本原则，倡导了"一个中心，两个基本点"的思想。1981 年 6 月，党的十一届六中全会通过的《关于建国以来党的若干历史问题的决议》确认了我国社会主义初级阶段的主要矛盾和主要任务，并把坚持四项基本原则和坚持改革开放纳入我国现代化建设道路的内容之中。1985 年 8 月，邓小平把"一个中心"和"两个基本点"放在一起阐述，从实质上指出了其内在关系，这为后来我们党明确概括出党的基本路线奠定了基础。

1987 年 1 月，中共中央明确指出："党的十一届三中全会以来的路线有两个基本点：一是坚持四项基本原则，二是坚持改革、开放、搞活。两者互相联系，缺一不可。"同年 7 月 4 日，邓小平在阐述我国方针政策的两个基本点时，不仅明确提出了"基本路线"的概念，而且把它的主要内容即"一个中心，两个基本点"表述得十分清楚。这表明邓小平关于党的基本路线的思想已经完成。1987 年党的十三大，全面、系统、科学地阐述了社会主义初级阶段理论，完整地概括了党在社会主义初级阶段的基本路线，即"领导全国各族人民，以经济建设为中心，坚持基本原则，坚持改革开放，自力更生，艰苦创业，为把我国建设成为富强、民主、文明的社会主义现代化国家而奋斗"。"一个中心，两个基本点"是它的简明概括。党的十七大通过的党章又把"和谐"与"富强、民主、文明"一起写入了基本路线。这表明经过多年的实践和探索，我们党对奋斗目标的认识逐渐深化，实现了中国特色社会主义事业总体布局与奋斗目标的有机统一。

3. 社会主义初级阶段基本路线的主要内容

党在社会主义初级阶段的基本路线高度概括了党在社会主义初级阶段的奋斗目标、基本途径和根本保证、领导力量和依靠力量以及实现这一目标的基本方针，揭示了建设有中国特色社会主义的总规律，指明了建设有中国特色社会主义的正确道路。

(1) 建设"富强民主文明的社会主义现代化国家"。这是基本路线规定的党在社会主义初级阶段的奋斗目标，体现了社会主义社会的经济、政治、文化和社会全面发展的要求。富强就是经济上富裕，国富民强；民主就是政治上层建筑不断完善，人民当家做主；文明是思想文化上的繁荣昌盛；和谐就是社会安定有序，诚实守信，和睦团结。社会主义现代化建设不仅仅是生产力高度发达，还有经济、政治、文化和社会协调而全面的发展，是富强、民主、文明、和谐四位一体，缺一不可。

(2) 以经济建设为中心，坚持四项基本原则，坚持改革开放，即"一个中心，两个基本点"。这是基本路线最核心的内容，也是实现社会主义现代化奋斗目标的基本途径。"以经济建设为中心"回答了社会主义的根本任务问题，体现了发展生产力的本质要求，是实现基本路线的根本和关键。"坚持四项基本原则"回答了解放和发展生产力的政治保证问题，体现了社会主义基本制度要求，是立国之本，是实现现代化的政治保证。"坚持改革开放"回答了社会主义的发展动力和外部条件问题，体现了解放生产力的本质要求。"一个中心，两个基本点"是一个整体，是经济基础和上层建筑的辩证统一，集中体现了我国社会主义现代化建设的战略布局。

(3) 领导和团结各族人民。这是实现社会主义现代化奋斗目标的领导力量和依靠力量。中国共产党是中国特色社会主义事业的领导核心，全国各族人民是建设有中国特色社会主义事业的依靠力量和建设力量，坚持党的领导和团结各民族人民群众，中国特色社会主义事业就能始终胜利前进。

(4) 自力更生，艰苦创业。这是我们党的优良传统，也是实现社会主义初级阶段奋斗目标的根本立足点。"自力更生，艰苦创业"不仅体现了我们的优良传统，也体现了我们的文化自信和人民自觉。坚持这一方针是改变我国不发达现状的需要，也是凝聚民族复兴历史责任感的需要。

4. 坚持党的基本路线不动摇

(1) 坚持党的基本路线不动摇，是建设中国特色社会主义的生命线。毫不动摇地坚持党的基本路线，是社会主义现代化战略目标实现的根本保证，是中华民族伟大复兴的希望。

(2) 坚持党的基本路线不动摇，关键是要坚持经济建设这个中心不动摇。以经济建设为中心，是我党在新时期实现的最根本的拨乱反正。能否坚持以经济建设为中心，是关系到我国社会主义现代化的成败，关系到社会主义前途和命运的大问题。党和国家的各项工作必须服从和服务于经济建设这个中心，决不能离开这个中心，更不能干扰这个中心。

(3) 坚持党的基本路线不动摇，必须把改革开放和坚持四项基本原则统一起来。坚持四项基本原则是立国之本，保证改革开放和现代化建设有一个正确的方向；改革开放是强国之路，改革是社会主义发展的重要动力，对外开放是社会主义发展的必要条件，同时又赋予四项基本原则新的时代内涵。"一个中心，两个基本点"相互贯通、相互依存，服从和服务于经济建设这个中心，统一于发展中国特色社会主义的伟大实践。

(4) 坚持四项基本原则和改革开放的统一，必须旗帜鲜明地反对资产阶级自由化。资产阶级自由化就是反对党的领导，否定社会主义制度和取得的既有成就，主张资本主义制度，主张全盘西化。这违背了中国人民的根本利益和中国社会发展的历史潮流，坚决为中国人民所反对。深刻认识资产阶级自由化的危害，自觉形成反对资产阶级自由化的政治观念，对于建设有中国特色的社会主义道路具有深远的历史意义。

改革开放以来，我们党最可宝贵的经验和我们事业胜利前进最可靠的保证，就是毫不动摇地坚持党的基本路线，把以经济建设为中心同四项基本原则、改革开放这两个基本点统一于建设中国特色社会主义的伟大实践中。改革开放以来的成功实践表明：党的基本路线是兴国、立国、强国的法宝，是实现科学发展的政治保证，是党和国家的生命线、人民群众的幸福线。我们要始终坚持党的基本路线不动摇，做到思想坚信不疑、行动坚定不移，不走封闭僵化的老路，也绝不走改旗易帜的邪路，始终沿着有中国特色社会主义的道路坚定地走下去。

4.2.2　社会主义初级阶段的基本纲领

党的十五大根据社会主义初级阶段理论和基本路线，在对党的十一届三中全会以来特别是党的十四大以来我国改革开放和现代化建设的主要经验进行科学总结的基础上，第一次提出了党在社会主义初级阶段的基本纲领。党的十七大则进一步丰富了基本纲领的内容。

1. 初级阶段基本纲领的主要内容

(1) 建设有中国特色社会主义的经济，就是在社会主义条件下发展市场经济，不断解放和发展生产力。实现国民经济又好又快发展，保证人民共享经济繁荣成果。

(2) 建设有中国特色社会主义的政治，就是在中国共产党领导下，在人民当家做主的基础上，依法治国，发展社会主义民主政治。实现社会安定，政府廉洁高效，全国各族人民团结和睦、生动活泼的政治局面。

(3) 建设有中国特色社会主义的文化，就是以马克思主义为指导，以培育有理想、有道德、有文化、有纪律的公民为目标，发展面向现代化、面向世界、面向未来的、民族的、科学的、大众的社会主义文化。建设社会主义核心价值体系，推动社会主义文化大发展、大繁荣。

(4) 构建社会主义和谐社会，就是要按照民主法治、公平正义、诚信友爱、充满活力、安定有序、人与自然和谐相处的总要求和共同建设、共同享有的原则，以改善民生为重点，解决好人民最关心、最直接、最现实的利益问题，努力形成全体人民各尽其能，各得其所而又和谐相处的局面。

2. 党的最高纲领和最低纲领的关系

(1) 党的纲领，既包括确定每个阶段中心任务和奋斗目标的基本纲领即最低纲领，也包括确定长远目标的最高纲领，两者相互联系，辩证统一。我们党的最高纲领是实现共产主义，这是始终不变的。最低纲领是根据革命或建设不同的发展阶段的客观实际，提出符合实际的理论、路线、方针、政策和策略，形成的阶段性的行动纲领。在我党历史上曾经制定过民主革命时期的纲领、社会主义过渡时期的纲领和建设有中国特色社会主义的纲领。这些都是在特定的革命和建设时期的最低纲领。

(2) 党的最高纲领和最低纲领既有区别，又有联系，辩证统一于为实现共产主义奋斗的全部历史过程中。实现共产主义始终都是我们党的最高纲领，始终都是我们的美好理想。但任何美好的理想都需要我们脚踏实地地去建设，我们今天开展的社会主义建设，说到底都是在为共产主义的实现创造条件。我们共产党人是最高纲领和最低纲领的统一论者，最高纲领为最低纲领的制定指明前进方向，最低纲领为最高纲领的实现准备必要的条件。

(3) 正确处理最高纲领和最低纲领的辩证关系，我们党既有成功的经验，也有失误的教训。新中国成立后，我们党领导中国人民卓有成效地进行了社会主义改造。但随着我们各项事业的进步，特别是 1957 年以后，我们对我国基本国情的认识开始出现不完全清醒的状态，把共产主义看得过于简单，作了许多不切实际的设想和描绘，工作急于求成，欲速则不达，给社会主义建设事业带来了严重挫折。十一届三中全会以后，党对正确处理最高纲领与最低纲领关系方面的经验教训进行了系统的总结，并结合对当代中国国情和社会主义建设规律的深刻认识，提出了社会主义初级阶段的理论，制定了党在社会主义初级阶段的基本路线和基本纲领，使我国社会主义建设重新走上健康发展的道路。

(4) 科学阐明和正确处理最高纲领和最低纲领之间的辩证统一关系，是中国共产党在理论上、政治上清醒和成熟的重要标志。坚持最高纲领不放松每一项工作，不脱离现实，不空谈远大理想，为实现远大理想奠定坚实的基础。实现最低纲领不忘记远大理想，不只顾眼前，才能坚持正确的前进方向，实现最低纲领的目标。共产主义的远大理想，不仅能使我们在复杂的国际国内环境中坚持正确的政治方向，形成面对各种风险考验的强大精神支柱和道德评判价值标准，还能够强化我们继续前进的动力，从胜利走向胜利。

4.3　社会主义初级阶段的发展战略

4.3.1　"三步走"发展战略

1. "三步走"战略提出的背景

振兴中华，实现现代化是百余年来中华民族的美好愿望，也是中国共产党人和中国人民梦寐以求的夙愿。新中国成立前夕，党的七届二中全会提出了把我国由农业国变为工业国，实现国家现代化的构想。

以毛泽东为核心的党的第一代中央领导集体提出了在 20 世纪内，分两步把我国建设成为"四个现代化"的社会主义国家的构想，并设想用 100 年时间赶上和超过世界上最先进的资本主义国家。1954 年，周恩来总理在第一届全国人大第一次会议的政府工作报告中明确提出了"建设强大的现代化的工业、现代化的农业、现代化的交通运输和现代化的国防工业"四个现代化建设的任务和目标。1963 年 9 月，党的中央工作会议第一次明确提出实现四个现代化战略任务的要求，即第一步建立一个独立的、比较完整的工业体系和国民经济体系，使我国工业大体接近世界先进水平；第二步全面实现农业、工业、国防和科学技术现代化。1964 年召开的第三届全国人大第一次会议，具体确定了"在 20 世纪内，把我国建设成为一个具有现代农业、现代工业、现代国防和现代科学技术的社会主义强国"的奋斗目标。1975 年，邓小平主持起草的四届人大政府工作报告中，重申了在 20 世纪末实现四个现代化的目标。

　　党的十一届三中全会前，由于对我国社会主义建设所处的历史阶段缺乏科学认识，对我国实现现代化的艰巨性和长期性估计不足和对社会主义社会的主要矛盾和根本任务缺乏清醒认识，长期没有把发展社会生产力放在首要地位。因此，在社会主义现代化建设的道路上经历了曲折的发展历程。

　　1978 年党的十一届三中全会纠正了"左"的错误，党和国家的工作重心转移到经济建设上来，从此开展了建设社会主义现代化的新时期。邓小平在不同场合强调要走出一条适合中国情况的中国式的现代化道路。邓小平对于"中国式的现代化"在 20 世纪末可能达到的水平有着长期的思考。1979 年 12 月，他第一次使用了"小康"的概念。1980 年 1 月，他把到 20 世纪末的 20 年分为两个十年，提出分"两步走"达到"小康水平"的战略构想。这个战略构想，后来在五届全国人大四次会议和党的十二大报告中得到肯定。

2. "三步走"战略的具体要求

　　20 世纪末，我国人民生活总体上达到小康水平以后，未来指引我们前进的战略目标是什么？在党的十二大召开前夕，邓小平曾指出，如果能实现小康社会目标，我们就取得了一个新的起点，再花 30 年到 50 年时间，接近发达国家的水平。我们不是赶上，更不是说超过，而是接近。1987 年 4 月，他在会见西班牙客人时，第一次使用"第一步"、"第二步"、"第三步"这样的提法，明确了分三步走、基本实现现代化的战略。1987 年 10 月，党的十三大把邓小平"三步走"的发展战略构想确定下来，会议指出："我国经济发展战略部署大体分"三步走"：第一步，从 1981 年到 1990 年实现国民生产总值比 1980 年翻一番，解决人民的温饱问题；第二步，从 1991 年到 20 世纪末，使国民生产总值再增长一倍，人民生活达到小康水平；第三步，到 21 世纪中叶，人均国民生产总值达到中等发达国家水平，人民生活比较富裕，基本实现现代化。"

3．"三步走"战略的进一步发展

党的十五大把"第三步"具体化，以实现第二步战略和第三步战略的有序衔接。具体化三个阶段性目标：21世纪第一个十年实现国民生产总值比2000年翻一番，使人民的小康生活更加宽裕，形成比较完善的社会主义市场经济体制；再经过十年努力，到建党100周年时，使国民经济更加发展，各项制度更加完善；到21世纪中叶建国100周年时，基本实现现代化，建成富强民主文明的社会主义国家，从而使"三步走"的战略和步骤更加具体明确。

社会主义现代化战略的历史探索和"三步走"战略已经取得的历史成就表明，我党对国情认识的日益深化，对社会主义建设规律的认识日益深化。这充分体现了中国共产党人一切从实际出发、实事求是、坚持在实践中检验真理和发展真理的品格，体现了中国共产党人在社会主义建设道路上的成熟和自信。

4.3.2　全面建成小康社会的奋斗目标

1．小康社会建设目标的提出

"三步走"战略的第三步是中华民族走向现代化的关键一步，也是全国各族人民根本利益所在。这一步战略实施的前提是经过全党和全国各族人民的共同努力，我国胜利实现了现代化建设"三步走"战略的第一步、第二步目标，人民生活总体上达到小康水平。这既是我们前进的基础，也是社会主义制度的伟大胜利和中华民族发展史上一个新的里程碑。

邓小平指出：所谓小康，就是虽不富裕，但日子好过。我们是社会主义国家，国民收入分配要使所有的人都得益，没有太富的人，也没有太穷的人，所以日子普遍好过。更重要的是，那时我们可以进入国民生产总值达到一万亿美元以上的国家的行列，这样的国家不多。世纪之交，我国人民生活总体上达到小康水平，我国社会主义现代化发展到一个新的水平和阶段，中国社会主义现代化开始进入"三步走"战略中关键的第三步。中国共产党立足于我们取得的既有成就，结合党和国家面临的新形势，指出我国总体上实现的小康还是低水平、不全面、发展不平衡的小康。从这一实际出发，提出大体用20年时间，从社会主义经济建设，社会主义民主法制建设，全民族的思想道德素质、科学文化素质和健康素质的提高，生态环境改善等方面，建设一个惠及十几亿人口更高水平的小康社会的奋斗目标，并围绕着这个目标制定了推进各方面工作的方针政策。"全面小康"这一新任务的提出，不仅为我们明确指出了中国特色社会主义发展新阶段的战略目标，也使"三步走"战略的目标得以承上启下。

2．全面建设小康社会的具体要求

党的十六大以来，我国全面小康社会的建设取得了丰硕的成果，人民生活得到了显著的提高。党的十七大继往开来，紧紧抓住我国社会主义现代化建设顺利进行的有利时机，坚持中国特色社会主义经济建设、政治建设、文化建设和社会建设的基本目标、基本纲领，在既有成果和目标的基础上，在五个方面提出了更高的要求。

(1) 增强发展的协调性，努力实现国民经济又好又快发展。转变发展方式取得重大进展，在优化结构、提高效益、降低消耗、保护环境基础上，实现人均国内生产总值到 2020 年比 2000 年翻两番；社会主义市场经济体制更加完善，为全面建设小康社会提供更加坚实的制度基础；自主创新能力显著提高，科技进步对经济增长的贡献率大幅上升，进入创新型国家行列；稳步提高居民消费率，形成消费、投资、出口协调拉动的增长格局；基本形成城乡、区域协调互动发展机制和主体功能区布局；推进城乡协调发展，促进社会主义新农村建设取得重大进展，同时使城镇人口比重明显增加。

(2) 扩大社会主义民主，更好保障人民权益和社会公平正义。公民政治参与有序扩大；依法治国基本方略深入落实，全社会法制观念进一步增强，法治政府建设取得新成效；基层民主制度更加完善；政府提供基本公共服务能力显著增强。

(3) 加强文化建设，明显提高全民族文明素质。社会主义核心价值体系深入人心，良好思想道德风尚进一步弘扬；覆盖全社会的公共文化服务体系基本建立，文化产业占国民经济比重明显提高、国际竞争力显著增强，适应人民需要的文化产品更加丰富。

(4) 加快发展社会事业，全面改善人民生活。现代国民教育体系更加完善，终身教育体系基本形成，全民受教育程度和创新人才培养水平明显提高；社会就业更加充分；覆盖城乡居民的社会保障体系基本建立，人人享有基本生活保障；合理有序的收入分配格局基本形成，中等收入者占多数，绝对贫困现象基本消除；人人享有基本医疗卫生服务；社会管理体系更加健全。

(5) 建设生态文明，基本形成节约能源资源和保护生态环境的产业结构、增长方式、消费模式。循环经济形成较大规模，可再生能源比重显著上升；主要污染物排放得到有效控制，生态环境质量明显改善；生态文明观念在全社会牢固树立。

全面建设小康社会的目标，是中国特色社会主义经济、政治、文化、社会全面发展的目标，是与加快推进现代化建设相统一的目标，符合我国国情和现代化建设的实际，符合人民的愿望，意义十分重大。本世纪头 20 年是实现全面小康的关键时期，也是实现中华民族伟大复兴的战略机遇期，让我们高举中国特色社会主义伟大旗帜，为早日实现全面小康社会的伟大目标而努力奋斗！

本 章 小 结

我国处于并将长期处于社会主义初级阶段，是党对当代中国现实国情所作出的基本判断。初级阶段具有明显的过程性特征，表明我国已经是社会主义，同时它还仅仅处在不成熟、不完善的阶段。明确我国处于并将长期处于社会主义初级阶段，对于制定正确的路线方针政策、反对"左"和"右"两种错误倾向具有重要的理论和现实意义。社会主义初级阶段的主要矛盾是人民日益增长的物质文化需要同落后的社会生产之间的矛盾，这个矛盾贯穿我国社会主义初级阶段的整个过程和社会生活的各个方面。我们党依据对主要矛盾的判断形成了"一个中心，两个基本点"的党在社会主义初级阶段的基本路线和基本纲领，并为未来中国的发展构建了分三步走基本实现现代化和全面建成小康社会的奋斗目标。

同步练习

Ⅰ 客观性试题

一、单项选择题(在每小题列出的四个选项中只有一个选项是最符合题目要求的，请将正确选项前的字母填在本书所附答题纸的括号内)

1. 我国社会处于并将长期处于社会主义初级阶段，其中初级阶段是指(　　)。

A. 泛指任何国家进入社会主义后都要经历的起始阶段

B. 我国进入社会主义后必须经历的起始阶段

C. 特指我国在经济文化不发达条件下建设社会主义必然要经历的特定历史阶段

D. 马克思主义社会发展阶段理论中的泛指概念

2. 我国社会主义初级阶段的主要矛盾是(　　)。

A. 人民日益增长的物质文化需要和落后的社会生产之间的矛盾

B. 无产阶级和资产阶级的矛盾

C. 人口、资源、环境和经济发展之间的矛盾

D. 促进社会效率提高和体现社会公平之间的矛盾

3. 党在社会主义初级阶段基本路线提出的社会主义初级阶段的奋斗目标是(　　)。

A. 建设社会主义现代化国家

B. 国富民强的社会主义现代化国家

C. 富强、民主、文明、和谐的社会主义现代化国家

D. 富强、民主、文明的社会主义国家

4. 制定党的基本路线必须正确认识和分析(　　)。

A. 我国目前的对外关系状况 　　 B. 我国社会所有制形式和性质

C. 我国所面临的国际形势 　　 D. 我国社会所处的历史阶段及其主要矛盾

5. 党的十三大确定了我国经济和社会发展战略部署大体分"三步走"，其第三步是指（　　）。

A. 从 1981 年到 1990 年实现国民生产总值比 1980 年翻一番，解决人民的温饱问题

B. 从 1991 年到 20 世纪末，使国民生产总值再增长一倍，人民生活达到小康水平

C. 到 21 世纪中叶，人均国民生产总值达到中等发达国家水平，人民生活比较富裕，基本实现现代化

D. 21 世纪第一个 10 年，实现国民生产总值比 2000 年翻一番，使人民小康生活更加富裕，形成比较完善的社会主义市场经济体制

二、多项选择题(在每小题列出的五个选项中有二至五个选项是符合题目要求的，请将正确选项前的字母填在本书所附答题纸的括号内)

6. 新民主主义社会和社会主义初级阶段的区别在于（　　）。

A. 阶级关系、主要矛盾和根本任务不同

B. 新民主主义社会公有制经济虽处于领导地位但不是社会经济的主体

C. 新民主主义社会属于社会主义制度还没有建立、正在为进入社会主义社会而过渡的历史阶段

D. 存在多种经济成分

E. 社会性质明显不同

7. 邓小平曾指出"现在虽说我们也在搞社会主义，但事实上是不够格的。"这里的"不够格"是指（　　）。

A. 马克思所讲的共产主义低级阶段

B. 不符合马克思主义经典理论

C. 表现在社会经济制度方面的不成熟不完善

D. 表现在上层建筑方面的不成熟不完善

E. 主要是在物质技术基础方面不合格

8. 新中国成立至今我国取得了举世瞩目的发展成就，但在两点上没有变（　　）。

A. 以阶级斗争为纲　　　　　　　B. 我国仍处于社会主义初级阶段的基本国情

C. 坚持经济建设为中心　　　　　D. 我国的社会主要矛盾

E. 坚持改革开放

9. 对社会主义初级阶段基本特征和历史任务的总概括是（　　）。

A. 逐渐摆脱不发达状态，基本实现社会主义现代化的历史阶段

B. 由自然经济半自然经济占很大比重逐步转变为经济市场化程度较高的历史阶段

C. 由贫困人口占很大比重、人民生活水平比较低，逐步转变为全体人民比较富裕的历史阶段

D. 由地区经济文化发展不平衡，通过有先有后的发展，逐步缩小差距的历史阶段

E. 逐步缩小同世界先进水平的差距，在社会主义基础上实现中华民族伟大复兴的历史阶段

10. 中国共产党的十六大报告提出的全面建设小康社会的目标有(　　)。

A. 国内生产总值到 2020 年比 2000 年翻两番

B. 依法治国基本方略得到全面落实

C. 全民族的思想道德素质、科学文化素质和健康素质明显提高

D. 推动整个社会走上生产发展、生活富裕、生态良好的文明发展道路

E. 基本实现现代化，建成富强民主文明的社会主义国家

Ⅱ　主观性试题

11. 社会主义初级阶段的科学内涵是什么？其基本特征有哪些？

12. 如何认识社会主义初级阶段的长期性？

13. 如何坚持四项基本原则和改革开放的统一？

14. 社会主义初级阶段基本纲领的内涵是什么？如何理解最高纲领与最低纲领的统一。

15. "总体小康"和"全面小康"有什么不同？如何理解党的十七大提出的实现全面建设小康社会奋斗目标的新要求？

第5章 社会主义改革和对外开放

内 容 导 学

【学习目标】

通过对本章的学习，使学生了解社会主义改革开放是决定中国命运的关键选择；深刻理解社会主义社会的基本矛盾理论，掌握改革开放的理论与现实依据；明确我国改革的社会主义性质和方向，掌握改革是第二次革命的深刻内涵；把握"三个有利于"的标准，正确处理改革、发展、稳定的关系；认识对外开放是我国的基本国策，学习掌握我国对外开放的总体布局和具体形式，掌握提高对外开放水平的基本要求。

【基本概念】

改革，社会主义基本矛盾，改革是第二次革命，三个有利于，对外开放。

【教学重点】

(1) 我国改革开放决策提出的背景；

(2) 判断改革成败得失的标准；

(3) 邓小平关于社会主义改革理论；

(4) 正确处理改革、发展与稳定的关系；

(5) 开放是我国的基本国策。

【教学难点】

(1) 如何理解改革的革命性？

(2) 如何理解改革是第二次革命？

(3) 对外开放与国家安全之间的关系。

5.1 改革开放是决定当代中国命运的关键抉择

改革开放是决定当代中国命运的关键抉择，是党的十一届三中全会以来新时期最鲜明的特征。开放也是改革，是对我国对外关系方面的改革。改革开放以来我国取得的举世瞩目的成就证明：改革是我国社会主义发展的动力，是社会主义的自我完善和发展，是中国现代化的必由之路；对外开放是加速我国社会主义经济发展的必要条件，是我国必须坚持的一项长期基本国策。

5.1.1　改革开放是一场新的伟大革命

1．改革开放重大决策的提出

1978 年，中国共产党召开了具有重大历史意义的十一届三中全会，开启了改革开放历史新时期。从此，中国共产党人和中国人民走上了改革开放的道路。改革开放的伟大实践，使中国人民的面貌、社会主义中国的面貌、中国共产党的面貌发生了历史性变化。中国共产党在 20 世纪 70 年代末做出实行改革开放的重大决策，是有其深刻的国内和国际两方面背景的：

(1) 从国内的情况看，"文化大革命"十年内乱，使党、国家和人民遭到严重挫折和损失。当时，整个政治局面是处在一个混乱状态；整个经济情况实际上是处于缓慢发展和停滞状态，国民经济到了崩溃的边缘。面对严重的困难，我们的出路只能是通过改革开放，增强我国社会主义的生机活力，解放和发展社会生产力，改善人民生活。

(2) 从国际环境看，20 世纪 70 年代世界范围内蓬勃兴起的新科技革命推动世界经济以更快的速度向前发展，我国经济实力、科技实力与国际先进水平的差距明显拉大，面临着巨大的国际竞争压力。我们也只能是通过改革开放，带领人民追赶时代前进的潮流。邓小平正是在科学分析国内国际发展的大势，准确把握时代主题和人民愿望的基础上，做出把党和国家工作中心转移到经济建设上来、实行改革开放的历史性抉择，中国共产党和中国人民就是在这样的历史背景下，踏上了改革开放的伟大历史征程。

2．我国改革开放的性质

1) 改革是一场革命

改革开放是党在新的时代条件下带领人民进行的新的伟大革命，它不是对原有经济体制的细枝末节的修补，而是对原有经济体制的根本性变革。它要从根本上改变束缚我国生产力发展的经济体制，建立充满生机和活力的社会主义新经济体制，同时相应地改革政治体制和其他方面的体制。改革开放的目的，就是要解放和发展社会生产力。

改革对中国社会主义制度的自我完善和发展有着非同寻常的意义。邓小平说：改革是中国的第二次革命。我国所进行的改革是从根本上改变各方面体制的深刻的变革，可以称之为一场革命。改革的革命性主要体现在以下五个方面：

第一，改革的目的是为了扫除生产力发展的障碍，解放和发展生产力。革命的目的和本质是解放生产力，这是马克思主义的一个基本观点。改革同第一次革命的作用一样，也具有解放生产力的同等意义。从这个意义上说，改革是中国的"第二次革命"。

第二，改革是政策的重新选择和体制的重新构建，是对旧体制全面的深刻变革。从改革引起的社会变革的深刻性这个意义上讲，改革也是一场革命。通过改革开放，解放和发展生产力，建设有中国特色的社会主义。就其引起社会变革的广度和深度来说是开始了一场新的革命。它的实质和目标，是要从根本上改变束缚我国生产力发展的经济体制，建立充满生机和活力的社会主义新经济体制，同时相应地改革政治体制和其他方面的体制，以实现中国的社会主义现代化。

第三，改革这样一场深刻的社会变革，必然引起社会生活和人们思想观念、精神状态等方面深刻而广泛的变化。这种变化，具有革命性质。改革促进了生产力的发展，引起了经济生活、社会生活、工作方式和精神状态的一系列深刻变化。改革是社会主义制度的自我完善，在一定的范围内也发生了某种程度的革命性变革。

第四，就改革的复杂性和艰巨性而言，改革是一场革命。改革是一个庞大的系统工程，涉及方方面面的改革，牵一发而动全身，任何一个方面的改革出现问题，都会影响到整个改革的成效。同时，改革实际上是对利益关系的调整，虽然改革从根本上说符合最广大人民群众的利益，但是在改革的进程中人们获益的程度和时间总是有所不同，因此，一定会出现各种各样的复杂情况和问题，一定会遇到重重障碍。改革的复杂性使得改革极具艰巨性。从这个意义上说改革犹如一场革命。

第五，就改革决定中国命运的意义而言，改革是一场革命。改革是决定中国命运的重大决策，它是理论上的创新，也是实践上的创举，它关系着中国社会主义的前途和命运，不改革只有死路一条。改革的成功势必促进生产力的巨大发展，从根本上改变中国经济和技术的落后面貌，加速中国实现社会主义现代化，这具有极其深远的历史意义。

2) 改革是当代中国的第二次革命

改革开放是一场革命，但它不是一个阶级推翻另一个阶级意义上的革命，不是也不允许否定和抛弃我们已经建立起来的社会主义基本制度。因此，改革开放既是我们党领导的一场新的伟大革命，又是社会主义制度的自我完善和发展。

第一，改革不是改变社会主义制度，而是改变束缚生产力发展的具体体制。邓小平科学地区分和正确地阐明了社会主义基本制度和具体体制之间的关系，为社会主义改革奠定了科学的理论依据。邓小平区分了社会主义的基本制度与具体制度，认为基本制度是正确的、优越的，是我们的历史选择，不能改变。而社会主义的具体制度，即经济体制、政治体制和其他方面的体制，其中有不少是需要改革的。我们改革各种体制不是要改变基本制度，恰恰相反，改革的目的是更好地坚持和发展我们的基本制度。改革是要巩固社会主义制度，在社会主义制度下发展生产力。

第二，改革不是要抛弃社会主义，而是为了更好地坚持和发展社会主义。邓小平认为当具体体制背离社会主义基本制度的根本要求从而严重束缚生产力发展时，如果不适时进行改革，社会主义制度的优越性就不能得到充分发挥，甚至会丧失掉。只有在实践中通过改革不断地发展和完善社会主义，才是真正坚持社会主义。所以，改革不但不是要抛弃社会主义，而且是为了更好的坚持和发展社会主义。

第三，改革可以使社会主义在新的实践中获得生机和活力。社会主义在 20 世纪中期以后面临两个最重要的考验：一是新科技革命对不同性质的社会制度和社会形态提出了以往所没有的新课题；二是一些发达资本主义国家实施了若干调整措施，创造了一些与现代生产力相适应的经营方式和组织形式，同时使资本主义制度在具体运作中出现了许多新特点。这两方面的作用都使社会主义国家必须突破传统的高度集中的计划经济体制，着眼于科学社会主义理论的实际运用，着眼于社会主义新的实践和新的发展。改革就是以此作为逻辑起点在回答"什么是社会主义"基础上作出的"如何建设社会主义"的一个选择。不进行改革，社会主义就很难在新的实践中获得新发展，很难回应面临的挑战，很难在实践中充满活力。

总之，改革虽然不是本来意义上的一个阶级推翻另一个阶级的政治大革命，但从解放和发展生产力，从对体制的重新构建，从引起社会生活和人们思想观念、精神状态等方面的深刻变化，从促进社会的全面进步来说，其实是又开始了一场新的革命，它对中国社会所产生的革命性作用不亚于我党领导的第一次革命。

3. 邓小平的社会主义改革理论

作为改革开放总设计师的邓小平关于社会主义改革理论可以概括为以下五个要点：

(1) 改革根源于社会主义社会的基本矛盾，研究社会主义发展的动力，必须以承认社会主义基本矛盾为前提。但提出这些基本矛盾，并不就完全解决了问题，还需对此作深入具体的研究。

(2) 必须在理论上把基本制度和具体体制严格区别开来。在社会主义社会，基本制度是适合生产力发展的，不会发生根本性变化，具体体制在一定时期会阻碍生产力的发展，必须通过体制改革进一步解放和发展生产力，以此推动社会全面进步。改革是解决社会主义基本矛盾的根本手段和途径，是社会主义发展的直接动力。

(3) 改革的实质是在坚持社会主义基本制度的前提下，变革旧体制。通过改革具体体制来完善基本制度。改革是在共产党的领导下有秩序、有步骤进行的，决不能摆脱、削弱和否定党的领导。改革不是要改变社会主义基本制度的性质，而是社会主义制度的自我完善和发展。在改革过程中，必须始终坚持社会主义方向。

(4) 改革是中国的第二次革命，它不是对人的革命，而是对体制的革命。同第一次革命一样，改革的目的也是解放生产力。改革是中国发展生产力，推进现代化的必由之路。

(5) 改革是一个长期的、艰巨的、复杂的实践过程，只能边试边改进行，具有一定的风险性。"三个有利于"标准是判断改革及各方面工作是非得失的根本标准。

事实证明，改革开放是决定当代中国命运的关键抉择，是发展中国特色社会主义、实现中华民族伟大复兴的必由之路；只有社会主义才能救中国，只有改革开放才能发展中国、发展社会主义、发展马克思主义。

5.1.2　深刻把握全面深化改革开放目标的新要求

1. 党的十八大报告对全面深化改革的新要求

党的十八大报告有一个突出特点，就是把发展目标与改革目标一起规划、把完善社会主义市场经济体制与加快转变经济发展方式一同部署，指出"全面建成小康社会，必须以更大的政治勇气和智慧，不失时机深化重要领域改革"。

(1) 改革开放是发展的强大动力。没有改革开放，就不会有这 30 多年来的发展成就；没有改革开放，就不会有中国特色社会主义道路的成功开辟；没有改革开放，就不会有今日神州大地上的生机与活力。过去的发展成就靠的是改革开放，未来中国的发展依然要靠改革开放。应当看到，未来十年是我国现代化建设进程中具有关键意义的阶段。当前改革进入了"攻坚区"和"深水区"。我们既面临着复杂的国际环境，又面对着改革发展的艰巨任务，这些都是对进一步深化改革的重大考验，考验着改革的勇气，更考验改革的智慧，迫切要求我们做出更大的努力。

(2) 改革越深入越需要勇气。30 多年来，正是凭着那么一股子劲与气，凭着那么一种敢闯敢试的精神，我们才冲破了重重阻力，实现多个领域、多个方面的突破。逆水行舟，不进则退。面对协调各方面利益和达成改革共识、形成改革合力日益加大的难度，面对改革越来越多触及现有利益格局、涉及深层次利益调整的阻力增大，面对社会各方面分享改革成果的强烈愿望，面对经济、政治、文化、社会、生态文明等各方面改革的艰巨任务，我们必须从坚持和发展中国特色社会主义的政治高度，以更大的勇气，更加自觉、更加坚定地深化改革。

(3) 改革越深化越需要智慧。深化改革是涉及诸多领域的巨大系统工程，千头万绪，必须总揽全局，明确主攻方向和改革重点，集中攻坚克难，务求在重点领域取得突破性进展。调整利益格局，必须统筹兼顾，善于在利益增量上做文章，在存量利益上多优化。制定重大改革措施，必须从实际出发，善于做充分而科学的论证，以提高改革决策的科学性。出台改革措施，必须积极稳妥，善于把握时机、创造条件，避免因犹豫不决错过改革的最好时机。攻坚阶段的深化改革，更需要相互协调，使改革措施实现各领域、多方面、诸环节的协调配套。经验表明，改革的智慧来自实践，坚持一切从实际出发，实事求是，才能找到破解难题的钥匙；改革的智慧来自人民，坚持问计于民，集思广益，增进共识，才能调动一切积极因素，找到化解阻力的办法。

党的十八大报告从经济、政治、文化、社会、生态文明等五个方面，确立了深化改革开放的"五个目标"，明确了主攻方向和重点任务。在推进"五个目标"的改革进程中，不断焕发政治勇气和智慧，我们必定能释放发展新活力，开创改革新局面。

2．新一届中央领导集体显示了推进改革的决心

习近平同志就深化改革先后进行了多次论述，他强调：改革开放是一场深刻革命，必须坚持正确方向，沿着正确道路推进；改革开放是前无古人的崭新事业，必须坚持正确的方法论，在不断实践探索中推进。摸着石头过河和加强顶层设计是辩证统一的；改革开放是一个系统工程，必须坚持全面改革，在各项改革协同配合中推进；稳定是改革发展的前提，必须坚持改革发展稳定的统一；改革开放是亿万人民自己的事业，必须坚持尊重人民首创精神，坚持在党的领导下推进；我们要坚持改革开放正确方向，敢于啃硬骨头，敢于涉险滩，既勇于冲破思想观念的障碍，又勇于突破利益固化的藩篱。

李克强同志也对深化改革的问题发表讲话，强调指出：改革进入了深水区，也可以说是攻坚期，的确是因为它要触动固有的利益格局。现在触动利益往往比触及灵魂还难。但是，再深的水我们也得趟，因为别无选择，它关乎国家的命运、民族的前途。这需要勇气、智慧、韧性。所幸的是，这些可以从我们的人民当中去汲取，来使改革迈出坚实的步伐。

通过新一届中央领导集体的相关表态，可以看出，我国目前的改革重点还是放在社会体制和社会建设上面，重点解决民生问题，为下一步深化其他领域体制改革提供社会基础和社会条件。而总理说的处理好政府与市场，政府与社会的关系，恰恰是当前推动社会体制改革的中心问题。也表明了中央新一届领导集体对当前深化改革遇到的问题和困难，了解得都很清楚：经过二三十年的发展，社会主要问题已经转化，目前的关键问题就是利益调整和利益博弈。新一届领导集体的改革决心是很大的，不仅推动深化改革，而且重在落实改革措施，也点中了当前社会问题的要害之处，就是要打破利益格局，进行利益调整，这种改革判断符合社会和民众的期待。

5.2　坚定不移地推进全面改革

中国的改革是全面的改革，这是由改革的任务决定的。实现社会主义现代化，是一场根本改变我国经济和技术落后面貌、巩固社会主义制度的伟大革命。这场革命既然要大幅度地改变落后的生产力，就必然要多方面地改变生产关系中不适应生产力发展的部分，改变上层建筑中不适应经济基础变化的部分，改变一切不适应生产力发展的管理方式、活动方式和思想方式，使之适应于现代化大经济的需要。

5.2.1　坚持全面改革的方针不动摇

1．全面改革的含义

改革的全面性的表现有以下几个方面：

(1) 从改革的历程上看，改革包括经济、政治、科技、教育等多方面的改革。20 世纪 70 年代末，中国开启了改革的历史进程。改革在农村拉开序幕。农村改革的第一步是废除人民公社制度，建立以家庭联产承包为主，统分结合、双层经营的新型集体所有制。之后，乡镇企业异军突起，为从土地上转移出来的农村剩余劳动力提供了出路，为提高农民收入、促进工业和整个经济的改革和发展，开辟了一条新路。在农村改革取得成效的基础上，开始了以城市为重点的整个经济体制的改革。经过多年理论和实践的探索，到 1992 年，党的十四大把建立社会主义市场经济体制确立为经济体制改革的目标，由此加快了全面改革的进程。到 20 世纪末，社会主义市场经济体制初步确立了。与此同时，政治、科技、教育等领域的改革也全面展开。

(2) 从改革的广度来看，改革触及到了社会生活的各个方面和各个层面。尽管经济体制改革是重点，但它需要政治体制及科技、教育、文化、卫生体制改革的配合。

(3) 从改革的效果来看，改革使中国发生了巨大的历史性变化。它深刻改变了中国的面貌，极大改善了中国人民的生活水平和生活质量，显著提升了中国社会的文明程度，大大提高了中国的国际地位。

2. 全面改革的要求

(1) 在全面改革中，经济体制改革是重点。但同时，经济体制改革需要政治体制及其他体制改革的配合，因此，在经济体制改革不断深化的进程中，政治体制改革也在不断推进。与经济体制和政治体制改革相适应，科技、教育、文化、卫生体制等各个领域的改革也都有步骤、有秩序地全面展开，改革触及了社会生活的各个方面和各个层面。

(2) 改革是一项崭新的事业，如何评价和判断它的成败与是非得失？邓小平在 1992 年的南巡讲话中，明确地提出了"三个有利于"的标准，即要以是否有利于发展社会主义社会的生产力、是否有利于增强社会主义国家的综合国力、是否有利于提高人民生活水平作为判断改革得失成败的标准。

第一，"三个有利于"标准是客观标准而不是主观标准，它是在改革开放和现代化建设的进程中，在总结正反两方面的经验教训、反对"左"和"右"的错误倾向中产生和发展起来的，是解放思想，实事求是的产物。

第二，"三个有利于"标准与社会主义有着内在的不可分割的联系，是由社会主义本质所规定的衡量一切工作是非得失的标准。如果离开了社会主义，"三个有利于"标准就失去了它本来的价值和意义。

第三，在"三个有利于"标准中，有利于发展社会主义社会的生产力，即生产力标准是根本标准。如果没有生产力的发展，也就不可能有综合国力的增强，更不可能有人民生活水平的提高。任何时候都不能离开发展生产力这一根本标准来谈论其他别的什么标准。

第四，在"三个有利于"标准中，是否有利于提高人民生活水平是目的。共产党的宗旨就是为人民谋利益，社会主义和共产主义的目的就是要使无产阶级和全人类获得解放，实现共同富裕和人的自由全面的发展。因此，在发展生产力和增强综合国力的过程中，任何时候都不能忘记，我们的最终目的是要提高人民生活水平，实现共同富裕。

(3) 坚持"三个有利于"标准的要求。"三个有利于"标准，强调的是对于改革的一些具体政策措施，必须从抽象的姓"社"姓"资"的争论中摆脱出来，放开手脚，大胆地试，大胆地闯，把注意力放到研究用什么手段和方法才能有利于发展社会主义社会的生产力、有利于增强社会主义国家的综合国力和有利于提高人民的生活水平上来，不要因纠缠于抽象的姓"社"姓"资"的争论而贻误改革的时机，从而在根本上损害社会主义社会的发展。但是，在改革的性质问题上，则不能不问姓"社"姓"资"，而是必须理直气壮地坚持社会主义方向。"三个有利于"标准中明确提出的是发展社会主义社会的生产力、增强社会主义国家的综合国力和提高人民生活水平，说明这个标准本身强调的是必须有利于社会主义建设事业的发展。

坚持"三个有利于"标准，就是既不要把那些合乎"三个有利于"、本来姓"社"的东西，错误地判定为姓"资"而加以排斥；也不要把那些合乎"三个有利于"、不具有特殊的社会制度属性、资本主义可以用社会主义也可以用的东西，错误地判定为姓"资"而加以排斥；而对于那些确实姓"资"，但合乎"三个有利于"、可以为社会主义所利用的东西，也要允许其存在和支持其发展。凡是合乎"三个有利于"标准的，就是社会主义的，或者是为社会主义所需要和允许的。

5.2.2　正确处理改革、发展、稳定的关系

1. 改革、发展、稳定在当前社会发展中的地位

邓小平在我国改革开放全面展开的历史进程中，反复强调稳定是中国实现社会主义现代化发展战略的必要前提，是中国的最高利益。20 世纪 90 年代以后，江泽民在总结历史经验的基础上提出了抓住机遇、深化改革、扩大开放、促进发展、保持稳定这个全党工作的大局，系统地分析了改革、发展、稳定三者之间的内在联系。

(1) 发展是硬道理，发展是目标。这是在处理三者相互关系问题时首先要树立的观念。按照邓小平的观点：发展是硬道理，中国解决自身内部一切问题的关键是要靠自己的发展，特别是社会生产力和国民经济发展。只有社会生产力和国民经济持续不断发展，才能克服前进道路上遇到的各种困难，才能保证"一国两制"的贯彻执行和海峡两岸和平统一的最终实现，才能逐步消灭剥削、消除两极分化，最终实现共同富裕，才能充分发挥社会主义制度的优越性，为最终战胜资本主义，向共产主义过渡创造物质条件。中国在世界舞台和国际事务中所起作用的大小也要看我们自己的发展情况。

(2) 要发展就必须改革，改革是发展的动力。改革是解放生产力，也是发展生产力。只有改革，只有广泛而深入地改革，才能解决生产力发展过程中新出现的各种问题，为生

产力的发展开辟出广阔的空间。改革是发展不可缺少的推动力量。反过来，也只有发展，只有持续不断的发展，只有通过发展给人们带来的利益远远大于人们在改革中可能失去的利益，改革才能持续下去，深入下去，才不会半途而废。所以，一方面离开改革不可能发展，改革是发展的动力；另一方面离开发展也不可能有真正的改革，发展是改革的目的。

(3) 稳定是发展和改革的前提，改革和发展是稳定的基础。发展和改革必须要有稳定的政治和社会环境，稳定是前提。无论改革还是发展都需要有一个稳定的社会环境作保证。所谓稳定的社会环境，主要包含两个方面的内容：一是国家政局要稳定；二是现行政策不变。政局稳定和现行政策不变相结合，就是稳定和良好的环境，其中，最重要的就是安定团结的政治局面，也就是政局稳定。稳定的政治环境是改革和发展健康进行的前提和保证，改革和发展都需要有稳定的政治环境。如果没有一个稳定的政治局面，国家整天处在动荡之中，不能从时间和空间上为生产力的发展创造有利的条件，不能为人民生活水平的提高提供安定的社会环境，再好的愿望也要落空，再好的计划、方案也无法实施。稳定是改革和发展的前提。

2．改革、发展、稳定三者的辩证关系

稳定的社会环境也离不开改革和发展，改革和发展是造成稳定的社会环境的物质基础。稳定不是死水一潭，不是停滞不前，不是缺乏生机、缺乏活力、死气沉沉那样一种社会政治局面。真正稳定的社会局面，应该是毛泽东所说的：一个又有集中又有民主，又有纪律又有自由，又有统一意志，又有个人心情舒畅、生动活泼，那样一种政治局面。而要造成这样一种政治局面，就必须通过改革，使各种社会关系相互协调，做到各种关系、各种要素、各种成分的最佳结合。同时，稳定的社会环境是在生产力日益发展和人民生活水平不断提高基础上实现的。在生产力发展缓慢、人民生活水平低下的基础上不可能出现真正意义上的稳定的社会环境。所以，要造成并保持稳定的社会环境，就必须改革和发展。只有通过改革大力发展生产力，增强国家的综合国力，提高人民群众的生活水平，才能形成全社会的凝聚力和向心力，从根本上保证社会的稳定。正如邓小平所说："稳定和协调也是相对的，不是绝对的。发展才是硬道理。"

改革是动力，发展是目的，稳定是前提。只有坚定不移地推进发展，才能不断增强综合国力和国际竞争力，更好地解决前进中的矛盾和问题。只有坚定不移地推进改革，才能为经济和社会发展提供强大动力。只有坚定不移地维护稳定，才能不断为改革发展创造有利的条件。实践表明，改革、发展、稳定三者关系处理得当，就能总揽全局，保证经济社会的顺利发展；处理不当，就会吃苦头，付出代价。

3．处理好改革、发展、稳定三者关系的原则

中国目前正处于从低水平的、不全面的、发展很不平衡的小康，向全面小康过渡的阶段，这是发展的关键时期，也是改革的攻坚阶段。在这一时期处理改革、发展、稳定关系的任务极其艰巨。因此，要以科学发展观为指导，遵循改革开放以来党在处理改革、发展、

稳定关系方面积累起来的经验和主要原则。

(1) 保持改革、发展、稳定在动态中的相互协调和相互促进。稳定是前提，但稳定是相对的，不能因为改革有风险就不改革或者在改革中裹足不前，否则会导致更加严重、更加剧烈的社会不稳定。也不能因为在发展中可能出现不协调不平衡而不致力于发展。因此，需要统观全局，精心谋划，从整体上把握改革、发展、稳定之间的关系，做到在社会稳定中推进改革和发展，通过改革和发展促进社会稳定。

(2) 把改革的力度、发展的速度和社会可以承受的程度统一起来。全面建设小康社会，必须深化改革，促进发展，但是改革和发展也不能不顾及社会稳定的内在要求。改革的胆子要大，步子要稳；要加快发展，但要注意协调发展。改革和发展要始终注意适应国情和社会的承受能力，要统筹安排改革和发展的举措，精心处理稳定同改革、发展的关系，着眼于"为之于未有，治之于未乱"，及时化解矛盾，排除不安定因素，以保持稳定，促进改革和发展。

(3) 把不断改善人民生活作为处理改革、发展、稳定关系的重要结合点。人民群众是改革发展的主体和动力，是稳定的力量源泉和深厚基础。改善人民生活，让人民共享改革和发展的成果，是我们致力于发展、积极推进改革、坚持维护稳定的共同目的。所以，要把不断改善人民生活、让人民共享改革和发展的成果作为处理改革、发展、稳定关系的重要结合点，在社会稳定中推进改革发展，通过改革发展促进社会稳定。为此，要坚持一切为了群众、一切依靠群众的工作路线，要坚持给人民群众以看得见的实际利益的工作原则，要坚持以着力解决人民群众生活中面临的实际问题为工作重点。

5.3　毫不动摇地坚持对外开放

5.3.1　中国的发展需要不断扩大对外开放

1. 我国对外开放的必要性

(1) 当今的世界是开放的世界，是生产社会化和商品经济、市场经济发展的必然结果。早在 18 世纪中叶，第一次产业革命就开启了世界市场。到了 20 世纪中后期，在以信息化为基础的新技术革命推动下，世界经济联系更加紧密，经济全球化趋势更为明显，表现为生产领域的国际分工和协作不断深化和加强，国际贸易规模不断扩大，资本在国际间的流动速度不断加快，跨国公司迅速发展。为应对新技术革命和经济全球化的趋势，各国政府为在国际分工和国际竞争中获取最大利益，纷纷实行开放的政策，广泛地进行经济交流和合作，积极利用国外市场、资源、信息、技术和资金。在开放的世界中不实行开放政策，只能限制自己的发展，甚至会给国家和民族带来灾难。

(2) 中国的发展离不开世界。对外开放不仅是为了解决当前经济建设中的矛盾和困难，而且也是我国经济长期发展的客观要求。

第一，中国的发展需要不断扩大对外开放。这是对中国发展现实的深刻总结。随着经济全球化的深入发展和我国社会主义市场经济体制不断完善，我国吸收外资面临的国内外环境正在发生深刻变化。经济全球化加快了资本流动的国际化和生产活动的全球化，服务贸易、服务外包、高附加值的高端制造环节的转移，已成为新一轮世界产业结构调整的主要内容，传统制造业转移也向纵深发展，跨国公司研发全球化和本地化趋势明显。当前，我国国内市场和国际市场的联系日益紧密，国内经济和国际经济的互动明显增强，全球跨国直接投资的新趋势，为促进我国国民经济战略性调整，实现跨越式发展提供了难得的历史机遇，也提出了新的挑战。

第二，适应经济全球化新形势，必须实行更加积极主动的开放战略，完善互利共赢、多元平衡、安全高效的开放型经济体系。要加快转变对外经济发展方式，推动开放朝着优化结构、拓展深度、提高效益方向转变。创新开放模式，促进沿海内陆沿边开放优势互补，形成引领国际经济合作和竞争的开放区域，培育带动区域发展的开放高地。坚持出口和进口并重，强化贸易政策和产业政策协调，形成以技术、品牌、质量、服务为核心的出口竞争新优势，促进加工贸易转型升级，发展服务贸易，推动对外贸易平衡发展。提高利用外资综合优势和总体效益，推动引资、引技、引智有机结合。加快走出去步伐，增强企业国际化经营能力，培育一批世界级水平的跨国公司。统筹双边、多边、区域次区域开放合作，加快实施自由贸易区战略，推动同周边国家互联互通。提高抵御国际经济风险能力。提高利用外资质量和水平，促进经济又好又快发展。进一步优化利用外资结构，促进产业结构调整升级，鼓励外资重点投向高新技术产业、先进制造业、现代服务业、现代农业和节能环保产业，鼓励外商投资发展循环经济，改善外商投资布局。继续发挥特殊经济区域的窗口示范辐射带动作用，促进区域经济协调发展，完善区域互动机制，鼓励东部地区向中西部地区产业转移，深化分工合作。

第三，不断扩大对外开放也是发挥社会主义制度优越性的需要。社会主义要赢得与资本主义相比较的优势，就必须以积极的态度学习和吸收人类文明的一切优秀成果，吸收和借鉴当今世界包括资本主义发达国家的一切反映现代化生产规律的先进经营方式、管理方法。对外开放的实质就是要大胆吸收和借鉴人类文明进步的一切成果，特别是当今发达资本主义国家创造的文明成果。世界上的一切文明成果都是全人类的共同财富，每一个民族、每一个国家都为创造世界文明作出过并正在作出贡献，都有值得别的民族、别的国家学习的长处。

2. 实行对外开放要处理好对外开放与独立自主、自力更生的关系

我们始终要把独立自主、自力更生作为立足点，这是我国革命和建设的基本经验和重要原则。当今世界，人类社会步入了一个科技创新不断涌现的重要时期，坚持独立自主、自力更生，把增强自主创新能力作为国家战略，贯穿到现代化建设各个方面，建设创新型国家，对不断巩固和发展中国特色社会主义伟大事业，是极其重要的。但独立自主、自力更生不是闭关自守、盲目排外。坚持独立自主、自力更生同对外开放是相辅相成的。独立自主、自力更生是实行对外开放的基础，只有增强独立自主、自力更生的能力，才能在国际上获得较高的信誉，吸引更多的合作者，才能不断扩大对外开放的深度和广度；对外开放是为了增强独立自主、自力更生的能力，在对外开放过程中积极利用外国的投资、先进技术与管理经验，取得更好的经济和社会效益，可以加快本国经济发展，增强经济实力和综合国力。坚持独立自主、自力更生，积极实行对外开放，都是为了更好更快地推进社会主义现代化建设。

5.3.2　不断提高对外开放的水平

1. 我国进一步对外开放面临着一系列新的问题和挑战

三十多年的对外开放取得了卓越的成就。随着我国参与经济全球化程度的加深，对外开放面临着一系列新的问题和挑战：对外开放逐步进入了由较小范围和有限领域的开放，转变为更大范围和更多领域的开放；由以试点为特征的政策主导下的开放，转变为法律框架下可预见的开放；由单方面为主的自我开放，转变为与世贸组织成员之间的相互开放。这意味着竞争更激烈，经济风险更大，政府宏观调控的难度增加。同时，随着我国经济的快速发展和对外开放程度的不断扩大，我们与各国经济联系继续加深，贸易摩擦增多、对外投资阻力加大等一些新的现象不断出现。为此，必须适应经济全球化趋势的新发展，以更加积极的姿态走向世界，坚持"引进来"和"走出去"同时并举、相互促进的开放战略，积极参与国际经济技术合作和竞争，扩大开放领域，优化开放结构，提高开放质量，完善内外联动、互利共赢、安全高效的开放型经济体系，形成在经济全球化条件下参与国际经济合作和竞争的新优势。

2. 不断提高对外开放水平的举措

在新形势下提高对外开放水平，必须从经济全球化的大趋势出发，采取新的措施。

(1) 转变对外贸易增长方式，提高对外贸易效益。在积极发展对外贸易过程中要实施以质取胜的战略，优化进出口商品结构，着力提高对外贸易的质量和效益；在充分发挥我国比较优势的同时，扩大高新技术产品出口，扩大具有自主知识产权、自主品牌的产品和服务出口，扩大高附加值产品出口，提高加工贸易的产业层次并增强国内配套能力；控制高能耗、高污染产品出口，鼓励进口先进技术设备和国内短缺资源；着重提高加工贸易的产业层次和加工深度，增强国内配套能力；大力发展服务贸易，并不断提高服务贸易的层次和水平；完善公平贸易政策，健全外贸运行监控体系，增强处置贸易争端能力，维护企业合法权益和国家利益；积极参与多边贸易谈判，推动区域和双边经济合作，促进全球贸易和投资自由化、便利化。

(2) 坚持"引进来"和"走出去"相结合的战略。提高利用外资水平，创新利用外资方式，优化利用外资结构，发挥利用外资在推动自主创新、产业升级、区域协调发展等方面的积极作用。积极实施"走出去"战略，创新对外投资和合作方式，支持企业在研发、生产、销售等方面开展国际化经营，加快培育我国的跨国公司和国际知名品牌。同时，要完善对境外投资的协调机制和风险管理，完善对外投资服务体系，为企业"走出去"创造条件。

(3) 切实维护国家安全。经济全球化是社会生产力和科学技术发展的客观要求和必然结果，有利于促进资本、技术、知识等生产要素在全球范围内的优化配置，为我们带来了新的发展机遇，但它也使国家的经济安全、政治安全、文化安全以及环境与生态安全等受到挑战和威胁。因此，在开放过程中，要提高防范和化解各种风险、切实维护国家各种安全的能力。就经济发展而言，经济全球化在促进各国之间经济联系加强的同时，也使全球经济的不稳定性加剧。在开放度比较大的经济中，由全球经济波动引起的经济不稳定容易对国内经济产生冲击，这使政府对本国经济进行调控的能力受到一定程度的限制。因此，我们对开放型经济中产生的风险和问题要做好充分的准备。一方面加强对全球经济走势和波动的预测，增强防范和化解风险的能力；另一方面要坚持走中国特色自主创新道路，对国内产业提升、技术进步要有充分的认识，制定和实施国家技术和产业发展战略，着力提高自我发展能力。同时，要正确处理好利用国内资源和国际资源、发展国内市场和国际市场之间的关系。

三十多年的实践表明，对外开放在我国国民经济发展中发挥了不可替代的作用，有力地支持和促进了我国经济体制改革和经济社会的发展。我国利用外资形式多样，来源广泛。实践证明，对外开放有力地促进了我国生产力的发展和社会的全面进步，增强了我国的综合国力和国际竞争力，推动了我国建立社会主义市场经济体制的进程。对外开放是加速我国现代化建设的正确抉择，我们必须坚定不移地长期坚持下去。

本 章 小 结

中国共产党作出改革开放的历史性抉择是有其深刻的国内国际背景的。必须充分认识改革开放的目的和性质。改革开放是发展中国特色社会主义、实现中华民族伟大复兴的必由之路；改革开放的方向和道路是完全正确的，成效和功绩不容否定，停顿和倒退没有出路。改革是社会主义社会发展的直接动力，是社会主义制度的自我完善和发展。中国的改革是全面的改革，包括经济体制改革、政治体制改革和其他各个领域的改革。判断改革和各方面成败得失的标准是"三个有利于"。在改革过程中要始终处理好改革、发展、稳定的关系，把改革的力度、发展的速度和社会可以承受的程度统一起来。对外开放是我们必须长期坚持的基本国策。我国的对外开放是全方位、多层次、宽领域的开放。必须适应经济全球化趋势的新发展和我国改革发展的新形势，以更加积极的姿态走向世界，拓展对外开放的广度和深度，提高开放型经济水平。

同 步 练 习

Ⅰ 客观性试题

一、单项选择题(在每个小题列出的四个选项中，有一项是最符合题目要求的，请将正确选项前的字母填在本书所附答题纸的括号内)

1. 当前我国进行的改革是(　　)。

A. 改革或改良旧制度　　　　　　　　B. 改变社会主义制度

C. 实行社会主义市场经济　　　　　　D. 社会主义制度的自我调整和完善

2. 邓小平说：改革的性质同过去的革命一样，也是为了扫除发展社会生产力的障碍，使中国摆脱贫穷落后的状态。从这个意义上说，改革(　　)。

A. 是社会主义制度的自我完善和发展　　B. 是中国的第二次革命

C. 才能使社会主义充满生机和活力　　　D. 是发展的前提

3. 我国实行对外开放从根本上说是(　　)。

A. 社会生产力不发达的必然结果　　　B. 由社会主义初级阶段的国情决定

C. 生产社会化和市场经济发展的必然结果　D. 社会主义发展的必然结果

4. 20 世纪 90 年代我国对外开放发展到一个新阶段，标志是(　　)。

A. 我国进入世界十大贸易国行列

B. 形成了沿海、沿江、沿边对外开放格局

C. 多层次、宽领域、全方位的对外开放格局的形成

D. 引进外资规模居发展中国家首位

5. 实行对外开放的基础和前提是(　　)。

A. 独立自主，自力更生　　　　　　　B. 互相帮助，互惠互利

C. 公平、公正、公开　　　　　　　　D. 相互平等，合作共事

二、多项选择题(在每小题列出的五个选项中有二至五个选项是符合题目要求的，请将正确选项前的字母填在本书所附答题纸的括号内)

6. 我国的改革(　　)。

A. 是社会主义发展的直接动力　　　　B. 是中国的第二次革命

C. 对象是一些具体体制而不是根本制度　D. 是对经济体制的革命

E. 目的是改变社会形态

7．我国的对外开放是（　　）。

A．一项长期的基本国策　　　　　　B．对所有国家的开放

C．一项权宜之计　　　　　　　　　D．经济政治文化全面的开放

E．仅对所有社会主义国家的开放

8．正确处理改革、发展、稳定的关系在于（　　）。

A．发展是硬道理　　　　　　　　　B．稳定是目的，发展是硬道理

C．要发展就必须改革　　　　　　　D．改革和发展都需要一个稳定的社会环境

E．保持稳定的社会环境，也必须改革和发展

9．加入世界贸易组织是我国深化改革、扩大开放和建立社会主义市场经济体制的内在要求，是我国经济发展的需要。以发展中国家的身份加入世界贸易组织，对我国经济发展的好处是（　　）。

A．有利于进一步扩大出口和吸引外资

B．有利于加快国内产业结构的调整和优化

C．有利于继续深化我国经济体制改革

D．有利于中国参与世界经济全球化的进程

E．有利于我国参与国际贸易新规则的制定，维护我国正当权益，提升我国国际地位

10．在处理对外开放与独立自主、自力更生的关系时应坚持（　　）。

A．自力更生和独立自主是出发点和立足点

B．自力更生、独立自主与对外开放是相辅相成的

C．对外开放与自力更生、独立自主在本质上是统一的

D．自力更生、独立自主是对外开放的基础和前提

E．对外开放是为了提高独立自主和自力更生的能力

Ⅱ　主观性试题

11．为什么说改革是一场新的革命？

12．如何正确处理改革、发展、稳定之间的关系？

13．如何理解对外开放是我们必须长期坚持的基本国策？

14．如何处理对外开放与国家安全之间的关系？

15．在当前国际国内新形势下，我们应如何不断提高对外开放的水平？

第6章 中国特色社会主义经济建设

内容导学

【学习目标】

通过对本章的学习，使学生充分认识发展社会主义市场经济的重要意义，弄清市场经济是商品经济发展的客观要求；了解我国经济体制改革的必要性、取得的成就以及建立社会主义市场经济体制的目标和任务。帮助学生正确认识公有制为主体、多种所有制经济共同发展的基本经济制度。明确坚持社会主义公有制主体地位和国有经济的主导作用的重要意义。帮助学生正确认识我国社会主义初级阶段以实现按劳分配为主体、多种分配方式并存的分配制度；了解完善分配制度的必要性和主要途径，认识健全社会主义保障体系的重要意义；认识如何转变经济发展方式，实现科学发展。

【基本概念】

市场经济，计划经济，所有制，初级阶段基本经济制度，全民所有制，国有经济，集体所有制，个体经济，私营经济，承包制，股份制，按劳分配，按生产要素分配，初次分配与再分配，财产性收入，社会保障制度，经济增长方式。

【教学重点】

(1) 把握社会主义市场经济发展的历史必然性及社会主义市场经济的本质特征；

(2) 认识到社会主义初级阶段必须坚持公有制为主体、促进多种所有制经济共同发展，明确按劳分配为主体，多种分配方式并存是社会主义初级阶段的分配制度；

(3) 深刻理解按要素分配的合理性和必然性，坚持效率优先、兼顾公平、防止两极分化；

(4) 转变经济增长方式的内容与必要性。

【教学难点】

(1) 分辨市场经济和计划经济的区别和联系；

(2) 分辨按劳分配与按生产要素分配的区别；

(3) 如何改善收入分配状况？

(4) 如何转变经济发展方式？

6.1　建立社会主义市场经济体制

我国经济体制改革从传统的计划经济体制向市场经济体制转变、以社会主义市场经济体制为目标模式，是针对传统经济体制的弊端和对市场经济体制，探索的结果。需要我们学习了解社会主义市场经济体制形成和发展的原因及其特征。

6.1.1　社会主义市场经济理论的形成与发展

1. 社会主义经济体制的探索

1) 选择传统的计划经济体制的必然性

我国社会主义制度建立以后，随着国民经济的恢复，第一个五年计划的实施，以及生产资料私有制的社会主义改造的全面完成，我国逐步形成了高度集中的计划经济体制，选择这样的经济体制，有当时的主客观条件。

第一，客观上，在长期革命战争中，解放区和根据地对公营经济、合作经济实行统一领导所积累的组织和管理经验有所沿袭；各个解放区和根据地在被分割、被包围的状况下形成的自给自足，各自为战，自成体系的做法有所继承。当时我国的生产力水平十分低下，国民经济实力十分薄弱，现代工业很少，面临战争的创伤和百业凋敝的经济局面。在这样的基础上进行工业化建设，建立高度集中的计划经济体制，有利于迅速、有效地集中全国的经济力量，为大规模经济建设创造条件。苏联在计划经济体制下社会主义建设取得的世人瞩目的巨大成就，对我国经济体制的选择产生了直接的示范影响。

第二，主观上，当时在理论上普遍把计划经济看做是社会主义区别于资本主义的重要特征，排斥市场经济，在这样的背景下，我国建立起高度集中的计划经济体制。20 世纪 50 年代，计划经济体制在我国社会主义经济建设中发挥了重要的作用，在整个国民经济实力非常弱小的条件下，我国能够集中主要力量开展以 156 个重大项目为中心的工业建设，比较迅速地建立起社会主义工业化的初步基础，并在此基础上初步建立了独立的比较完整的工业体系和国民经济体系，这些成就的取得与这一体制所发挥的作用分不开。

2) 传统经济体制的弊端

随着经济规模不断扩大，经济联系日益复杂，高度集中的计划经济体制在运行过程中也暴露出了不少问题。它的主要弊端是：政企职责不分、条块分割、国家对企业统得过多过死、权力过于集中，忽视商品生产、价值规律和市场机制的作用，分配中平均主义严重，这就造成了企业缺乏应有的自主权。企业吃国家"大锅饭"、职工吃企业"大锅饭"越来越突出，严重压抑了企业和广大职工群众的积极性、主动性、创造性，使本来应该生机盎然的社会主义经济在很大程度上失去了活力。

2. 社会主义市场经济理论的形成和发展

以党的十一届三中全会为标志，中国进入了改革开放的新时期，我国经济体制改革确定什么样的目标，是关系整个社会主义现代化建设的一个重大问题，这个问题的核心是正确认识和处理计划与市场的关系。20 世纪 70 年代末、80 年代初的改革，在实践上为发展商品经济、遵循价值规律、发挥市场调节作用提供了许多新鲜经验，实践的发展要求在理论上实现创新，以推进改革的进一步发展。我国社会主义市场经济理论是在社会主义改革实践中形成和发展起来的，概括起来，可以分为以下三个阶段：

第一阶段是突破完全排除市场调节的大一统的计划经济观念，提出"计划经济为主，市场经济为辅"的思想。1980 年，邓小平提出把"计划调节和市场调节相结合"。1981 年，党的十一届六中全会《关于建国以来党的若干历史问题的决议》中，提出了"计划经济为主，市场调节为辅"的方针，这个提法得到了党的十二大的肯定，虽然这一提法仍然坚持计划经济总体框架不变，但它允许市场调节存在和发挥作用，这为形成社会主义市场经济理论开辟了道路。

第二阶段是确认社会主义经济是建立在公有制基础上的有计划的商品经济，突破了长期以来把计划经济同商品经济对立起来的传统观念，重新解释了计划经济的内涵。1984 年 10 月，党的十二届三中全会通过的《中共中央关于经济体制改革的决定》首次提出"在公有制基础上有计划的商品经济"的新概念，明确肯定商品经济的充分发展是社会主义经济发展的不可逾越的阶段，是实现我国经济现代化的必要条件，不再把计划经济同商品经济对立起来。这是社会主义经济理论的重大突破，这种突破的基础是社会主义改革的实践，邓小平高度评价了这一理论突破。党的十三大提出了社会主义有计划商品经济的体制应该是"计划与市场内在统一的体制"，"计划和市场的作用范围都是覆盖全社会的"，新的运行机制总体上来说应当是"国家调节市场，市场引导企业"的机制，后来，又提出"计划经济与市场调节相结合"，这些演变是随着改革的实践不断提升市场在社会主义建设中的意义和作用，在实践中越来越依靠市场来配置资源。1987 年邓小平再次强调，计划和市场都是方法，只要对发展生产力有利，就可以利用。

第三阶段是从根本上破除了把计划经济和市场经济看做属于社会基本制度范畴的思想束缚，确认建立社会主义市场经济体制的改革目标。20 世纪 80 年代后期，经济活动中市场调节的比重已超过了计划调节，中国经济体制改革取得了很大的成就，也出现了许多的矛盾和困难。在这样的背景下，如何把社会主义事业推向前进，使之得到更快的发展，理论上需要有新突破。邓小平在 1992 年南巡讲话中明确指出：计划多一点还是市场多一点，不是社会主义与资本主义的本质区别，计划经济不等于社会主义，资本主义也有计划；市场经济不等于资本主义，社会主义也有市场，计划和市场都是经济手段。这一精辟论述，从理论上破除了计划经济和市场经济是制度属性的陈旧观念，从根本上解除了把计划经济和市场经济看作社会基本制度范畴的思想束缚，为形成社会主义市场经济理论奠定了坚实的基础。党的十四大明确把建立社会主义市场经济体制作为我国经济体制改革的目标，使我们党在社会主义经济理论上实现了又一次重大突破。党的十四届三中全会通过的《中共中央关于建立社会主义市场经济体制若干问题的决定》，进一步明确了建立社会主义市场经济体制的基本框架，经过 20 世纪 90 年代的不断深化改革和建设，20 世纪末，我国已经初步建立了社会主义市场经济体制。

6.1.2　社会主义市场经济的基本特征

1．市场经济的概念

市场经济首先是一种资源配置方式。所谓资源配置，是指将包括物质资源和人力资源在内的经济资源按比例地分配在各种产品和劳务的生产上，以满足人们各种不同的需要。资源配置一般要达到两个目标：一是通过资源配置而形成的社会供给的比例与社会需求的比例相适应，避免供给与需求的脱节，也就是资源配置的合理性。二是要讲求经济效益，节约资源，做到人尽其才、物尽其用、地尽其力，也就是资源利用的充分性，达到上述两个目标，就说明资源配置是优化的。其次，市场经济是发达的商品经济。市场经济，是同商品经济密切联系在一起的经济范畴，市场经济以商品经济的充分发展为前提，是在产品、劳动力和物质生产要素逐步商品化的基础上形成、发展起来的，在这个意义上可以说市场经济是发达的商品经济。

2．市场经济发挥作用的条件

市场经济的形成中市场成为社会配置资源的主要手段，它必须具备一系列条件。最主要的条件：

(1) 生产要素商品化。要使资源配置市场化，不仅要求一般消费品和生产资料商品化，而且要求各种生产要素如劳动力、资本、科技、信息等商品化，并在这个基础上形成统一完整的市场体系和反应灵敏的市场机制。

(2) 经济关系市场化。一切经济活动，包括生产、交换、分配和消费都要以市场为中心，以市场为导向，听从市场这只"看不见的手"的指挥。

(3) 产权关系独立化。市场主体是指那些从事市场经济活动的当事人，主要是企业和居民，必须拥有自己的产权，成为真正意义上的法人实体，有资格参与市场经济活动。

(4) 生产经营自主化。生产经营者在国家法律、政策允许的范围内追求经济利益的最大化，自由选择投资地点、行业部门，确保经营范围和经营目标。

(5) 经济行为规范化。市场主体追求经济利益，必须讲职业道德，遵守国家法律，履行契约合同，遵守市场规则和市场管理制度，自觉维护社会经济秩序。

市场经济只有在商品经济充分发展的基础上才能产生，商品经济长期而又充分的发展，为市场经济的形成准备了上述条件。

3. 社会主义市场经济的特征

1) 市场经济的一般特征

作为市场经济一般性，不管哪种社会制度，只要有市场经济存在，这种一般的特征也就必然存在。市场经济的一般性，可以概括为：企业是市场的主体；积极参与市场竞争；通过价格随供求而波动，配置社会经济资源；有完善的市场体系；有系统而完善的法律法规；有国家干预的宏观调控。尽管资本主义现代市场经济有各种不同的具体模型，如美英模式、日法模式、瑞典模式等，各自具有不同的特点，但市场经济的一般性特征，都是必须具备的。

2) 市场经济的特殊性

社会主义市场经济既具有市场经济的一般性，又具有反映社会主义经济制度的特殊性。中国特色社会主义市场经济是由社会主义制度决定的，是由中国的特殊国情决定的。简要说来，中国特色的社会主义市场经济的特殊性，主要表现在如下三个方面：

第一，从参与市场竞争的企业来看，资本主义市场经济主体是各种私有制企业，而我国则是以公有制为主体，同时参与市场竞争的还有个体经济、私营经济、外资经济，多种经济成分在市场上进行平等竞争，共同发展，推动着社会主义市场的发展与繁荣。

第二，从体现利益机制的分配制度来看，资本主义通过市场竞争实现按资分配和对劳动力价值的购买，引起贫富悬殊和两极分化，而我国的分配制度是，运用市场等各种调节手段，实行以按劳分配为主体、其他分配方式为补充、兼顾效率与公平的原则。既鼓励先进，实现效率，合理拉开收入差距；又防止两极分化，在少数人先富起来的基础上逐步实现共同富裕。

第三，从国家的宏观调控方面看，资本主义国家的宏观调控，是代表垄断资产阶级的利益，为资产阶级谋取福利，而我国实行计划导向、宏观调控是代表广大劳动人民的利益，因公有制占主体而且有强大的经济实力，能够从全局出发，把人民的局部利益与整体利益、当前利益与长远利益结合起来，制定经济计划和各项经济政策，运用各种经济杠杆，使宏观调控更有力、更有效、更有利于促进市场经济的发展和整个国民经济的发展与社会生产力的提高。社会主义市场经济不是不要计划，而是通过国民经济计划，实行间接管理，进行宏观调控。这种有计划的宏观调控，是建立在价值规律基础上的，内含于市场经济体制之中，而不是位于市场经济体制之外，充分体现了计划与市场的内在结合。当然市场也有其自身的弱点和消极方面，这就需要国家用加强和改善宏观调控的方法来解决。

6.2　坚持和完善社会主义基本经济制度

改革开放以来，我国的所有制结构发生了巨大的变化，原来单一公有制的结构已经为公有制为主体条件下多种所有制共同发展所替代。根据实践的发展，党的十五大明确提出，以公有制为主体、多种所有制经济共同发展，是我国社会主义初级阶段的一项基本经济制度。社会主义初级阶段基本经济制度的确立，体现了党在所有制理论上的与时俱进。

6.2.1　社会主义初级阶段基本经济制度的确立

1. 改革开放以来我国所有制结构调整的历程

在社会主义初级阶段，应该建立怎样的所有制结构，确立什么样的基本经济制度，我们党的认识有一个逐步深化的过程。

改革开放以前，由于对基本国情的认识超越了社会主义初级阶段的实际，总认为社会主义经济制度只能由社会主义性质的公有制经济构成，即使允许非公有制经济存在和一定的发展，也只能是暂时的权宜之计。从改革开放到党的十二大已经开始肯定"个体经济是公有制经济必要的补充"。经过 20 世纪 80 年代的实践发展，党的十三大把私营经济、中外合资合作经济、外商独资经济同个体经济一起作为公有制经济必要的和有益的补充。党的十四大根据实践的发展，进一步强调，多种经济成分长期共同发展是一项长期的方针。党的十五大在深刻总结改革开放以来所有制结构改革经验的基础上，第一次明确提出，公有制为主体、多种所有制经济共同发展，是我国社会主义初级阶段的基本经济制度，非公有制经济是我国社会主义市场经济的重要组成部分，这标志着我们党对社会主义初级阶段基本经济制度的认识提升到了一个新的高度。党的十六大进一步强调要毫不动摇地坚持以公有制为主体、多种所有制经济共同发展的基本经济制度。这对于完善社会主义的生产关系，进一步解放和发展生产力，具有重要意义。

之所以在很长的一段时间里对社会主义初级阶段基本经济制度没有正确的认识，根本原因在于我们长期以来只是抽象地从社会主义一般原理出发，而没有切实从我国社会主义初级阶段的实际和生产力发展水平出发，思考所有制结构问题。社会主义建设实践的经验与教训使我们深刻认识到，判断一种所有制是否有它存在的合理性，是否具有优越性，不能从概念出发，而必须从我国的具体国情出发。社会主义初级阶段基本经济制度的提出，表明我们党在改革开放的过程中，始终坚持马克思主义的基本理论和方法，坚持从中国的实际出发解决问题，因此对中国特色社会主义经济有了越来越清晰的认识。

2．社会主义初级阶段的基本经济制度形成的条件

把公有制为主体、多种所有制经济共同发展作为社会主义初级阶段的基本经济制度，是由我国社会主义性质和初级阶段的基本国情决定的。

(1) 我国是社会主义国家，必须坚持公有制作为社会主义经济制度的基础。生产资料的所有制形式是生产关系的基础，决定着社会经济制度的性质。不坚持公有制经济，公有制经济不处于主体地位，就不能确保我国的社会主义性质、社会主义方向和社会主义道路。在社会主义初级阶段，公有制不是唯一的经济成分，要发展多种经济成分。但为了发展社会化大生产，为了逐步实现共同富裕，必须坚持公有制的主体地位。

(2) 我国正处在社会主义初级阶段，需要在坚持公有制为主体的条件下发展多种所有制经济。十一届三中全会以来，我国在发展社会生产力方面取得了很大的成绩，但我国仍处于并将长期处于社会主义初级阶段，生产力水平从总体上来看仍然比较落后，同时不同地区、不同行业的技术水平和社会化发展程度也很不平衡，生产力呈现出明显的多层次性。与这些社会化程度差别很大的、不同层次的生产力相适应，客观上要求发展多种所有制经济。因此，不发展公有制以外的其他所有制经济，就会脱离当代中国国情，脱离初级阶段的实际。

(3) 一切符合"三个有利于"的所有制形式都可以而且应该用来为社会主义服务。不能离开生产力状况抽象地以公有化程度的高低来看待所有制，在所有制结构问题上必须坚持"三个有利于"标准，这是总结我国社会主义建设历史经验教训的一个重要结论。

我国是社会主义国家，国家经济的主体必须是公有制，这要坚定不移。同时，我国现阶段的生产力水平决定了必须坚持多种所有制经济的共同发展，鼓励、支持、引导非公有制经济健康发展，这也要坚定不移。如果不把这两者坚定不移地统一起来，只讲一面，就会脱离社会主义初级阶段的实际，就建不成中国特色的社会主义。

6.2.2　在所有制问题上坚持"两个毫不动摇"

1．坚持公有制经济的主体地位

(1) 毫不动摇地巩固和发展公有制经济，是坚持和完善社会主义初级阶段基本经济制度必须遵循的一条基本原则。我国是社会主义国家，必须坚持公有制的主体地位。公有制经济是我国社会主义现代化建设的支柱和国家进行宏观调控的主要物质基础，是社会主义经济性质的根本体现，坚持公有制的主体地位，对于发挥社会主义制度的优越性具有关键性作用。我国对所有制结构的改革，是以坚持公有制的主体地位为前提的，发展多种所有制经济也是以确保公有制的主体地位为条件的。

(2) 坚持公有制的主体地位，必须全面认识公有制经济的含义。过去把公有制经济局限于全民所有制和集体所有制两种形式，原因在于当时我国不存在其他的公有制形式。改革开放以来，随着合资企业、合作经营企业以及各种跨所有制互相参股等企业的发展，特别是随着在深化企业改革进程中发展以资本为纽带、通过市场形成的具有较强竞争力的跨地区、跨行业、跨所有制和跨国经营的大企业集团的出现，以及实行改组、联合、兼并等形式的出现，如果对公有制经济的理解还只是局限于原有的两种形式，显然不符合已经发展了的客观现实。实践表明，公有制经济的范围不仅包括国有经济和集体经济，还包括混合所有制经济中的国有成分和集体成分。如实地将这部分公有成分纳入公有制经济的范围之内，有助于正确判断作为主体的公有制经济的比重，有助于更大胆地探索公有制的实现形式，更好地坚持公有制的主体地位和发挥国有经济的主导作用。

(3) 公有制的主体地位主要体现在两个方面：一是公有资产在社会总资产中占优势。二是国有经济控制国民经济命脉，对经济发展起主导作用。这是就全国而言的，有的地方、有些产业可以有所差别。鉴于过去只重视扩大公有资产在数量上的优势，不注意质量的提高，公有资产占优势，要有量的优势，更要注重质的提高。国有经济起主导作用，主要体现在控制力上。国有经济需要控制的行业和领域主要包括：涉及国家安全的行业，自然垄断的行业，提供重要公共产品和服务的行业，以及支柱产业和高新技术产业中的重要骨干企业。在其他领域，可以通过资产重组和结构调整，根据"有进有退，有所为有所不为"的原则，加强重点，提高国有资产的整体质量。在坚持公有资产在社会总资产中占优势的条件下，只有强调质的提高，努力使公有制经济不断提高整体素质和生产要素的配置效率，注重结构优化和规模经济效益，加强科学管理，加速技术进步，在竞争中处于优势地位，这样的数量优势才有实际意义，才能真正坚持其主体地位。只要坚持公有制为主体，国有经济控制国民经济命脉，在经济中的控制力和竞争力得到增强，在这个前提下，国有经济比重减少一些，就不会影响我国的社会主义性质。

(4) 巩固和发展公有制经济，还要努力寻找能够极大促进生产力发展的公有制实现形式。所有制与所有制的实现形式是两个既有联系、又有区别的概念。生产资料所有制是指生产过程中人与人在生产资料占有方面的关系体系。它包括人们对生产资料的所有、占有、支配、使用等方面的经济关系。所有制的实现形式是指这些经济关系借以实现的具体形式，主要是指资产或资本的组织形式和经营方式。所有制和所有制的实现形式之间的关系是内容与形式的辩证关系。同一种所有制可以有多种实现形式，不同的所有制也可以有同样的实现形式。

(5) 能否找到好的公有制实现形式，直接关系到公有制优越性的发挥及其在市场竞争中的地位和作用。在过去相当长的时期内，我国公有制采取了国有国营、集体所有集体统一经营的单一形式，从而扼杀了微观经济主体的活力，挫伤了劳动者的积极性。改革开放后，从农村推行家庭联产承包责任制，到企业进行租赁、承包、联合、兼并以及股份制、股份合作制等试点，我国出现了公有制实现形式的多样化。多种所有制经济的发展，投资主体的多元化，公有制的实现形式一定会更加多样化，从而激发公有制企业的活力，使其在激烈的市场竞争中处于优势地位，促进生产力的发展。

(6) 正确认识社会主义市场经济条件下的股份制和股份合作制，是我们探索公有制实现形式的一个重要问题。股份制是所有制的一种具体实现形式，是现代企业的一种资本组织形式。它虽然产生和发展于资本主义社会，但并不是只存在于资本主义社会。它的一些优点，如有利于所有权和经营权的分离、有利于融资、有利于提高企业和资本的运作效率等，反映的是现代社会化生产和市场经济的客观规律，资本主义可以用，社会主义也可以用。股份制不能笼统地说公有还是私有，判断我国股份制企业的性质，关键看控股权掌握在谁的手中。由国家和集体控股，就具有明显的公有性质，发展这种股份制企业，有利于扩大公有资本的支配范围，放大国有资本功能，增强国有经济的控制力、影响力和带动力，增强公有制的主体地位。股份制可以成为我国社会主义市场经济条件下公有制特别是国有经济的一种有效实现形式。国有企业实行股份制，有利于实现政企分开，有利于增强企业自我约束、自我激励的机制，成为独立的法人实体和真正的市场主体；有利于提高企业和资本的运作效率，实现国有资产保值增值；有利于解决企业发展资金不足的问题；有利于建立跨地区、跨行业、跨所有制和跨国经营的大企业集团。

股份合作制是具有中国特色的一种新型企业组织形式。它是兼股份制和合作制的特点为一体的一种公有制实现形式，是以劳动者的劳动联合和劳动者的资本联合为主的集体经济，既不同于股份制，又不同于合作制。目前城乡大量出现的股份合作制，有多种形式，还不够规范，应积极支持和鼓励其发展，加强引导，并不断总结经验，使之逐步完善。

党的十六届三中全会《关于完善社会主义市场经济体制若干问题的决定》提出"使股份制成为公有制的主要实现形式"，这是非常重要的一个论断，是对公有制实现形式认识的又一重要发展。随着经济社会化、市场化趋势的不断发展，各类资本(国有资本、集体资本、国内民间资本和外资)交叉持股、相互融合不可避免。国家实行鼓励国内民间资本和外资参与国有企业改革、发展股份制经济的政策，使国有资本和非国有资本在现代公司制度的财产组织形式中相互渗透和融合。

2. 鼓励、支持和引导非公有制经济发展

(1) 毫不动摇地鼓励、支持和引导非公有制经济发展，是坚持和完善社会主义初级阶段基本经济制度必须遵循的又一条基本原则。非公有制经济包括个体经济、私营经济、混合所有制经济中的非公有制成分等，必须毫不动摇地鼓励、支持和引导非公有制经济发展，从根本上说是由它们在发展社会生产力中不可替代的地位和作用决定的。虽然经过60多年的发展，特别是30多年的改革开放，我国生产力有了很大提高，但总的来说，人口多、底子薄、生产力不发达和发展不平衡的状况没有根本改变，仍然处在并将长时期处在社会主义的初级阶段。社会主义初级阶段的生产力水平和发展的不平衡性，给非公有制经济留下

了广阔的空间。鼓励、支持和引导非公有制经济发展，对于充分调动社会各方面的积极性，促进经济增长、扩大就业、活跃市场和满足人们多样化的需要等方面具有重要作用。

(2) 毫不动摇地鼓励、支持和引导非公有制经济发展，还因为它是我国社会主义市场经济的重要组成部分，在加强社会主义市场经济体制建设方面有着不可替代的作用。这主要表现在：第一，市场经济要求市场主体多元化，非公有制经济的存在和发展，提供了多种市场经济主体，为建立社会主义市场经济体制提供了不可缺少的条件；第二，通过竞争，促进作为主体的公有制经济，特别是国有经济加速市场化改革，提高经营管理水平，增强市场竞争力；第三，外资企业的进入不仅会带来资金、先进的技术和管理经验，而且还会带来一些与社会化生产规律和市场经济体制相适应的经营方式和资本组织形式，可为我国公有制经济特别是国有经济的体制创新提供借鉴。因此，在发展社会主义市场经济，促进社会主义现代化建设的进程中，必须把坚持公有制的主体地位同促进非公有制经济发展两者统一起来，而不能把这两者对立起来。

(3) 促使非公有制经济健康发展，既要对它们鼓励和支持，又要对它们进行引导。一方面要放宽市场准入，允许非公有资本进入法律法规未禁入的基础设施、公用事业及其他行业和领域；非公有制企业在投融资、税收、土地使用和对外贸易等方面，与其他企业享受同等待遇，坚持平等保护物权，形成各种所有制经济平等竞争、相互促进的新格局；支持非公有制中小企业的发展，鼓励有条件的企业做强做大，完善保护私人财产的法律制度，为非公有制经济的发展创造良好的环境。另一方面要依法加强监督和管理，引导它们依法经营、照章纳税、诚实守信、保障职工合法权益。要改进对非公有制企业的服务和监管，促进非公有制经济健康发展。

党的十六大报告指出："坚持公有制为主体，促进非公有制经济发展，统一于社会主义现代化建设的进程中，不能把两者对立起来。"两个"毫不动摇"并不矛盾，它们可以而且应当统一起来。这不仅进一步强调了各种所有制经济在促进社会生产力的发展方面各有各的特点，可以在市场竞争中发挥各自优势，相互融合、相互促进，而且进一步指明了共同发展的结合点，从而为各种所有制经济共同发展提供了广阔的空间。

6.3 社会主义初级阶段的分配制度

社会主义初级阶段的基本经济制度决定了与此相联系的个人收入分配实行的是按劳分配为主体、多种分配方式并存的分配制度。这一收入分配制度是随着我国所有制改革的不断深化和社会主义市场经济体制不断完善而逐步建立起来的。

6.3.1　社会主义初级阶段的收入分配制度

1. 坚持按劳分配的主体地位

(1) 按劳分配原则的内容。在社会主义社会，个人消费品实行按劳分配原则，是马克思主义的一条基本原理。按劳分配的内容是：凡是有劳动能力的人都应尽自己的能力为社会劳动，社会以劳动作为分配个人消费品的尺度，按照劳动者提供的劳动数量和质量分配个人消费品，等量劳动获取等量报酬，多劳多得，少劳少得，不劳不得。

(2) 实行按劳分配原则的原因。社会主义社会个人消费品实行按劳分配原则，是由其客观经济条件决定的。

第一，社会主义生产资料公有制是实行按劳分配的前提条件。生产资料公有制的建立，实现了劳动者在生产资料面前的平等，在公有制内部任何人都不能凭借占有生产资料，无偿占有他人劳动成果，从而为实行按劳分配原则提供了前提。

第二，社会主义生产力发展水平是实行按劳分配的物质条件。社会主义社会的生产力有了很大发展，不必像原始社会那样为生存而实行平均分配，但也没有达到共产主义那样高的程度，即社会产品尚未达到极大丰富，消费品还不能充分满足人们的各种需要，还不能实行按需分配，只能实行按劳分配。

第三，在社会主义社会，旧的分工还没有消失，劳动还存在着重大差别，劳动还是谋生的手段，这些是实行按劳分配的直接原因。在这种情况下，只有承认劳动的差别，以劳动作为分配个人消费品的尺度，把劳动贡献同劳动报酬紧密地联系起来，才能充分调动劳动者的积极性，促进社会主义生产的发展。

(3) 在社会主义初级阶段，实现按劳分配原则的特点主要是：

第一，按劳分配是社会主义初级阶段分配方式的主体，而不是社会唯一的分配原则。它只是社会主义公有制经济的基本分配原则，即使在社会主义公有制经济中，由于实现形式的多样化，也还存在着其他分配方式。

第二，等量劳动获取等量消费品的原则，还不可能在全社会的公有制经济范围内按统一的标准实现。现阶段不同企业劳动、技术和管理水平有高有低，经济效益有好有坏，在激烈的市场竞争中也会优胜劣汰、有生有死。因此不可能在全社会范围内按统一标准进行直接的分配。每个企业劳动者的个人收入不仅取决于自己对企业的劳动贡献，而且还取决于所在企业对国家和社会的贡献。

第三，按劳分配还不能以每个劳动者的劳动时间为尺度，而只能以商品交换实现的价值量所曲折反映的劳动量为尺度。

第四，按劳分配还必须借助于商品货币形式来实现。马克思当时设想的按劳分配是通过劳动券实现的。但在社会主义市场经济条件下，按劳分配只能借助于商品货币关系才能实现。按劳分配的实现程度，还要受商品价格、币值变动等因素的影响。

坚持按劳分配的主体地位，体现在按劳分配是全社会分配领域中主体的分配原则，也体现在它是公有制经济内部主体的分配原则。在社会主义初级阶段，随着经济体制改革的深化，公有制的实现形式正在发生着深刻的变化，职工持股、法人持股以及同各种非公有经济的合营等各种形式纷繁多样。因此，企业内部的分配形式也呈现多样化，企业职工收入的来源和形式已经不仅仅是依靠按劳分配。但是，只要企业是公有制或公有控股企业，按劳分配就应当仍然是企业内部职工收入的主要形式，职工收入的主要部分仍然来自按劳分配。

改革开放以前，我国的分配制度，不论是在国有经济中，还是在集体经济中，理论上都明确要实行按劳分配，但实践中常常背离按劳分配而带有相当程度的平均主义色彩。改革开放以来，邓小平十分重视坚持按劳分配原则、反对平均主义的问题。他把坚持按劳分配作为坚持社会主义的一个根本原则问题加以强调，指出："不讲多劳多得，不重视物质利益，对少数先进分子可以，对广大群众不行，一段时间可以，长期不行。革命精神是非常宝贵的，没有革命精神就没有革命行动。但是，革命是在物质利益的基础上产生的，如果只讲牺牲精神，不讲物质利益，那就是唯心论。"

坚持按劳分配的主体地位对于坚持中国特色社会主义经济的性质具有重要意义。按劳分配是社会主义公有制在分配方面的体现，只有坚持按劳分配的主体地位，才能体现公有制主体地位的最终实现和社会主义初级阶段基本经济制度的社会主义性质；才能保证人们相互之间在平等的经济关系基础上建立和谐的经济利益关系；才能保证向共同富裕这一目标前进。当然，也只有始终坚持公有制的主体地位，才能保证按劳分配主体地位的实现。

2．多种分配方式并存

(1) 社会主义初级阶段实行以按劳分配为主、多种分配方式并存的分配制度，是由我国的社会经济条件决定的。

第一，生产方式决定分配方式，生产资料所有制结构决定收入分配结构。在社会主义初级阶段，以公有制为主体，多种所有制经济共同发展的所有制结构，决定了必须实行按劳分配为主体、多种分配方式并存的分配制度。

第二，公有制实现形式的多样化也决定了分配形式的多样化。由于实行股份制、股份合作制、承包制、租赁制等多种实现形式，在公有制经济中也必然产生按劳分配以外的各种分配收入。

第三，社会主义市场经济的发展要求实行多种分配方式。发展社会主义市场经济，就必须遵循市场经济的规律，各种生产要素(劳动力、土地、资本、技术、信息、管理等)进入市场都应为其所有者带来相应的收入。另外，市场经济中还需要有风险收入以及通过社会保障获得的收入等等。由于有些分配方式已超出了分配个人消费品的范围，所分得的收入还包含了用于资金积累、扩大再生产等内容。因此，这些分配方式实际上已经不仅仅是个人消费品的分配方式，而是个人收入的分配方式。

(2) 在社会主义初级阶段，除了按劳分配外，主要还存在以下几种分配方式：

第一，个体所有者的劳动收入。

第二，按劳动力价值分配获得的收入。

第三，资产收益。

第四，按资本分配得到的利润收入。

第五，社会成员提供技术、信息等生产要素获得的收入。

此外，某些公有制企业经营者的收入中，还包括按经营成果获得的收入，风险补偿收入，部分社会成员通过国家按公平原则进行福利性分配而得到的一些收入等。上述绝大部分分配方式可以归结为按生产要素分配。

(3) 在社会主义初级阶段，必须把按劳分配和按生产要素分配结合起来，确立劳动、资本、技术和管理等生产要素按贡献参与分配的原则，这是社会主义的基本原则和市场经济的基本要求在分配制度上的体现。社会主义初级阶段多种分配方式并存的基本依据是存在着多种所有制形式。同时，我国是市场经济国家，是以市场作为配置资源的基础性手段。在社会主义市场经济条件下，一切生产要素(包括资本、劳动力、土地、技术、管理和信息等)都要通过市场来配置，一切生产要素的投入和使用都要遵循市场经济规律进行等价补偿。各种生产要素在创造财富的过程中都具有各自无法替代的作用。只有使劳动、资本、技术和管理等生产要素能够按贡献参与分配，才能调动广大劳动者的积极性和创造性，才能激发广大科技人员和管理工作者的创业精神和创新活力，才能让一切生产要素的活力竞相迸发，让一切创造财富的源泉充分涌流，以造福于社会，造福于人民。

6.3.2　深化分配制度改革，健全社会保障体系

改革开放以来，我国收入分配制度改革不断推进，与基本国情、发展阶段相适应的收入分配制度基本建立。同时，收入分配领域仍存在一些亟待解决的突出问题，城乡区域发展差距和居民收入分配差距依然较大，收入分配秩序不规范，隐性收入、非法收入问题比较突出，部分群众生活比较困难。这些问题的产生，既与我国基本国情、发展阶段密切相关，也与收入分配及相关领域的体制改革不到位、政策不落实等直接相关。当前，我国已经进入全面建成小康社会的决定性阶段，按照党的十八大提出的千方百计增加居民收入的战略部署，继续深化收入分配制度改革，优化收入分配结构，调动各方面的积极性，促进经济发展方式转变，维护社会公平正义与和谐稳定，实现发展成果由人民共享，为全面建成小康社会奠定扎实基础。

1．深化分配制度改革

1）继续完善初次分配机制

完善劳动、资本、技术、管理等要素按贡献参与分配的初次分配机制。实施就业优先战略和更加积极的就业政策，扩大就业创业规模，创造平等就业环境，提升劳动者获取收入能力，实现更高质量的就业。深化工资制度改革，完善企业、机关、事业单位工资决定和增长机制。推动各种所有制经济依法平等使用生产要素、公平参与市场竞争、同等受到法律保护，形成主要由市场决定生产要素价格的机制。

第一，促进就业机会公平。大力支持服务业、劳动密集型企业、小型微型企业和创新型科技企业发展，创造更多就业岗位。完善税费减免和公益性岗位、岗位培训、社会保险、技能鉴定补贴等政策，促进以高校毕业生为重点的青年、农村转移劳动力、城镇困难人员、退役军人就业。完善和落实小额担保贷款、财政贴息等鼓励自主创业政策。借鉴推广公务员招考的办法，完善和落实事业单位公开招聘制度，在国有企业全面推行分级分类的公开招聘制度，切实做到信息公开、过程公开、结果公开。

第二，提高劳动者职业技能。健全面向全体劳动者的职业培训制度，足额提取并合理使用企业职工教育培训经费，保障职工带薪最短培训时间。新增财政教育投入向职业教育倾斜，逐步实行中等职业教育免费制度。建立健全向农民工免费提供职业教育和技能培训制度。完善社会化职业技能培训、考核、鉴定、认证体系，规范职业技能鉴定收费标准。提高技能人才经济待遇和社会地位。

第三，促进中低收入职工工资合理增长。建立反映劳动力市场供求关系和企业经济效益的工资决定及正常增长机制。完善工资指导线制度，建立统一规范的企业薪酬调查和信息发布制度。根据经济发展、物价变动等因素，适时调整最低工资标准，到 2015 年绝大多数地区最低工资标准达到当地城镇从业人员平均工资的 40% 以上。研究发布部分行业最低工资标准。以非公有制企业为重点，积极稳妥地推行工资集体协商和行业性、区域性工资集体协商，到 2015 年，集体合同签订率达到 80%，逐步解决一些行业企业职工工资过低的问题。落实新修订的劳动合同法，研究出台劳务派遣规定等配套规章，严格规范劳务派遣用工行为，依法保障被派遣劳动者的同工同酬权利。

第四，加强国有企业高管薪酬管理。对部分过高收入行业的国有及国有控股企业，严格实行企业工资总额和工资水平双重调控政策，逐步缩小行业工资收入差距。建立与企业领导人分类管理相适应、选任方式相匹配的企业高管人员差异化薪酬分配制度，综合考虑当期业绩和持续发展，建立健全根据经营管理绩效、风险和责任确定薪酬的制度，对行政任命的国有企业高管人员薪酬水平实行限高，推广薪酬延期支付和追索扣回制度。缩小国有企业内部分配差距，高管人员薪酬增幅应低于企业职工平均工资增幅。对非国有金融企业和上市公司高管薪酬，通过完善公司治理结构，增强董事会、薪酬委员会和股东大会在抑制畸高薪酬方面的作用。

第五，完善机关事业单位工资制度。建立公务员和企业相当人员工资水平调查比较制度，完善科学合理的职务与职级并行制度，适当提高基层公务员工资水平；调整优化工资结构，降低津贴补贴所占比例，提高基本工资占比；提高艰苦边远地区津贴标准，抓紧研究地区附加津贴实施方案。结合分类推进事业单位改革，建立健全符合事业单位特点、体现岗位绩效和分级分类管理的工资分配制度。

第六，健全技术要素参与分配机制。建立健全以实际贡献为评价标准的科技创新人才薪酬制度，鼓励企事业单位对紧缺急需的高层次、高技能人才实行协议工资、项目工资等。加强知识产权保护，完善有利于科技成果转移转化的分配政策，探索建立科技成果入股、岗位分红激励等多种分配办法，保障技术成果在分配中的应得份额。完善高层次、高技能人才特殊津贴制度。允许和鼓励品牌、创意等参与收入分配。

第七，多渠道增加居民财产性收入。加快发展多层次资本市场，落实上市公司分红制度，强化监管措施，保护投资者特别是中小投资者合法权益。推进利率市场化改革，适度扩大存贷款利率浮动范围，保护存款人权益。严格规范银行收费行为。丰富债券基金、货币基金等基金产品。支持有条件的企业实施员工持股计划。拓宽居民租金、股息、红利等增收渠道。

第八，建立健全国有资本收益分享机制。全面建立覆盖全部国有企业、分级管理的国有资本经营预算和收益分享制度，合理分配和使用国有资本收益，扩大国有资本收益上交范围。适当提高中央企业国有资本收益上交比例，"十二五"期间在现有比例上再提高 5 个百分点左右，新增部分的一定比例用于社会保障等民生支出。

第九，完善公共资源占用及其收益分配机制。建立健全资源有偿使用制度和生态环境补偿机制。完善公开公平公正的国有土地、海域、森林、矿产、水等公共资源出让机制，加强对自然垄断行业的监管，防止通过不正当手段无偿或低价占有和使用公共资源。建立健全公共资源出让收益全民共享机制，出让收益主要用于公共服务支出。

2) 加快健全再分配调节机制

加快健全以税收、社会保障、转移支付为主要手段的再分配调节机制。健全公共财政体系，完善转移支付制度，调整财政支出结构，大力推进基本公共服务均等化。加大税收调节力度，改革个人所得税，完善财产税，推进结构性减税，减轻中低收入者和小型微型企业税费负担，形成有利于结构优化、社会公平的税收制度。全面建成覆盖城乡居民的社会保障体系，按照全覆盖、保基本、多层次、可持续方针，以增强公平性、适应流动性、保证可持续性为重点，不断完善社会保险、社会救助和社会福利制度，稳步提高保障水平，实行全国统一的社会保障卡制度。

第一，集中更多财力用于保障和改善民生。加大对教育、就业、社会保障、医疗卫生、保障性住房、扶贫开发等方面的支出，进一步加大对中西部地区特别是革命老区、民族地区、边疆地区和贫困地区的财力支持。严格控制行政事业单位机构编制，"十二五"期间中央和地方机构编制总量只减不增，减少领导职数，降低行政成本。坚决反对铺张浪费，严格控制"三公"经费预算，全面公开"三公"经费使用情况。"十二五"时期，社会保障和就业支出占财政支出比重提高 2 个百分点左右。

第二，加大促进教育公平力度。合理配置教育资源，重点向农村、边远、贫困、民族地区倾斜。全面落实九年义务教育免费政策，严格规范教育收费行为。进一步完善普通高中、普通本科高校、中等职业学校和高等职业院校家庭经济困难学生国家资助政策，逐步提高补助标准。为家庭经济困难儿童、孤儿和残疾儿童接受学前教育提供补助。切实解决农民工随迁子女平等接受义务教育和参加当地中考、高考等问题。

第三，加强个人所得税调节。加快建立综合与分类相结合的个人所得税制度。完善高收入者个人所得税的征收、管理和处罚措施，将各项收入全部纳入征收范围，建立健全个人收入双向申报制度和全国统一的纳税人识别号制度，依法做到应收尽收。取消对外籍个人从外商投资企业取得的股息、红利所得免征个人所得税等税收优惠。

第四，改革完善房地产税等。完善房产保有、交易等环节税收制度，逐步扩大个人住房房产税改革试点范围，细化住房交易差别化税收政策，加强存量房交易税收征管。扩大资源税征收范围，提高资源税税负水平。合理调整部分消费税的税目和税率，将部分高档娱乐消费和高档奢侈消费品纳入征收范围。研究在适当时期开征遗产税问题。

第五，完善基本养老保险制度。全面落实城镇职工基本养老保险省级统筹，"十二五"期末实现基础养老金全国统筹。分类推进事业单位养老保险制度改革，研究推进公务员养老保险制度改革。提高农民工养老保险参保率。健全城镇居民和新型农村社会养老保险制度。建立兼顾各类人员的养老保障待遇确定机制和正常调整机制。发展企业年金和职业年金，发挥商业保险补充性作用。扩大社会保障基金筹资渠道，建立社会保险基金投资运营制度。

第六，加快健全全民医保体系。提高城镇居民基本医疗保险和新型农村合作医疗筹资和待遇水平，整合城乡居民基本医疗保险制度。稳步推进职工医保、城镇居民医保和新农合门诊统筹。"十二五"期末基本医疗保险政策范围内医保基金支付水平达到 75%以上，明显缩小与实际住院费用报销支付比例的差距。建立城乡居民大病保险制度，完善城乡医疗救助制度。全面实现统筹区域和省内异地就医即时结算。逐步增加人均基本公共卫生服务经费，提高基本公共卫生服务水平。

第七，加大保障性住房供给。建立市场配置和政府保障相结合的住房制度，加强保障性住房建设和管理，满足困难家庭基本需求。"十二五"期末全国城镇保障性住房覆盖面达到 20%左右，按质量标准完成农村困难家庭危房改造 1000 万户以上，实现全国游牧民定居目标。

第八，加强对困难群体救助和帮扶。健全城乡低收入群体基本生活保障标准与物价上涨挂钩的联动机制，逐步提高城乡居民最低生活保障水平。提高优抚对象抚恤补助标准。建立健全经济困难的高龄、独居、失能等老年人补贴制度。完善孤儿基本生活保障制度，推进孤儿集中供养，建立其他困境儿童生活救助制度。建立困难残疾人生活补贴和重度残疾人护理补贴制度。

第九，大力发展社会慈善事业。积极培育慈善组织，简化公益慈善组织的审批程序，鼓励有条件的企业、个人和社会组织举办医院、学校、养老服务等公益事业。落实并完善慈善捐赠税收优惠政策，对企业公益性捐赠支出超过年度利润总额 12% 的部分，允许结转以后年度扣除。加强慈善组织监督管理。

3) 建立健全促进农民收入较快增长的长效机制

坚持工业反哺农业、城市支持农村和多予少取放活方针，加快完善城乡发展一体化体制机制，加大强农惠农富农政策力度，促进工业化、信息化、城镇化和农业现代化同步发展，促进公共资源在城乡之间均衡配置、生产要素在城乡之间平等交换和自由流动，促进城乡规划、基础设施、公共服务一体化，建立健全农业转移人口市民化机制，统筹推进户籍制度改革和基本公共服务均等化。

第一，增加农民家庭经营收入。健全农产品价格保护制度，稳步提高重点粮食品种最低收购价，完善大宗农产品临时收储政策。着力推进农业产业化，大力发展农民专业合作和股份合作，培养新型经营主体，支持适度规模经营，加大对农村社会化服务体系的投入，促进产销对接和农超对接，使农民合理分享农产品加工、流通增值收益。因地制宜培育发展特色高效农业和乡村旅游，使农民在农业功能拓展中获得更多收益。

第二，健全农业补贴制度。建立健全农业补贴稳定增长机制，完善良种补贴、农资综合补贴和粮食直补政策，增加农机购置补贴规模，完善农资综合补贴动态调整机制，新增农业补贴向粮农和种粮大户倾斜。完善林业、牧业和渔业扶持政策。逐步扩大农业保险保费补贴范围，适当提高保费补贴比例，进一步细化和稳步扩大农村金融奖补政策。

第三，合理分享土地增值收益。搞好农村土地确权、登记、颁证工作，依法保障农民的土地财产权。按照依法自愿有偿原则，允许农民以多种形式流转土地承包经营权，确保农民分享流转收益。完善农村宅基地制度，保障农户宅基地用益物权。改革征地制度，依法保障农民合法权益，提高农民在土地增值收益中的分配比例。

第四，加大扶贫开发投入。大幅增加财政专项扶贫资金，新增部分主要用于支持集中连片特殊困难地区扶贫攻坚，加大以工代赈力度，努力实现贫困地区农民人均收入增长幅度高于全国平均水平。"十二五"时期，对 240 万生存条件恶劣地区的农村贫困人口实施异地扶贫搬迁；按照人均 2300 元的扶贫标准，到 2015 年扶贫对象减少 8000 万人左右。

第五，有序推进农业转移人口市民化。制定公开透明的各类城市农业转移人口落户政策，探索建立政府、企业、个人共同参与的市民化成本分担机制，把有稳定劳动关系、在城镇居住一定年限并按规定参加社会保险的农业转移人口逐步转为城镇居民，重点推进解决举家迁徙及新生代农民工落户问题。实施全国统一的居住证制度，努力实现城镇基本公共服务常住人口全覆盖。

4）推动形成公开透明、公正合理的收入分配秩序

大力整顿和规范收入分配秩序，加强制度建设，健全法律法规，加强执法监管，加大反腐力度，加强信息公开，实行社会监督，加强基础工作，提升技术保障，保护合法收入，规范隐性收入，取缔非法收入。

第一，加快收入分配相关领域立法。研究出台社会救助、慈善事业、扶贫开发、企业工资支付保障、集体协商、国有资本经营预算、财政转移支付管理等方面法律法规，及时修订完善土地管理、矿产资源管理、税收征管、房产税等方面法律法规。建立健全财产登记制度，完善财产法律保护制度，保障公民合法财产权益。

第二，维护劳动者合法权益。健全工资支付保障机制，将拖欠工资问题突出的领域和容易发生拖欠的行业纳入重点监控范围，完善与企业信用等级挂钩的差别化工资保证金缴纳办法。落实清偿欠薪的工程总承包企业负责制、行政司法联动打击恶意欠薪制度、保障工资支付属地政府负责制度。完善劳动争议处理机制，加大劳动保障监察执法力度。

第三，清理规范工资外收入。严格规范党政机关各种津贴补贴和奖金发放行为，抓紧出台规范改革性补贴的实施意见。加强事业单位创收管理，规范科研课题和研发项目经费管理使用，严格公务招待费审批和核算等制度规定。严格控制国有及国有控股企业高管人员职务消费，规范车辆配备和使用、业务招待、考察培训等职务消费项目和标准，职务消费接受职工民主监督，相关账目要公开透明。

第四，加强领导干部收入管理。全面落实《关于领导干部报告个人有关事项的规定》，严格执行各级领导干部如实报告收入、房产、投资、配偶子女从业等情况的规定，对隐报瞒报、弄虚作假等行为，通过抽查、核查，及时纠正，严肃处理。继续规范领导干部离职、辞职或退（离）休后的个人从业行为，严格按照有关程序、条件和要求办理兼职任职审批事项。

第五，严格规范非税收入。按照正税清费的原则，继续推进费改税，进一步清理整顿各种行政事业性收费和政府性基金，坚决取消不合法、不合理的收费和基金项目，收费项目适当降低收费标准。建立健全政府非税收入收缴管理制度。

第六，打击和取缔非法收入。围绕国企改制、土地出让、矿产开发、工程建设等重点领域，强化监督管理，堵住获取非法收入的漏洞。严厉打击走私贩私、偷税逃税、内幕交易、操纵股市、制假售假、骗贷骗汇等经济犯罪活动。严厉查处权钱交易、行贿受贿行为。

深入治理商业贿赂。加强反洗钱工作和资本外逃监控。

第七，健全现代支付和收入监测体系。大力推进薪酬支付工资化、货币化、电子化，加快现代支付结算体系建设，落实金融账户实名制，推广持卡消费，规范现金管理。完善机关和国有企事业单位发票管理和财务报销制度，全面推行公务卡支付结算制度。整合公安、民政、社保、住房、银行、税务、工商等相关部门信息资源，建立健全社会信用体系和收入信息监测系统，完善个人所得税信息管理系统。建立城乡住户收支调查一体化制度。

2. 健全社会保障体系，改善民生

(1) 建立与经济发展水平相适应的社会保障体系，是社会稳定和国家长治久安的重要保证。建立多层次的社会保障体系，对于深化企业和事业单位改革，保持社会稳定，顺利建立和完善社会主义市场经济体制具有重大意义，是以改善民生为重点的社会建设的一个重要组成部分。

社会保障体系包括社会保险、社会救助、社会福利、优抚安置和社会互助、商业保险与慈善事业等制度。在市场经济条件下，无论是企业还是个人都无力单独承担社会保障所涉及的各项内容。因此，动员国家、集体和个人的力量建立覆盖城乡居民的社会保障体系，对于缓解社会矛盾，保证社会稳定，促进经济发展，具有极为重要的作用。

(2) 建立和健全社会保障体系要以经济的发展为基础，要根据经济发展水平合理地确定保障方式和标准，量力而行，循序前进。经过多年努力，我国已初步形成了社会保障体系的总体框架。现有社会保障制度的主要内容有：职工的基本养老保险制度，基本医疗保险制度，失业保险制度和城市居民最低生活保障制度。由于我国正处在社会主义初级阶段，生产力发展水平还不高，物质基础也比较薄弱，城乡之间、地区之间的发展不平衡，需要建立健全与经济发展水平相适应的社会保障体系。我国目前社会保障体系存在着覆盖范围窄、制度不健全、管理基础薄弱等问题，不适应人口老龄化、城镇化和就业方式多样化的要求。要从统筹经济发展与社会建设、统筹劳动就业和社会保障、统筹城镇社会保障和农村社会保障、统筹公平和效率、统筹政府作用与市场效率的高度，进一步建立健全社会保障体系。

(3) 我们党的十八大报告明确指出，要统筹推进城乡社会保障体系建设。要坚持全覆盖、保基本、多层次、可持续方针，以增强公平性、适应流动性、保证可持续性为重点，全面建成覆盖城乡居民的社会保障体系。改革和完善企业和机关事业单位社会保险制度，整合城乡居民基本养老保险和基本医疗保险制度，逐步做实养老保险个人账户，实现基础养老金全国统筹，建立兼顾各类人员的社会保障待遇确定机制和正常调整机制。扩大社会保障基金筹资渠道，建立社会保险基金投资运营制度，确保基金安全和保值增值。完善社会救助体系，健全社会福利制度，支持发展慈善事业，做好优抚安置工作。建立市场配置和政府保障相结合的住房制度，加强保障性住房建设和管理，满足困难家庭基本需求。坚持男女平等基本国策，保障妇女儿童合法权益。积极应对人口老龄化，大力发展老龄服务

事业和产业。健全残疾人社会保障和服务体系，切实保障残疾人权益。健全社会保障经办管理体制，建立更加便民快捷的服务体系。

我国是一个发展中的大国，社会经济发展很不平衡，居民收入有较大差距，这不仅决定了建立健全社会保障体系的任务十分艰巨，必须有一个较长的过程，而且也决定了我国社会保障的方式是多样化的，既要有国家法定的基本保障，也要有补充保险和商业保险，以满足各方面的需要。国家法定的保障解决的是人们基本的保障，而较高水平的保障需求应通过发展补充保险和商业保险来解决。随着经济的发展和国家与个人财富的增加，保障范围和标准也将适当调整，使更多的城乡居民分享到改革和发展的成果。

6.4　促进国民经济又好又快发展

国民经济发展走什么样道路取决于作为决策者的发展理念。在经济发展过程中，围绕着速度、效益和比例的关系问题，形成了多种发展模式与发展道路。在总结多年发展经验教训的基础上、在科学发展观的指导下，逐渐形成了又好又快的发展方针。

6.4.1　我国国民经济发展战略方针的形成

1. 我国国民经济发展方针的演变

改革开放以来，我们实施现代化建设"三步走"战略，推动我国以世界上少有的速度持续快速发展起来，经济总量大幅跃升，人民生活从温饱不足发展到总体小康。在经济快速发展的实践过程中，对经济发展质量和效益的认识也不断深化，越来越感到国民经济发展要速度"快"，而且还要质量和效益"好"。从党的十四大到十六大，在不断总结发展过程中的经验和问题的基础上，对"好"字不断充实内容。从原来的"效益比较好"，相继增加了"整体素质不断提高"、"资源消耗低"、"环境污染少"等要求，进一步突出了保护资源和环境，实现可持续发展的问题，对转变经济增长方式提出了更加明确的要求。2003 年党的十六届三中全会上明确提出了坚持以人为本、全面协调可持续的科学发展观。2006 年 12 月中央经济工作会议在总结几年来落实科学发展观的实践经验时指出，"又好又快发展是全面落实科学发展观的本质要求"。2007 年党的十七大明确提出要促进国民经济又好又快发展。

(1) 提出国民经济又好又快发展，是以改革开放以来我国经济发展取得的举世瞩目的重大成就为前提的。2010 年我国 GDP 总量上升到第二位，我国的经济体制实现了由高度集中的计划经济向社会主义市场经济的转变，对外开放不断扩大，我国成为世界第三贸易大国。在经济实力大幅度提升、改革开放取得重大突破的条件下，新中国成立以来长期存在的短缺状况基本改变，买方市场初步形成，人均收入水平的提高和进出口贸易的大幅度增加，推动着消费结构升级。正是这些成就和变化，为我们走向"又好又快"发展这一新的历史起点提供了坚实的物质基础、必要的市场供求格局和重要的体制性基础，使我们有条件提出又好又快发展的理念。

(2) 提出国民经济又好又快发展，也是进一步发展的迫切要求。进入新世纪，我国经济发展进入新阶段，随着人均收入水平提高、居民消费结构不断升级、产业结构加快调整，如何以更好的质量、更多的品种满足多样化的社会需求，通过自主创新、以具有自主知识产权和知名品牌的产品开拓市场，成为持续快速发展的关键因素。同时，随着工业化、城镇化步伐加快，资源环境状况对经济发展已构成严重制约，城乡之间、区域之间、经济与社会之间发展不平衡的矛盾趋于突出。资源相对短缺、生态环境脆弱、环境容量不足，已经成为我国发展中的重大问题，如果不能很好地解决，经济的持续快速增长将难以为继。这表明，我国国民经济的进一步发展对提高质量和效益、节约资源和保护环境、实现经济和社会协调的要求，相对来说比经济增长的数量和速度更加突出。因此，无论是从现实出发还是从未来着眼，都要求我们必须"好"字当前，坚持"好"中求"快"，努力实现"又好又快发展"。

2. 正确处理好速度、效益、比例的关系

提出国民经济又好又快发展，并不意味着发展速度问题无足轻重。改革开放以来，我国的面貌虽然发生了很大的变化，但是，社会主义初级阶段的基本国情没有变，人民日益增长的物质文化需要同落后的社会生产之间的主要矛盾没有变。我国现在仍然是一个发展中国家，人均水平还很低，完成现代化的任务依然十分艰巨。因此速度问题仍然十分重要。特别是当前我国经济发展面临前所未有的严峻挑战。我们必须把保持经济平稳较快发展作为当前经济工作的首要任务，着力在"保增长、保稳定、保民生"上下工夫。能否从变化的形势中捕捉难得的发展机遇，在逆境中发现和利用有利因素，变压力为动力、化挑战为机遇，保持经济平稳较快发展，关系到我国经济社会长远发展的大局，关系到亿万百姓的福祉。在我们这样一个有着13亿人口的发展中国家，要扩大城乡就业，增加居民收入，维护社会稳定就必须保持一定的经济增长速度。为此必须锐意改革、政策对头、措施得当、落实有力，继续推动国民经济又好又快发展。

6.4.2 转变经济发展方式是实现科学发展的必经之路

1. 党的十八大对转变经济发展方式的新举措

党的十八大对促进国民经济又好又快地发展的任务和举措作了全面的部署。发展是解决我国所有问题的关键，只有推动经济持续健康地发展，才能筑牢国家繁荣富强、人民幸福安康、社会和谐稳定的物质基础。以科学发展为主题，以加快转变经济发展方式为主线，是关系我国发展全局的战略抉择。要适应国内外经济形势新变化，加快形成新的经济发展方式，把推动发展的立足点转到提高质量和效益上来，着力激发各类市场主体发展新活力，

着力增强创新驱动发展新动力，着力构建现代产业发展新体系，着力培育开放型经济发展新优势，使经济发展更多依靠内需特别是消费需求拉动，更多依靠现代服务业和战略性新兴产业带动，更多依靠科技进步、劳动者素质提高、管理创新驱动，更多依靠节约资源和循环经济推动，更多依靠城乡区域发展协调互动，不断增强长期发展后劲。坚持走中国特色新型工业化、信息化、城镇化、农业现代化道路，推动信息化和工业化深度融合、工业化和城镇化良性互动、城镇化和农业现代化相互协调，促进工业化、信息化、城镇化、农业现代化同步发展。

2. 实现经济发展方式转变的具体要求

1) 全面深化经济体制改革

深化改革是加快转变经济发展方式的关键。经济体制改革的核心问题是处理好政府和市场的关系，必须更加尊重市场规律，更好发挥政府作用。要毫不动摇地巩固和发展公有制经济，推行公有制等多种实现形式，深化国有企业改革，完善各类国有资产管理体制，推动国有资本更多投向关系国家安全和国民经济命脉的重要行业和关键领域，不断增强国有经济活力、控制力和影响力。毫不动摇地鼓励、支持、引导非公有制经济发展，保证各种所有制经济依法平等使用生产要素、公平参与市场竞争、同等受到法律保护。健全现代市场体系，加强宏观调控目标和政策手段机制化建设。加快改革财税体制，健全中央和地方财力与事权相匹配的体制，完善促进基本公共服务均等化和主体功能区建设的公共财政体系，构建地方税体系，形成有利于结构优化、社会公平的税收制度。建立公共资源出让收益合理共享机制。深化金融体制改革，健全促进宏观经济稳定、支持实体经济发展的现代金融体系，加快发展多层次资本市场，稳步推进利率和汇率市场化改革，逐步实现人民币资本项目可兑换。加快发展民营金融机构。完善金融监管，推进金融创新，提高银行、证券、保险等行业竞争力，维护金融稳定。

2) 实施创新驱动发展战略

科技创新是提高社会生产力和综合国力的战略支撑，必须摆在国家发展全局的核心位置。要坚持走中国特色自主创新道路，以全球视野谋划和推动创新，提高原始创新、集成创新和引进消化吸收再创新能力，更加注重协同创新。深化科技体制改革，推动科技和经济紧密结合，加快建设国家创新体系，着力构建以企业为主体、市场为导向、产学研相结合的技术创新体系。完善知识创新体系，强化基础研究、前沿技术研究、社会公益技术研究，提高科学研究水平和成果转化能力，抢占科技发展战略制高点。实施国家科技重大专项，突破重大技术瓶颈。加快新技术、新产品、新工艺研发应用，加强技术集成和商业模式创新。完善科技创新评价标准、激励机制和转化机制。实施知识产权战略，加强知识产权保护。促进创新资源高效配置和综合集成，把全社会智慧和力量凝聚到创新发展上来。

3) 推进经济结构战略性调整

这是加快转变经济发展方式的主攻方向。必须以改善需求结构、优化产业结构、促进区域协调发展、推进城镇化为重点，着力解决制约经济持续健康发展的重大结构性问题。要牢牢把握扩大内需这一战略基点，加快建立扩大消费需求长效机制，释放居民消费潜力，保持投资合理增长，扩大国内市场规模。牢牢把握发展实体经济这一坚实基础，实行更加有利于实体经济发展的政策措施，强化需求导向，推动战略性新兴产业、先进制造业健康发展，加快传统产业转型升级，推动服务业特别是现代服务业发展壮大，合理布局建设基础设施和基础产业。建设下一代信息基础设施，发展现代信息技术产业体系，健全信息安全保障体系，推进信息网络技术广泛运用。提高大中型企业核心竞争力，支持小微企业特别是科技型小微企业发展。继续实施区域发展总体战略，充分发挥各地区比较优势，优先推进西部大开发，全面振兴东北地区等老工业基地，大力促进中部地区崛起，积极支持东部地区率先发展。采取对口支援等多种形式，加大对革命老区、民族地区、边疆地区、贫困地区扶持力度。科学规划城市群规模和布局，增强中小城市和小城镇产业发展、公共服务、吸纳就业、人口集聚功能。加快改革户籍制度，有序推进农业转移人口市民化，努力实现城镇基本公共服务常住人口全覆盖。

4) 推动城乡发展一体化

城乡发展一体化是解决"三农"问题的根本途径。要加大统筹城乡发展力度，增强农村发展活力，逐步缩小城乡差距，促进城乡共同繁荣。坚持工业反哺农业、城市支持农村和多予少取放活方针，加大强农惠农富农政策力度，让广大农民平等参与现代化进程、共同分享现代化成果。加快发展现代农业，增强农业综合生产能力，确保国家粮食安全和重要农产品有效供给。坚持把国家基础设施建设和社会事业发展重点放在农村，深入推进新农村建设和扶贫开发，全面改善农村生产生活条件。着力促进农民增收，保持农民收入持续较快增长。坚持和完善农村基本经营制度，依法维护农民土地承包经营权、宅基地使用权、集体收益分配权，壮大集体经济实力，发展农民专业合作和股份合作，培育新型经营主体，发展多种形式规模经营，构建集约化、专业化、组织化、社会化相结合的新型农业经营体系。改革征地制度，提高农民在土地增值收益中的分配比例。加快完善城乡发展一体化体制机制，着力在城乡规划、基础设施、公共服务等方面推进一体化，促进城乡要素平等交换和公共资源均衡配置，形成以工促农、以城带乡、工农互惠、城乡一体的新型工农、城乡关系。

5) 全面提高开放型经济水平

适应经济全球化新形势，必须实行更加积极主动的开放战略，完善互利共赢、多元平衡、安全高效的开放型经济体系。要加快转变对外经济发展方式，推动开放朝着优化结构、拓展深度、提高效益方向转变。创新开放模式，促进沿海内陆沿边开放优势互补，形成引领国际经济合作和竞争的开放区域，培育带动区域发展的开放高地。坚持出口和进口并重，强化贸易政策和产业政策协调，形成以技术、品牌、质量、服务为核心的出口竞争新优势，促进加工贸易转型升级，发展服务贸易，推动对外贸易平衡发展。提高利用外资综合优势和总体效益，推动引资、引技、引智有机结合。加快走出去步伐，增强企业国际化经营能力，培育一批世界水平的跨国公司。统筹双边、多边、区域次区域开放合作，加快实施自由贸易区战略，推动同周边国家互联互通。提高抵御国际经济风险能力。

本 章 小 结

市场经济是一种以市场手段为主的资源配置方式，不属于社会经济制度的范畴。与社会主义基本制度相结合而形成的社会主义市场经济体制，在所有制结构、分配制度和宏观调控上具有自身的特征。公有制为主体、多种所有制经济共同发展这一基本经济制度是由社会主义性质和初级阶段的国情决定的。必须毫不动摇地巩固和发展公有制经济；必须毫不动摇地鼓励、支持和引导非公有制经济发展；坚持公有制为主体，促进非公有制经济发展，统一于社会主义现代化建设的进程中。社会主义初级阶段实行按劳分配为主体、多种分配方式并存的分配制度。深化分配制度改革，必须完善初次分配机制，加快健全再分配调节机制，建立健全促进农民收入较快增长的长效机制。同时建立、健全社会保障体系是保障人民生活、调节社会分配的一项基本制度。转变经济发展方式是实现科学发展的必经之路，以科学发展为主题，以加快转变经济发展方式为主线，是关系我国发展全局的战略抉择，把推动发展的立足点转到提高质量和效益上来，必须全面深化经济体制改革，实施创新驱动发展战略，推进经济结构战略性调整，推动城乡发展一体化，全面提高开放型经济水平。保持我国国民经济又好又快发展，全面建设小康社会，必须在科学发展观指引下，提高自主创新能力、建设创新型国家，转变经济发展方式，建设社会主义新农村，统筹区域发展，建设资源节约型、环境友好型社会。

同 步 练 习

I 客观性试题

一、**单项选择题**(在每个小题列出的四个选项中，有一项是最符合题目要求的，请将正确选项的字母填在本书所附答题纸的括号内)

1. 经济体制改革的核心问题是正确认识和处理(　　)。

A．公有制和非公有制的关系 B．公有制和市场经济的关系

C．计划和市场的关系 D．政府与企业的关系

2．判断所有制结构应该以(　　)。

A．公有制程度高低为标准 B．是否符合"三个有利于"为标准

C．公有制比重大小为标准 D．生产力发展水平为标准

3．不能笼统地说股份制是公有还是私有，股份制企业的性质关键看谁掌握(　　)。

A．所有权 B．经营权 C．财产权 D．控股权

4．社会主义市场经济体制中对资源配置起基础性作用的是(　　)。

A．计划 B．市场 C．国家 D．企业

5．国有经济对国民经济的主导作用主要体现在(　　)。

A．控制力上 B．资产比重上 C．影响力上 D．主体地位上

二、多项选择题(在每小题列出的五个选项中有二至五个选项是符合题目要求的，请将正确选项前的字母填在本书所附答题纸的括号内)

6．社会主义市场经济体制的基本特征有(　　)。

A．在所有制结构上，以公有制为主体、多种所有制经济共同发展

B．在政企关系上，实行政企分开，政府不直接干预企业的生产经营活动

C．在分配制度上，坚持以按劳分配为主体、多种分配方式并存

D．在经营管理上，形成激励和约束相结合的经营机制

E．在宏观调控上，能更好地发挥计划和市场两种手段的长处

7．现代企业制度的基本特征有(　　)。

A．产权清晰 B．责权明确 C．政企分开 D．管理科学

8．在初级阶段的所有制结构中，公有制占主体地位。公有制经济的范围包括(　　)。

A．国有经济 B．集体经济

C．混合所有制经济中的国有成分 D．民营经济

E．混合所有制经济中的集体成分

9．社会主义初级阶段的基本经济制度是(　　)。

A．公有制为主体 B．坚持和完善国有制为主体

C．多种所有制经济共同发展 D．巩固和发展非公有制经济

E．支持和引导私营个体经济

10．股份制(　　)。

A．是所有制的一种实现形式 B．是现代企业的一种资本组织形式

C．有利于所有权和经营权的分离 D．有利于提高企业和资本的运作效率

E．资本主义和社会主义都可以用

11．公有制的主体地位主要体现在(　　)。

A．公有资产在社会总资产中占优势

B．国有经济控制国民经济命脉，对经济发展起主导作用

C．公有资产占优势是就全国而言，有的地方、有的产业可以有所差别

D．公有资产占优势，不但有量的优势，更要注重质的提高

12．防止两极分化，规范收入分配的具体措施有(　　)。

A．保护合法收入　　　　　　　　B．取消非法收入

C．整顿不合理收入　　　　　　　D．调节过高收入

E．保障低收入者的基本生活

13．在社会化大生产条件下，资源配置方式主要有(　　)。

A．计划　　　　B．市场　　　　C．法律　　　　D．行政　　　　E．政策

14．邓小平指出：先富是达到共同富裕的捷径。这是因为在实现共同富裕的过程中，一部分地区、一部分人先富起来可以发挥(　　)。

A．示范作用　　　B．竞争作用　　　C．帮助作用　　　D．公平作用　　　E．带动作用

15．构成生产要素市场的是(　　)。

A．技术市场　　　B．信息市场　　　C．劳动力市场　　　D．房地产市场　　　E．资本市场

II　主观性试题

16．简述社会主义市场经济理论的主要内涵。

17．简述公有制的性质与实现形式之间的关系。

18．如何转变经济发展方式，实现科学发展？

19．如何调节我国现阶段的收入分配差距？

20．如何正确理解改革开放以来我国所有制结构的变化？

第7章　中国特色社会主义政治建设

内 容 导 学

【学习目标】

通过对本章的学习，使学生学习了解中国特色社会主义民主政治是中国特色社会主义事业的重要组成部分，它是在借鉴人类政治文明发展成果的基础上建立的新型社会政治形态；理解中国特色社会主义政治发展道路的依据；理解和掌握中国特色社会主义政治制度的基本内容和特点；了解依法治国是党领导人民治理国家的基本方略；掌握我国政治体制改革的方向和内容；理解民主、自由、人权等基本概念。

【基本概念】

中国特色社会主义政治制度，依法治国，国体，政体，人民民主专政，人民代表大会，政治体制，协商民主，民主，自由和人权，社会主义法治。

【教学重点】

(1) 坚持中国特色社会主义政治道路的依据；

(2) 党的领导、人民当家做主和依法治国的有机统一；

(3) 中国特色社会主义政治制度的优势和特点；

(4) 政治体制改革必须坚持正确的政治方向。

【教学难点】

(1) 理解我国的根本政治制度为什么不能照搬西方的"三权分立"；

(2) 正确理解社会主义民主、自由、人权的实质和实现条件。

7.1　中国特色社会主义的民主政治

民主是人类政治文明发展的成果，也是世界各国人民的普遍要求。人民民主是我们党始终高扬的光辉旗帜。改革开放以来，我们总结发展社会主义民主正反两方面经验，强调人民民主是社会主义的生命，坚持国家一切权力属于人民，成功地开辟和坚持了中国特色社会主义政治发展道路，为实现最广泛的人民民主确立了正确方向。

7.1.1　坚持走中国特色社会主义政治发展道路

1. 中国特色社会主义政治发展道路选择的依据

一个国家选择什么样的政治发展道路和模式，归根到底是由这个国家的性质和国情决定的，也是一个国家政治领导集体与全体人民长期奋斗、创造、积累的结果。现实生活中，政治发展道路和模式是由具体历史主体根据现实经济、政治、文化、社会发展要求进行具体探索的产物。

(1) 从历史和实践看，一些国家在被迫接受西方民主制度模式后出现的问题也反复证明了任何国家的民主政治制度只有适合本国国情、不断完善和发展，才是最有效的、富有生机的。中国特色社会主义政治发展道路是中国共产党把马克思主义基本原理同中国实际相结合、同时借鉴人类政治文明有益成果、经过长期探索实践形成的，是历史的选择、人民的选择。实践证明，这条道路是团结亿万人民共同奋斗的正确道路。

(2) 从现实性依据来看，中国特色社会主义政治发展道路，符合我国国情、顺应时代潮流，是唯一能够实现坚持党的领导、人民当家做主和依法治国有机统一、为国家富强、民族振兴、人民幸福、社会和谐提供根本政治保证的正确道路。中国特色社会主义政治发展道路最根本的是坚持党的领导、人民当家做主和依法治国有机统一，核心是坚持和完善人民代表大会制度、中国共产党领导的多党合作和政治协商制度、民族区域自治制度以及基层群众自治制度，目的是不断推进社会主义政治制度的自我完善和发展。

(3) 从未来依据来讲，坚持走中国特色社会主义政治发展道路前途光明、前景广阔。一个正在崛起的发展中大国，要巩固和壮大已经取得的发展成果，不断提高自己的国际地位，赢得世界各国的理解和尊重，就必须在思想理论、制度建设、发展模式等方面对人类社会做出应有的贡献。中国特色社会主义政治发展道路既坚持了马克思主义基本原理，又结合中国的具体实际，既继承和发扬了中华优秀传统文化，又吸收借鉴了世界政治文明的有益成果，并经过了 30 多年经济社会快速发展的实践检验，具有鲜明的实践特色、理论特色、民族特色、时代特色，为人类社会政治文明发展提供了新的路径和模式。

2. 中国特色社会主义政治发展道路的内容

(1) 党的领导是人民当家做主和依法治国的根本保证。我们党领导人民推翻剥削阶级的统治，建立人民民主专政的国家政权，就是要组织和支持人民依法管理国家和社会事务、管理经济和文化事业，实现人民群众的根本利益。而人民利益的广泛性和实现人民利益的复杂性、艰巨性，必然要求有一个代表最广大人民根本利益的坚强的政治核心，来广泛地动员、领导和组织人民掌握好国家权力，管理好国家、社会事务和各项事业。在我国这样一个发展中大国，只有坚持党的领导，才能坚持我国民主发展的社会主义方向，人民当家做主和依法治国才能有可靠的保证。因此，发展社会主义民主政治，建设社会主义政治文明，核心在于坚持党的领导。

(2) 人民当家做主是社会主义民主政治的本质和核心要求，是社会主义政治文明建设的根本出发点和归宿。社会主义民主政治的本质是人民当家做主。共产党执政就是领导和支持人民当家做主。健全民主和法制，全面落实依法治国基本方略，切实尊重和保障人民的政治、经济和文化权益，是社会主义民主政治建设的根本要求，也是我们党执政的根本目的和可靠基础。发扬人民民主，又是加强和改善党的领导的有效途径。党的领导方式和执政方式集中反映在党与国家以及人民群众关系的具体形式上。党只有领导人民创造各种有效的当家做主的民主形式，坚持依法治国，才能充分实现人民当家做主的权利，才能巩固和发展党的执政地位。

(3) 依法治国是党领导人民治理国家的基本方略。依法治国与人民民主、党的领导是紧密联系、相辅相成、相互促进的。依法治国不仅从制度上、法律上保证人民当家做主，而且也从制度上、法律上保证党的执政地位。我国的宪法和法律是党的主张和人民意志相统一的体现。人民在党的领导下，依照宪法和法律治理国家，管理社会事务和经济文化事业，保障自己当家做主的各项民主权利，这是依法治国的实质。依法治国的过程，实际上就是在党的领导下，维护人民主人翁地位的过程，保证人民实现当家做主的过程。党领导人民通过国家权力机关制定宪法和各项法律，又在宪法和法律范围内活动，严格依法办事，保证法律的实施，从而使党的领导、人民当家做主和依法治国有机统一起来。总之，党的领导、人民当家做主和依法治国统一于建设中国特色社会主义民主政治的伟大实践之中，决不能把它们分割开来或对立起来。

7.1.2　中国特色社会主义的民主政治制度

1. 人民民主专政

(1) 人民民主专政是我国的国体。民主是国体和政体的统一。所谓国体，就是国家的阶级性质，即国家的权力由社会的哪个阶级或哪些阶级掌握。所谓政体，主要是指国家的政权组织形式，即体现国体的具体政治制度。我国宪法明确规定："中华人民共和国是工人阶级领导的、以工农联盟为基础的人民民主专政的社会主义国家。"人民民主专政是马克思列宁主义关于无产阶级专政的理论同我国革命的具体实践相结合的产物，是中国共产党在领导革命斗争中的一个创造。人民民主专政作为国家政权，经历了一个发展过程。在新民主主义革命时期，人民民主专政是以工人阶级为领导、工农联盟为基础的各革命阶级的联合专政，担负着反对帝国主义、封建主义和官僚资本主义的新民主主义革命的任务。新中国成立后，新民主主义革命转变为社会主义革命，人民民主专政的主要任务是实现工业化，同时完成生产资料私有制的社会主义改造，消灭剥削阶级和剥削制度。社会主义制度建立后，人民民主专政已经成为无产阶级专政，其主要任务是保卫社会主义制度，领导和组织社会主义建设，对敌视、破坏社会主义制度的反动势力和反动分子实行专政。

(2) 人民民主专政是适合中国国情和革命传统的一种形式，具有鲜明的中国特色：

第一，从政权组成的阶级结构来看，在新民主主义革命时期及其向社会主义过渡的时期，参加国家政权的不仅有工人、农民和城市小资产阶级，在一定历史时期中还有民族资产阶级。进入社会主义以后，包括知识分子在内的工人阶级、占人口大多数的农民阶级、一切拥护社会主义和拥护祖国统一的爱国者，都属于人民的范畴，在最广大的人民内部实行民主，只对极少数人实行专政。

第二，从党派之间的关系看，实行共产党领导的多党合作和政治协商制度。这种新型的政党关系是国际共产主义运动史上一个成功的创造，也是我国政治制度中的一个特点和优点。

第三，从概念表述上看，人民民主专政的提法更全面、更明确地表示出人民民主和人民专政这两个相互联系的方面。

(3) 坚持人民民主专政的实质，就是要不断发展社会主义民主，切实保护人民的利益，维护国家的主权、安全、统一与稳定。坚持人民民主专政，首先要坚持国家的一切权力属于人民，保证人民依照宪法和法律规定，通过各种形式和途径，管理国家事务，管理经济和文化事业，管理社会事务，保证人民当家做主。其次，必须充分履行国家政权的专政职能。原因在于：一是世界范围内的社会主义力量在一个相当长时期内会弱于资本主义，国际敌对势力对我国进行渗透、分化和颠覆的图谋没有改变。二是阶级斗争还将在一定范围内长期存在，有时还会很尖锐甚至激化。三是社会生活中存在着不可能杜绝的违法犯罪活动。四是西方敌对势力的破坏和渗透活动、颠覆共产党领导和社会主义制度的政治图谋、民族分裂主义势力的分裂活动、暴力恐怖活动等没有改变。

2. 人民代表大会制度

(1) 人民代表大会制度是中国人民当家做主的根本政治制度，是我国的政体。在我国实行人民代表大会制度，是我们党把马克思主义基本原理同中国具体实际相结合的伟大创造，是近代以来中国社会发展的必然选择，是中国共产党带领全国各族人民长期奋斗的重要成果，反映了全国各族人民的共同利益和共同愿望。

(2) 人民代表大会制度是我国人民当家做主的根本途径和最高实现形式，也是党在国家政权中充分发扬民主、贯彻群众路线的最好实现形式。人民代表大会制度的根本性主要体现在两个方面：一方面，人民代表大会制度在我国政治制度体系中居于核心地位，决定着国家社会生活的各个方面和各项制度，它是人民当家做主的最好组织形式。人民通过人民代表大会，把国家和民族的前途命运牢牢掌握在自己手中。另一方面，人民代表大会制度为国家机构高效运转提供了有力的制度保障。人大是国家权力机关，统一行使国家权力。国家行政机关、审判机关、检察机关由人大产生，对人大负责，受人大监督。国家机构的这种合理分工，既有利于充分发扬民主，又可以集中力量办大事，提高工作效率。

(3) 我国的人民代表大会制度同资本主义国家的议会制根本不同，主要体现在以下几点：

第一，人民代表大会与西方议会有着本质区别。在我国，全国人民代表大会和地方各级人民代表大会都是由民主选举产生，对人民负责，受人民监督。我国的人民代表大会中没有议会党团，也不以界别开展活动。人民代表肩负的都是人民的重托，都在共产党领导下依法履行职责，为人民服务，根本利益是一致的。西方议会的议席往往是各个政党、各个利益集团、各种社会势力政治分赃的结果，由此在议会内部分为不同议会党团，每个党团的背后都站着供养它的利益集团，议员们为了各自党派的私利而勾心斗角、尔虞我诈。

第二，我国人民代表大会和"一府两院"的关系与西方国家机关间的关系有着本质区别。我国的人民代表大会统一行使国家权力，"一府两院"由其产生，并对其负责、受其监督，人民代表大会行使国家权力要尽职尽责，通过制定法律、作出决议，决定国家大政方针，并监督和支持"一府两院"依法行政、公正司法，保障各国家机关协调有效地开展工作，把人民赋予的权力真正用来为人民谋利益。但不代行行政权、审判权、检察权。西方资本主义国家通常实行立法权、行政权、司法权"三权分立"，分别由议会(国会)、政府和法院把持。有时候这三个机构由一个政党控制，有时候由不同政党分别控制。它们经常以牺牲民众利益为代价争吵不休、互相扯皮。

第三，人民代表大会代表与西方议会议员有着本质区别。我们的人大代表具有广泛的代表性，会议期间依法集体行使职权，不代表个人直接处理问题，各级人大常委会办事机构是代表的集体参谋助手和服务班子。西方议会的议员则是脱离生产工作第一线的"职业议员"，是一个拥有自身特殊利益的共同体。

实践证明：人民代表大会制度是符合中国国情、体现中国社会主义国家性质、能够保证中国人民当家做主的根本政治制度和最高实现形式，也是党在国家政权中充分发扬民主、贯彻群众路线的最好实现形式，是中国社会主义政治文明的重要制度载体。在建设中国特色社会主义的过程中，必须毫不动摇地坚持、巩固和完善人民代表大会制度。

3. 中国共产党领导的多党合作和政治协商制度

(1) 中国共产党领导的多党合作和政治协商制度，是我国的一项基本政治制度，是马克思主义政党理论和统一战线学说与我国实际相结合的产物，是中国特色社会主义民主政治制度的重要组成部分。除中国共产党外，中国大陆目前还有 8 个民主党派：中国国民党革命委员会、中国民主同盟、中国民主建国会、中国民主促进会、中国农工民主党、中国致公党、九三学社和台湾民主自治同盟。共产党领导的多党合作和政治协商制度，是在中国人民反抗帝国主义、封建主义和官僚资本主义的革命斗争中形成的，是共产党和各民主党派及社会各界民主人士的共同选择。

(2) 中国共产党的领导是多党合作的首要前提和根本保证。但这种领导是政治领导，即政治原则、政治方向和重大方针政策的领导。中国共产党与各民主党派都以宪法为根本活动准则，负有维护宪法尊严、保证宪法实施的职责。中国共产党与各民主党派合作的基本方针是"长期共存、互相监督、肝胆相照、荣辱与共"。

(3) 中国人民政治协商会议是中国人民爱国统一战线的组织，是中国共产党领导的多党合作和政治协商的重要机构，也是中国政治生活中发扬社会主义民主的重要形式。它是马列主义基本理论同中国具体实践相结合的伟大创造，也是中国共产党同各民主党派和无党派人士、各人民团体和各族各界人士风雨同舟、团结奋斗的伟大成果。人民政协的主要职能是政治协商、民主监督、参政议政。政治协商是对国家和地方的大政方针以及政治、经济、文化和社会生活中的重要问题在决策之前进行协商和就决策执行过程中的重要问题进行协商。民主监督是在坚持四项基本原则的基础上通过提出意见、批评、建议的方式进行的政治监督。参政议政是对政治、经济、文化和社会生活中的重要问题以及人民群众普遍关心的问题，开展调查研究，反映社情民意，进行协商讨论，通过调研报告、提案、建议案或其他形式，向党和国家机关提出意见和建议。

(4) 我国的政党制度是一种社会主义的新型政党制度，与资本主义国家的两党制或多党制有根本的不同，它是建立在公有制占主体地位的社会主义经济基础之上，同社会主义国家国体的性质相适应，其特征有：

第一，在我国的政党制度中，中国共产党是执政党，民主党派是参政党，不是在野党，更不是反对党。共产党领导、多党派合作，共产党执政、多党派参政，这是我国政党制度的显著特征。

第二，中国共产党和各民主党派有着共同的根本利益和共同的目标，都以四项基本原则为共同准则，以实现不同时期的总任务为共同纲领，以建设中国特色社会主义为共同理想。

第三，各民主党派都参加国家政权，参与国家事务的管理，参与国家大政方针和国家领导人选的协商，参与国家方针、政策、法律、法规的制定执行。

第四，中国共产党和各民主党派都以宪法为根本活动准则，都受到宪法的保护，享有宪法规定范围内的政治自由、组织独立和法律上的平等地位。在构建社会主义和谐社会的进程中，多党合作与政治协商具有重要作用。

中国共产党领导的多党合作和政治协商制度作为我国的一项基本政治制度，是符合我国国情、具有鲜明中国特色的社会主义新型政党制度，能够在中国特色社会主义共同目标下把中国共产党领导和多党派合作有机结合起来，实现广泛参与和集中领导的统一、社会进步和国家稳定的统一、充满活力和富有效率的统一。

4. 民族区域自治制度

(1) 民族区域自治是在统一的国家领导下，在各少数民族聚居的地方设立自治机关，行使自治权，实行区域自治。民族区域自治的核心是保障少数民族当家做主，管理本民族、本地方事务的权利，是国家的一项基本政治制度。

(2) 民族区域自治体现了我国坚持实行各民族平等、团结、合作和共同繁荣的原则，体现了民族因素与区域因素、政治因素与经济因素、历史因素与现实因素的统一。统一的多民族国家的长期存在和发展，是我国实行民族区域自治的历史依据；近代以来在反抗外来侵略斗争中形成的爱国主义精神，是实行民族区域自治的政治基础；各民族大杂居、小聚居的人口分布格局，各地区资源条件和发展的差异，是实行民族区域自治的现实条件。

(3) 民族区域自治的权利。根据《中华人民共和国宪法》、《中华人民共和国民族区域自治法》和其他法律的规定，我国各民族自治地方的自治机关享有广泛的自治权利。一是自主管理本民族、本地区的内部事务；二是享有制定自治条例和单行条例的权利；三是享有宗教信仰自由的权利；四是享有使用和发展本民族语言文字，按照传统风俗习惯生活及进行社会活动的权利和自由。此外，还拥有自主安排、管理、发展经济建设事业，自主发展教育、科技、文化等其他各项权利。

(4) 我国民族区域自治制度的基本特征。民族区域自治是民族自治和区域自治的结合，是以少数民族聚居的地区为基础而建立的；实行民族区域自治的地方，都是中华人民共和国行政管辖区域的不可分割的部分；民族区域自治地方的自治机关和其他国家机关一样实行民主集中制；民族自治地方必须遵守国家宪法和法律，履行宪法赋予的义务。

5. 基层群众自治制度

(1) 基层民主是我国广大工人、农民、知识分子和各阶层人士，在城乡基层政权机关、企事业单位和基层自治组织中依法直接行使的民主权利，包括政治、经济、文化、教育等领域的民主权利，渗透到社会生活各个方面，具有全体公民广泛和直接参与的特点。

(2) 党的十七大首次把基层群众自治制度纳入中国特色社会主义民主政治制度的基本范畴，明确指出："人民依法直接行使民主权利，管理基层公共事务和公益事业，实行自我管理、自我服务、自我教育、自我监督，对干部实行民主监督，是人民当家做主最有效、最广泛的途径，必须作为发展社会主义民主政治的基础性工程重点推进。"

(3) 基层群众自治制度的形式。改革开放以来，全国各地城乡基层民主不断扩大，民主的实现形式日益丰富。目前，中国已经建立了以农村村民委员会、城市居民委员会和企业职工代表大会为主要内容的基层民主自治体系。

第一，农村基层民主政治建设。农村基层民主政治建设的基本途径就是实行村民自治。

民主选举、民主决策、民主管理和民主监督是村民自治的主要内容，其发端于 20 世纪 80 年代初期，发展于 80 年代，普遍推行于 90 年代，已成为在当今中国农村扩大基层民主和提高农村治理水平的一种有效方式。

第二，城市社区民主政治建设。城市居民委员会是中国城市居民实现自我管理、自我教育、自我服务的基层群众性自治组织，是在城市基层实现直接民主的重要形式。1982 年，城市居民委员会制度首次写入中国宪法。1989 年制定了《城市居民委员会组织法》，2001 年社区建设被纳入"十五"规划，作为衡量经济社会发展的重要指标。

第三，职工代表大会制度建设。职工代表大会是保证职工对企事业单位实行民主管理的基本制度。我国宪法、全民所有制工业企业法、劳动法、工会法和全民所有制工业企业职工代表大会条例等法律、法规，均对职工代表大会制度作了相应规定。改革开放以来，职工代表大会和其他形式的企事业单位的民主管理制度在实行民主管理，协调劳动关系，保障和维护职工合法权益，推进企事业单位的改革、发展、稳定等方面发挥了不可替代的作用。

7.2　依法治国，建设社会主义法治国家

发展社会主义民主，健全社会主义法制，依法治国，建立社会主义法治国家，是建立中国特色社会主义的重要目标之一。党的十五大报告第一次阐述了依法治国的概念，九届全国人大二次会议将依法治国作为治国方略以宪法的形式确定下来。

7.2.1　依法治国是党领导人民治理国家的基本方略

1. 依法治国的内涵

(1) 依法治国就是广大人民群众在党的领导下，依照宪法和法律规定，通过各种途径和形式管理国家事务，管理经济文化事业，管理社会事务，保证国家各项工作都依法进行，逐步实现社会主义民主的制度化、法律化，使这种制度和法律不因领导人的改变而改变，不因领导人看法和注意力的改变而改变。

(2) 深刻理解依法治国的科学内涵，应注意把握以下几点：

第一，依法治国的主体是党领导下的人民群众，就是党领导人民实行依法治国。这是社会主义法治与资本主义法制的根本区别。

第二，依法治国的客体是国家事务、经济文化事业和社会事务。

第三，依法治国之"法"是反映社会主义民主精神的、具有权威性、稳定性的宪法和法律。依法治国的核心是维护宪法和法律的权威，以宪法和法律作为依据治理国家。坚持法律面前人人平等。任何组织和个人都没有超越宪法和法律的特权，行政法规和制度不得

与宪法和法律相抵触。

第四，依法治国是发展社会主义民主和加强社会主义法制的辩证统一。发展民主政治是建设法治国家的前提和基础；人民的民主权利必须上升为制度和法律，并使其具有稳定性、连续性和权威性。

第五，实行依法治国意味着彻底摒弃了人治的治国方式。实现从人治到法治治国方式战略的转变，才能从根本上解决社会主义民主的法律保障问题。

发展社会主义民主，健全社会主义法制，是建设中国特色社会主义的重要目标。实行依法治国，建立社会主义法治国家，是党领导人民治理国家的基本方略。1999 年 3 月，九届全国人大二次会议通过的宪法修正案明确写上"中华人民共和国实行依法治国，建设社会主义法治国家"，正式把这一治国方略以国家根本大法的形式确定下来。

2. 实行依法治国的意义

依法治国是社会文明进步的显著标志，是国家长治久安的重要保障，是社会主义民主政治的基本要求，也是建设中国特色社会主义经济、政治、文化，构建和谐社会的必然要求。

(1) 依法治国是中国共产党执政方式的重大转变，有利于加强和改善党的领导。依法治国同坚持和改善党的领导是完全一致的。

(2) 依法治国是发展社会主义民主、实现人民当家做主的根本保证。民主与法治相互依赖，相互促进，密不可分，是政治文明不断前进的两个轮子。民主是法治的基础，法治是民主的保障。

(3) 依法治国是发展社会主义市场经济和扩大对外开放的客观需要。法治是市场经济的基本特征之一，市场经济是法制经济，在整个经济运行环节都需要法律的引导和规范，国际交往中也必须按照国际惯例和规则办事。

(4) 依法治国是国家长治久安的重要保障。要保持社会稳定，就必须依靠法治来协调社会关系，化解社会矛盾。同时，还要依法严厉打击各种犯罪活动，加强社会治安综合治理。

7.2.2　加强社会主义法制建设

1. 社会主义法制的含义

社会主义法制是人民按照自己的意志，通过国家政权建立起来的法律制度和执法原则，是人民当家做主和治理国家的基本方法。加强社会主义法制建设的基本要求是：有法可依、有法必依、执法必严、违法必究。有法可依是前提，有法必依是核心，执法必严是关键，违法必究是保障。

2. 社会主义民主法制建设的重要性与长期性

法制是依法治国的前提和基础。经济的发展，社会的进步，都离不开法制的健全。推进依法治国进程，建设社会主义法治国家，必须大力加强社会主义法制建设。社会主义民主和社会主义法制建设，需要一个逐步发展和完善的历史过程，需要经济、政治、文化、社会等客观条件的发展，需要人的思想认识等主观条件的发展。首先，我国缺乏民主和法制的历史传统，建设社会主义民主政治和加强社会主义法制具有特殊的迫切性；其次，我国生产力水平和人民群众政治文化素质水平还比较低，建设社会主义民主政治和加强社会主义法制又具有特殊的艰巨性。最后，我国的法律体系仍有待于健全和完善，有法不依、执法不严、违法不究的现象还在一定范围内存在，包括干部队伍在内的全民的法律素质还有待进一步提高。

7.3　推进政治体制改革，发展民主政治

政治体制改革是经济体制改革进一步深化的客观要求，是突破改革障碍和阻力、趟过改革"深水区"的根本途径。同时，政治体制改革也是推动社会主义民主政治建设的客观要求，有助于克服原有政治体制的弊端，是中国特色社会主义政治建设的保证。

7.3.1　深化政治体制改革，扩大社会主义民主

1. 我国政治体制改革的必要性

(1) 政治体制是指政治制度的具体表现和实现形式，主要是指党和国家的领导制度、组织制度、工作制度等具体制度。邓小平指出："评价一个国家的政治体制、政治结构和政策是否正确，关键看三条：第一条是看国家的政局是否稳定；第二条是看能否增进人民的团结，改善人民的生活；第三条是看生产力能否得到持续发展。"

(2) 我国政治体制改革的必要性。我国建立的社会主义基本政治制度符合中国的国情，保证了人民以国家和社会主人的身份充分发挥建设国家、管理国家的积极性、主动性和创造性，不断推进中国的经济发展和社会全面进步。改革开放以来，我们强调人民民主是社会主义的生命，坚持党的领导、人民当家做主、依法治国的有机统一，坚持国家一切权力属于人民，在全面深化改革开放的进程中不断推进政治体制改革，社会主义民主政治建设取得重大进展。从党的领导体制、机构改革、废除领导干部终身制、基层群众自治制度、城乡按相同人口比例选举人大代表、加强权力运行的制约和监督等方面迈出了重大步伐。但政治体制还很不完善，其表现为：第一，党和国家现行的具体领导制度、组织形式和工作方式还存在一些缺陷，官僚主义、权力过分集中、家长制作风、形式主义、滥用职权等，

需要进行政治体制的改革。第二，适应深化经济体制改革，进一步解放生产力实现现代化的要求，必须进行相应的政治体制改革。第三，深化政治体制改革，是发展社会主义民主政治，建设社会主义政治文明的重要任务。第四，深化政治体制改革，是建设中国特色社会主义文化的客观要求。

2. 深化政治体制改革的基本要求

1) 政治体制改革的总体要求

政治体制改革是我国全面改革的重要组成部分。十八大强调推进政治体制改革的总体要求是：必须坚持党的领导、人民当家做主、依法治国有机统一，以保证人民当家做主为根本，以增强党和国家活力、调动人民积极性为目标，扩大社会主义民主，加快建设社会主义法治国家，发展社会主义政治文明。要更加注重改进党的领导方式和执政方式，保证党领导人民有效治理国家；更加注重健全民主制度、丰富民主形式，保证人民依法实行民主选举、民主决策、民主管理、民主监督；更加注重发挥法治在国家治理和社会管理中的重要作用，维护国家法制统一、尊严、权威，保证人民依法享有广泛的权利和自由。

2) 政治体制改革的具体要求

第一，我国政治体制改革是社会主义政治制度的自我完善和发展，必须坚持正确的政治方向，以保证人民当家做主为根本，以增强党和国家活力、调动人民积极性为目标，扩大社会主义民主，加快建设社会主义法治国家，发展社会主义政治文明。

第二，推进政治体制改革，必须坚持党的领导、人民当家做主、依法治国有机统一，坚持社会主义政治制度的特点和优势，坚持从我国国情出发。要把制度建设摆在突出位置，充分发挥我国社会主义政治制度优越性。

第三，社会主义民主政治同资本主义民主政治之间存在着某种联系。资本主义民主政治某些观念、形式和方法，有我们可以吸收借鉴的地方。积极借鉴人类政治文明有益成果，坚定不移地走中国特色的社会主义政治发展道路，绝不照搬西方政治制度模式。

3. 深化政治体制改革的主要内容

十八大在总结我国社会主义民主政治发展经验基础上，从七个方面对当前和今后一个时期推进政治体制改革、加快政治建设做出部署。

(1) 支持和保证人民通过人民代表大会行使国家权力。人民代表大会制度是保证人民当家做主的根本政治制度。要善于使党的主张通过法定程序成为国家意志，支持人大及其常委会充分发挥国家权力机关作用，依法行使立法、监督、决定、任免等职权，加强立法工作组织协调，加强对"一府两院"的监督，加强对政府全口径预算决算的审查和监督。提高基层人大代表特别是一线工人、农民、知识分子代表比例，降低党政领导干部代表比例。在人大设立代表联络机构，完善代表联系群众制度。健全国家权力机关组织制度，优化常委会、专委会组成人员知识和年龄结构，提高专职委员比例，增强依法履职能力。

(2) 健全社会主义协商民主制度。社会主义协商民主是我国人民民主的重要形式。要完善协商民主制度和工作机制，推进协商民主广泛、多层、制度化发展。通过国家政权机关、政协组织、党派团体等渠道，就经济社会发展重大问题和涉及群众切身利益的实际问题广泛协商，广纳群言、广集民智，增进共识、增强合力。坚持和完善中国共产党领导的多党合作和政治协商制度，充分发挥人民政协作为协商民主重要渠道作用，围绕团结和民主两大主题，推进政治协商、民主监督、参政议政制度建设，更好协调关系、汇聚力量、建言献策、服务大局。加强同民主党派的政治协商。把政治协商纳入决策程序，坚持协商于决策之前和决策之中，增强民主协商实效性。深入进行专题协商、对口协商、界别协商、提案办理协商。积极开展基层民主协商。

(3) 完善基层民主制度。在城乡社区治理、基层公共事务和公益事业中实行群众自我管理、自我服务、自我教育、自我监督，是人民依法直接行使民主权利的重要方式。要健全基层党组织领导的充满活力的基层群众自治机制，以扩大有序参与、推进信息公开、加强议事协商、强化权力监督为重点，拓宽范围和途径，丰富内容和形式，保障人民享有更多更切实的民主权利。全心全意依靠工人阶级，健全以职工代表大会为基本形式的企事业单位民主管理制度，保障职工参与管理和监督的民主权利。发挥基层各类组织协同作用，实现政府管理和基层民主有机结合。

(4) 全面推进依法治国。法治是治国理政的基本方式。要推进科学立法、严格执法、公正司法、全民守法，坚持法律面前人人平等，保证有法必依、执法必严、违法必究。完善中国特色社会主义法律体系，加强重点领域立法，拓展人民有序参与立法途径。推进依法行政，切实做到严格规范公正文明执法。进一步深化司法体制改革，坚持和完善中国特色社会主义司法制度，确保审判机关、检察机关依法独立公正行使审判权、检察权。深入开展法制宣传教育，弘扬社会主义法治精神，树立社会主义法治理念，增强全社会学法遵法守法用法的意识。提高领导干部运用法治思维和法治方式深化改革、推动发展、化解矛盾、维护稳定能力。党领导人民制定宪法和法律，党必须在宪法和法律范围内活动。任何组织或者个人都不得有超越宪法和法律的特权，绝不允许以言代法、以权压法、徇私枉法。

(5) 深化行政体制改革。行政体制改革是推动上层建筑适应经济基础的必然要求。要按照建立中国特色社会主义行政体制目标，深入推进政企分开、政资分开、政事分开、政社分开，建设职能科学、结构优化、廉洁高效、人民满意的服务型政府。深化行政审批制度改革，继续简政放权，推动政府职能向创造良好发展环境、提供优质公共服务、维护社会公平正义转变。稳步推进大部门制改革，健全部门职责体系。优化行政层级和行政区划设置，有条件的地方可探索省直接管理县(市)改革，深化乡镇行政体制改革。创新行政管理方式，提高政府公信力和执行力，推进政府绩效管理。严格控制机构编制，减少领导职数，降低行政成本。推进事业单位分类改革。完善体制改革协调机制，统筹规划和协调重大改革。

(6) 健全权力运行制约和监督体系。坚持用制度管权管事管人，保障人民知情权、参与权、表达权、监督权，是权力正确运行的重要保证。要确保决策权、执行权、监督权既相互制约又相互协调，确保国家机关按照法定权限和程序行使权力。坚持科学决策、民主决策、依法决策，健全决策机制和程序，发挥思想库作用，建立健全决策问责和纠错制度。凡是涉及群众切身利益的决策都要充分听取群众意见，凡是损害群众利益的做法都要坚决防止和纠正。推进权力运行公开化、规范化，完善党务公开、政务公开、司法公开和各领域办事公开制度，健全质询、问责、经济责任审计、引咎辞职、罢免等制度，加强党内监督、民主监督、法律监督、舆论监督，让人民监督权力，让权力在阳光下运行。

(7) 巩固和发展最广泛的爱国统一战线。统一战线是凝聚各方面力量，促进政党关系、民族关系、宗教关系、阶层关系、海内外同胞关系的和谐，夺取中国特色社会主义新胜利的重要法宝。要高举爱国主义、社会主义旗帜，巩固统一战线的思想政治基础，正确处理一致性和多样性的关系。坚持长期共存、互相监督、肝胆相照、荣辱与共的方针，加强同民主党派和无党派人士团结合作。全面正确贯彻落实党的民族政策，坚持和完善民族区域自治制度，牢牢把握各民族共同团结奋斗、共同繁荣发展的主题，促进各民族和睦相处、和衷共济、和谐发展。全面贯彻党的宗教工作基本方针，发挥宗教界人士和信教群众在促进经济社会发展中的积极作用。鼓励和引导新的社会阶层人士为中国特色社会主义事业作出更大贡献。落实党的侨务政策，支持海外侨胞、归侨侨眷关心和参与祖国现代化建设与和平统一大业。

7.3.2　社会主义社会的民主、自由和人权

1. 民主、自由、人权的含义

"民主"一词起源于古希腊文，由"人民"和"权力"两词合成，意为"人民的政权"，是人民当家做主的意思。"自由"通常是讲政治自由，主要指公民在法律范围内参与国家政治生活的一种权利。"民主"是政权的一种构成形式，"自由"则是政权给予公民的政治权利。"人权"泛指人身自由和其他民主权利，主要包括生存权、发展权、经济权、政治权、文化权等。而公民在政治上应该享有的自由和民主权利，一般也被称作"人权"。

人类政治文明发展的历史和现实情况说明，任何一种民主的本质、内容和形式，都是随着本国经济文化的发展而发展的，并不存在唯一的、普遍适用的和绝对的民主模式。民主作为一种国家制度，作为上层建筑，它的本质是由经济基础决定的。在民主政治发展进程中，存在着建立在私有制基础上的为少数人服务的民主和建立在公有制基础上的为多数人服务的民主。不管是资本主义民主，还是社会主义民主，都是为了维护统治阶级的权益，都不容许动摇它的现有制度，都不会给它的"颠覆力量"以民主。

2．民主、自由、人权的形式

民主的形式是多样性的，没有统一的标准。人民民主是社会主义的生命。人民当家做主是社会主义民主政治的本质和核心。社会主义民主是多数人的民主，是迄今为止人类历史上最高形态的民主，它和资本主义民主的最大不同在于广大人民群众翻身做了主人，获得了管理国家和社会的权利。社会主义民主是真实的民主。它公开承认自身的阶级性，认为统治阶级的民主就意味着对于被统治者的专政，民主和专政，两个方面相辅相成。

自由同样不是抽象的概念，而有其实际的内容。社会主义自由解决了资本主义自由无法解决的最广大劳动人民群众实际行使自由权利的问题。劳动人民当家做主，政权在人民手中，这是最大的政治自由；公有制为主体，从经济基础上铲除了金钱对自由的束缚。与此同时，以马克思主义为指导的社会主义文化建设，开辟了人类自觉创造历史的新时代，使人们在思想上获得了空前自由。

人权作为权利的一般表现形式，是社会的产物。人权是具体的、相对的，不是抽象的、绝对的，与一个国家的政治状况、经济发展、历史传统、文化结构和整个社会的发展水平有很大关系。对于发展中国家来说，生存权和发展权是最根本、最重要的人权。

3．民主、自由、人权的关系

民主、自由、人权，核心是民主。公民权利的实现和发展，都要通过国家政权，依赖国家政权。只有人民掌握政权，巩固和发展政权，人民才会拥有真正属于自己的民主、自由和权利。总之，社会主义的民主、自由和人权本质上优于和高于资本主义，在实现民主、自由和人权方面不受资本和金钱的束缚。但如同社会主义本质的充分实现需要一个过程一样，社会主义的民主、自由和人权的充分实现也需要有一个历史过程，需要在经济、政治、文化等方面逐步创造条件，同时需要不断探索适合中国国情的民主、自由和人权的具体实现形式，以保障人民依法管理国家和社会事务、管理经济和文化事业，实现当家做主。

本　章　小　结

发展社会主义民主政治，建设社会主义政治文明，是全面建设小康社会的重要目标。发展社会主义民主政治，最根本的是要把坚持党的领导、人民当家做主和依法治国有机统一起来。人民民主专政是我国的国体。我国的人民民主专政实质上是无产阶级专政。人民代表大会制度是中国人民当家做主的根本政治制度，是我国的政体。中国共产党领导的多党合作和政治协商制度，是我国的一项基本政治制度。民族区域自治制度也是我国的一项基本政治制度。基层民主是一种基层自治和民主管理制度，是社会主义民主广泛而深刻的实践。依法治国是党领导人民治理国家的基本方略。要推进依法治国进程，建设社会主义法治国家，必须大力加强社会主义法制建设，做到有法可依、有法必依、执法必严、违法必究。尊重和保障人权，保证人民依法享有广泛的权利和自由，是发展社会主义民主的内在要求。发展社会主义民主政治，必须在坚持四项基本原则的前提下，继续积极稳妥地推进政治体制改革，坚定不移地走自己的政治发展道路，坚持社会主义政治制度的自我完善和发展。

同 步 练 习

Ⅰ 客观性试题

一、单项选择题(在每个小题列出的四个选项中，有一项是最符合题目要求的，请将正确选项前的字母填在本书所附答题纸的括号内)

1. 中国特色社会主义政治发展道路最根本的是(　　)。

A. 坚持党的领导、人民当家做主和依法治国的有机统一

B. 坚持和完善人民代表大会制度

C. 坚持和完善中国共产党领导的多党合作和政治协商制度

D. 不断推进社会主义政治制度的自我完善和发展

2. (　　)是中国人民当家做主的根本政治制度，是我国的政体。

A. 中国共产党领导的多党合作和政治协商制度　　B. 人民民主专政

C. 基层民主政治制度　　D. 人民代表大会制度

3. 社会主义民主的本质和核心是(　　)。

A. 人民当家做主　　B. 党的领导　　C. 依法治国

D. 党的领导、人民当家做主和依法治国的有机统一

4. 民族区域自治制度的核心是(　　)。

A. 保障少数民族当家做主　　B. 实现各民族平等

C. 民族自治权　　D. 实现民族团结、合作和共同繁荣

5. 在民主、自由、人权中，核心是(　　)。

A. 民主　　B. 自由　　C. 人权　　D. 生存权

二、多项选择题(在每小题列出的五个选项中有二至五个选项是符合题目要求的，请将正确选项前的字母填在本书所附答题纸的括号内)

6. 下列关于共产党领导的多党合作和政治协商制度，正确说法的是(　　)。

A. 中国共产党的领导是多党合作的首要前提和根本保证

B. 中国共产党的领导是政治领导、组织领导和思想领导

C．中国共产党的领导是政治原则、政治方向和重大方针政策的领导

D．中国共产党与各民主党派都以宪法为根本活动准则

E．中国共产党是执政党，各民主党派是参政党

7．下列关于人民政治协商会议制度的理解，正确的是(　　)。

A．是中国人民爱国统一战线的组织

B．是中国共产党领导的多党合作和政治协商的重要机构

C．中国政治生活中发扬社会主义民主的重要形式

D．团结和民主是人民政协的两大主题

E．人民政协的主要职能是政治协商、民主监督、参政议政

8．我国的基层群众自治制度包括(　　)。

A．村民自治制度　　　　　　　　B．城市居委会制度

C．职工代表大会制度　　　　　　D．工会、共青团、妇联组织制度

E．各种专业合作组织制度

9．邓小平提出的评价一个国家的政治体制、政治结构和政策的标准是(　　)。

A．国家政局是否稳定　　　　　　B．能否增进人民的团结

C．生产力能否持续发展不断改善人民生活

D．人民的自由权是否充分实现　　E．能否实现公民直接选举

10．十八大强调推进政治体制改革总体要求是(　　)。

A．必须坚持党的领导、人民当家做主、依法治国有机统一

B．以保证人民当家做主为根本，以增强党和国家活力、调动人民积极性为目标

C．更加注重改进党的领导方式和执政方式，保证党领导人民有效治理国家

D．更加注重健全民主制度、丰富民主形式，保证人民依法实行民主选举、民主决策、民主管理、民主监督

E．更加注重发挥法治在国家治理和社会管理中的重要作用，维护国家法制统一、尊严、权威，保证人民依法享有广泛权利和自由

II 主观性试题

11．为什么必须坚持走中国特色社会主义政治发展道路？

12．如何理解党的领导、人民当家做主和依法治国的有机统一？

13．为什么要坚持和完善中国共产党领导的多党合作和政治协商？

14．怎样理解我国的根本政治制度不能照搬西方的"三权分立"？

15．怎样理解社会主义民主、自由、人权的实质和实现条件？

第8章　中国特色社会主义文化建设

内容导学

【学习目标】

通过对本章的学习，使学生掌握建设中国特色社会主义文化是我国社会主义现代化建设的重要内容；掌握建设中国特色社会主义文化的战略地位、重要意义、根本任务和基本方针，重点掌握建设社会主义核心价值体系、社会主义核心价值观的意义、内容及相互关系，正确认识加强思想道德建设和科学文化建设的具体要求。

【基本概念】

文化，社会主义先进文化，中国特色社会主义文化，和谐文化，社会主义核心价值体系，社会主义核心价值观，社会主义荣辱观。

【教学重点】

(1) 中国特色社会主义文化的战略地位和重要意义；

(2) 社会主义核心价值体系建设的基本内容。

【教学难点】

(1) 文化、社会主义先进文化、中国特色社会主义文化、社会主义精神文明的关系。

(2) 社会主义核心价值体系、社会主义核心价值观的关系。

8.1　发展社会主义先进文化

中共十七届六中全会通过的《中共中央关于深化文化体制改革、推动社会主义文化大发展大繁荣若干重大问题的决定》提出要努力建设社会主义文化强国，并提出了到2020年的文化改革发展奋斗目标。我国在坚持以经济建设为中心的同时，也要关注和回答怎样建设社会主义先进文化、发展社会主义先进文化，怎样建设和谐文化，为什么要建设社会主义核心价值体系，怎样加强思想道德建设和教育科学文化建设等一系列问题。

8.1.1 坚持社会主义先进文化的前进方向

1．文化与先进文化

"文化"一词在中国古代是"文治教化"的意思。在西方是指知识、信仰、艺术、伦理道德、法律、风俗和作为社会成员的个人学习而得到的任何其它能力或习惯。

在现代语境下，"文化"一词往往分成广义、狭义两个范畴。广义的"文化"，是指人类在改造自然和改造社会的过程中所创造的物质财富和精神财富的总和。狭义的"文化"，是指作为观念形态的、与经济、政治并列的，有关人类社会生活的思想理论、道德风尚、文学艺术、教育和科学等精神方面的内容。

人类社会是由经济、政治和文化组成的有机整体。经济是基础，对社会发展起着最终决定作用；政治是经济的集中表现；文化是政治、经济的反映，又影响和作用于社会的政治和经济。经济、政治和文化三者相互影响、相互作用，共同推动人类社会的进步。物质贫穷不是社会主义，精神空虚也不是社会主义。

文化是民族的血脉，是人民的精神家园。在我国五千多年的文明发展历程中，各族人民紧密团结、自强不息，共同创造出源远流长、博大精深的中华文化，为中华民族发展壮大提供了强大精神力量，为人类文明进步作出了不可磨灭的重大贡献。当代中国进入了全面建设小康社会的关键时期和深化改革开放、加快转变经济发展方式的攻坚时期，文化越来越成为民族凝聚力和创造力的重要源泉，越来越成为综合国力竞争的重要因素，越来越成为经济社会发展的重要支撑。这其中，符合人类社会发展方向、体现先进生产力发展要求、代表最广大人民根本利益、反映时代进步潮流的是先进文化。

2．中国共产党对发展先进文化的认识

中国共产党在 90 多年的奋斗历程中，取得了文化建设的巨大成就。我们党始终代表中国先进文化的前进方向，努力建设和弘扬反映革命、建设和改革要求的新文化。随着对文化建设规律认识的深化，丰富和发展了马克思主义的文化建设理论。

毛泽东在民主革命时期以及新中国成立后提出了一系列关于文化建设的观点，强调建设以无产阶级文化思想为领导的民族的、科学的、大众的新民主主义文化，文学艺术要为人民大众服务，吸收民族文化的精华、剔除其封建性的糟粕等思想，提倡百花齐放、百家争鸣、古为今用、洋为中用等思想，这些都成为了文化建设的重要指导方针。

在改革开放的新时期，邓小平指出，社会主义精神文明是社会主义社会的重要特征，要在建设高度的物质文明的同时，建设高度的社会主义精神文明；物质文明和精神文明都要搞好，才能更好地建设具有中国特色的社会主义；要一手抓物质文明，一手抓精神文明，"两手一起抓，两手都要硬"，要提高全民族的思想道德素质和科学文化素质，培育有理想、

有道德、有文化、有纪律的社会主义新人。

党的十三届四中全会以来，在建设中国特色社会主义的实践中，江泽民指出，中国共产党要始终代表中国先进文化前进的方向，坚持以科学的理论武装人，以正确的舆论引导人，以高尚的情操塑造人，以优秀的作品鼓舞人；中国特色社会主义文化是综合国力的重要标志，建设中国特色社会主义文化，就是以马克思主义为指导，以培育有理想、有道德、有文化、有纪律的公民为根本任务，发展面向现代化、面向世界、面向未来的，民族的、科学的、大众的社会主义文化；要把弘扬主旋律和提倡多样化统一起来，把依法治国和以德治国紧密结合起来。这些重要思想指明了文化建设的方向。

进入全面建设小康社会的新阶段，以胡锦涛为总书记的党中央把文化建设摆在更加突出的位置，强调要牢牢把握社会主义先进文化的前进方向，兴起社会主义文化建设新高潮，激发全民族文化创造活力，提高国家文化软实力。要建设社会主义核心价值体系，要弘扬中华文化，繁荣社会主义先进文化，建设和谐文化，为构建社会主义和谐社会作出贡献，是现阶段我国文化工作的主题。

3. 建设中国特色社会主义文化的重要意义

在当代中国，发展社会主义先进文化，建设和谐文化，就是建设中国特色社会主义文化。中国特色社会主义文化，就其主要内容来说，同改革开放以来我们一贯提倡的社会主义精神文明是一致的。

中国特色社会主义文化是现代化建设的重要内容。社会主义先进文化、社会主义精神文明在观念形态上反映着社会主义物质文明和政治文明的基本特征，同时又对物质文明和政治文明起着巨大的促进作用。只有经济、政治、文化和社会建设都搞好，使它们相互促进、协调发展，中国特色社会主义事业才能顺利推进，现代化建设的目标才能实现。

中国特色社会主义文化是凝聚和激励全国各族人民的重要力量，是综合国力的重要标志。在当今世界多极化、经济全球化的时代背景下，文化在综合国力竞争中的地位日益重要。综合国力是一个国家拥有的赖以生存和发展的全部实力的总和，既包括经济实力、技术实力等物质力量，也包括民族精神、民族凝聚力等精神力量。前者是综合国力的物质基础，后者是综合国力的重要组成部分。建设中国特色社会主义文化，发展社会主义先进文化，在增强国际竞争力、提高民族凝聚力等方面具有非常重要的作用。

中国特色社会主义文化为现代化建设提供了智力支持、精神动力和思想保证。建设中国特色社会主义文化，发展社会主义先进文化，能够提高劳动者的科学文化素质，为现代化建设提供强大的科学支撑和智力支持；能够提高人们的思想道德素质，使人们在共同利益的基础上，形成共同理想和道德准则，为改革和建设提供精神动力；能够引导人们认同和接受社会主义基本经济制度和政治制度，以全面的、辨证的、发展的眼光看待发展中的社会主义，树立正确的世界观、人生观和价值观，坚定对社会主义的信念，增强民族自尊心、自信心、自豪感，从而为改革开放和现代化建设提供强有力的思想保证。

8.1.2　充分认识推进文化改革发展的重要性和紧迫性

1.　充分认识文化建设在中国特色社会主义建设中的战略地位

我们党始终把文化建设放在党和国家全局工作的重要战略地位上，坚持物质文明和精神文明两手抓，实行依法治国和以德治国相结合，促进文化事业和文化产业共同发展，推动文化建设不断取得新成就，走出了中国特色社会主义文化发展道路。我们坚持解放思想、实事求是、与时俱进，不断推进马克思主义的中国化、时代化和大众化，形成和发展了中国特色社会主义理论体系，为开辟和拓展中国特色社会主义道路、确立和完善中国特色社会主义制度提供了科学理论指导；坚持推进社会主义核心价值体系建设，用马克思主义中国化最新成果武装全党、教育人民，用中国特色社会主义共同理想凝聚力量，用以爱国主义为核心的民族精神和以改革创新为核心的时代精神鼓舞斗志，用社会主义荣辱观引领社会风尚，巩固了全党全国各族人民团结奋斗的共同思想道德基础；坚持为人民服务、为社会主义服务的方向和百花齐放、百家争鸣的方针，发扬广大人民群众和文化工作者的创造精神，推动优秀文化产品大量涌现，丰富了人民精神文化生活；坚持推进文化体制改革，创新文化发展理念，解放和发展文化生产力，推动文化事业全面繁荣、文化产业健康发展，大幅度提高了人民基本文化权益保障水平，大幅度提高了文化在经济社会发展中的地位和作用；坚持发展多层次、宽领域对外文化交流格局，借鉴吸收人类优秀文明成果，实施文化走出去战略，不断增强中华文化的国际影响力，向世界展示了我国改革开放的崭新形象和我国人民昂扬向上的精神风貌。我国文化改革发展，显著提高了全民族思想道德素质和科学文化素质、促进了人的全面发展，显著增强了国家文化软实力，为坚持和发展中国特色社会主义提供了强大的精神力量。

2.　不断注重文化软实力的建设，提高我国综合竞争能力

当今世界正处在大发展、大变革、大调整时期，各种思想文化交流、交融、交锋更加频繁，文化在综合国力竞争中的地位和作用更加凸显，维护国家文化安全任务更加艰巨，增强国家文化软实力、中华文化国际影响力要求更加紧迫。当代中国进入了全面建设小康社会的关键时期和深化改革开放、加快转变经济发展方式的攻坚时期，文化越来越成为民族凝聚力和创造力的重要源泉、越来越成为综合国力竞争的重要因素、越来越成为经济社会发展的重要支撑，丰富精神文化生活越来越成为我国人民的热切愿望。全面建成惠及十几亿人口的更高水平的小康社会，既要让人民过上殷实富足的物质生活，又要让人民享有健康丰富的文化生活。我们必须抓住和用好我国发展的重要战略机遇期，在坚持以经济建设为中心的同时，自觉把文化繁荣发展作为坚持发展是硬道理、发展是党执政兴国第一要务的重要内容，作为深入贯彻落实科学发展观的一个基本要求，进一步推动文化建设与经

济建设、政治建设、社会建设以及生态文明建设协调发展，更好满足人民精神需求、丰富人民精神世界、增强人民精神力量，为继续解放思想、坚持改革开放、推动科学发展、促进社会和谐提供坚强思想保证、强大精神动力、有力舆论支持、良好文化条件等。

3. 加快文化体制的改革，推进文化事业的发展

我国文化领域正在发生广泛而深刻的变革，推动文化大发展、大繁荣既具备许多有利条件，也面临一系列新情况、新问题。我国文化发展同经济社会发展和人民日益增长的精神文化需求还不完全适应，突出的矛盾和问题主要是：一些地方和单位对文化建设的重要性、必要性和紧迫性认识不够，文化在推动全民族文明素质提高中的作用亟待加强；一些领域道德失范、诚信缺失，一些社会成员人生观、价值观扭曲，用社会主义核心价值体系引领社会思潮更为紧迫，巩固全党全国各族人民团结奋斗的共同思想道德基础任务繁重；舆论引导能力需要提高，网络建设和管理亟待加强和改进；有影响的精品力作还不够多，文化产品创作生产引导力度需要加大；公共文化服务体系不健全，城乡、区域文化发展不平衡；文化产业规模不大、结构不合理，束缚文化生产力发展的体制机制问题尚未根本解决；文化走出去较为薄弱，中华文化国际影响力需要进一步增强；文化人才队伍建设急需加强。推进文化改革发展，必须抓紧解决这些矛盾和问题。

社会主义先进文化是马克思主义政党思想精神上的旗帜，文化建设是中国特色社会主义事业总体布局的重要组成部分。没有文化的积极引领，没有人民精神世界的极大丰富，没有全民族精神力量的充分发挥，一个国家、一个民族不可能屹立于世界民族之林。物质贫乏不是社会主义，精神空虚也不是社会主义。没有社会主义文化繁荣发展，就没有社会主义现代化。

8.1.3 中国特色社会主义文化建设的根本任务与基本方针

1. 中国特色社会主义文化建设的根本任务

建设中国特色社会主义文化的根本任务，就是以马克思列宁主义、毛泽东思想、邓小平理论和"三个代表"重要思想为指导，全面贯彻科学发展观，着力培育有理想、有道德、有文化、有纪律的公民，切实提高全民族的思想道德素质和科学文化素质。

培育有理想、有道德、有文化、有纪律的公民，是建设社会主义先进文化对公民素质提出的综合要求。有理想、有道德、有文化、有纪律是对公民思想道德素质方面的要求，有文化则是对公民科学文化素质的要求。思想道德素质和科学文化素质是有机统一、相辅相成的，两者互相补充、互相促进、协调发展。理想是核心和精神支柱；道德是行为的规范和理想的体现；纪律是实现理想、维护道德的重要保证；文化是基础，是形成理想信念、道德情操和纪律观念的重要条件。

培育"四有"公民，提高全体公民的素质，是促进人的全面发展的需要。促进人的全

面发展，是马克思主义关于建设社会主义新社会的本质要求。在现阶段，加强文化建设就是要按照有理想、有道德、有文化、有纪律的要求来引导人、教育人、培养人，逐步使全体公民树立起崇高的理想信念、高尚的道德情操、自觉的纪律观念和较高的文化素质，使创造精神得到充分发挥，精神境界得到极大提高，使人的全面发展程度不断向着更好的层次提升。培育"四有"公民是我国文化建设面临的一项长期而艰巨的任务。

要坚持以理想信念教育为核心，引导人们正确认识共产主义远大理想和现阶段共同理想的关系，引导青少年正确认识国家的前途命运，认清自己的社会责任，确立在党的领导下走中国特色社会主义道路、为实现中华民族伟大复兴而奋斗的远大理想和坚定信念，把个人的成长进步同祖国的繁荣富强紧密联系在一起，担负起建设祖国、振兴中华的光荣使命。引导青少年珍惜年华，刻苦学习，努力掌握为祖国、为人民服务的真才实学，培养良好的道德品质和文明行为，增强纪律意识和法制观念，做知法、懂法、守法的合格公民。

2. 中国特色社会主义文化建设的根本任务

党的十七届六中全会提出中国特色社会主义文化建设的基本方针是：

(1) 坚持以马克思主义为指导，推进马克思主义的中国化、时代化和大众化，用中国特色社会主义理论体系武装头脑、指导实践、推动工作，确保文化改革发展沿着正确道路前进。

(2) 坚持社会主义先进文化的前进方向，坚持为人民服务、为社会主义服务，坚持百花齐放、百家争鸣，坚持继承和创新相统一，弘扬主旋律、提倡多样化；以科学的理论武装人，以正确的舆论引导人，以高尚的精神塑造人，以优秀的作品鼓舞人，在全社会形成积极向上的精神追求和健康文明的生活方式。

(3) 坚持以人为本，贴近实际、贴近生活、贴近群众，发挥人民在文化建设中的主体作用，坚持文化发展为了人民、文化发展依靠人民、文化发展成果由人民共享，促进人的全面发展，培育有理想、有道德、有文化、有纪律的社会主义公民。

(4) 坚持把社会效益放在首位，坚持社会效益和经济效益有机统一，遵循文化发展规律，适应社会主义市场经济发展要求，加强文化法制建设，一手抓繁荣、一手抓管理，推动文化事业和文化产业全面协调可持续发展。

(5) 坚持改革开放，着力推进文化体制机制创新，以改革促发展、促繁荣，不断解放和发展文化生产力，提高文化开放水平，推动中华文化走向世界，积极吸收各国优秀文明成果，切实维护国家文化安全。

8.2　建设社会主义核心价值体系

社会主义核心价值体系是社会主义制度在价值层面的本质规定，是全党全国各族人民团结奋斗的共同思想基础，是实现科学发展、社会和谐的推动力量，是国家文化软实力的核心内容。所以，建设社会主义核心价值体系是反映我国社会主义基本制度的本质要求。社会主义核心价值观是社会主义核心价值体系的内核和最高抽象。

8.2.1　社会主义核心价值体系的基本内容

1. 社会主义核心价值体系是社会主义意识形态的本质体现

党的十六届六中全会通过的《中共中央关于构建社会主义和谐社会若干重大问题的决定》，深刻揭示了社会主义核心价值体系的内涵，明确提出了社会主义核心价值体系的内容。党的十七大报告指出，社会主义核心价值体系是社会主义意识形态的本质体现。同时，社会主义核心价值体系也是在我国经济体制深刻变革、社会结构都深刻变动、利益格局深刻调整、思想观念深刻变化的新形势下，凝聚和统一社会各阶层、各利益群体思想的有力武器，是社会主义制度的精神之魂，是社会主义意识形态大厦的基石。建设社会主义核心价值体系，就是要以社会主义核心价值体系引领和整合多样化的思想观念及社会思潮，最大限度地形成社会思想共识，形成全体人民团结奋进、共创和谐的强大精神力量。

2. 社会主义核心价值体系的基本内容

社会主义核心价值体系是兴国之魂，是社会主义先进文化的精髓，决定着中国特色社会主义发展方向。社会主义核心价值体系的基本内容包括：

(1) 坚持马克思主义指导地位。马克思主义深刻揭示了人类社会发展规律，坚定维护和发展最广大人民根本利益，是指引人民推动社会进步、创造美好生活的科学理论。要毫不动摇地坚持马克思主义基本原理，紧密结合中国实际、时代特征、人民愿望，用发展着的马克思主义指导新的实践。坚持不懈地用中国特色社会主义理论体系武装全党、教育人民，推动学习实践科学发展观向深度和广度拓展，引导党员、干部深入学习贯彻党的基本理论、基本路线、基本纲领、基本经验，学习马克思主义经典著作，系统掌握马克思主义立场、观点、方法。科学分析世情、国情、党情新变化，深入研究解决改革开放和社会主义现代化建设新课题，不断深化对共产党执政规律、社会主义建设规律、人类社会发展规律的认识，不断把党带领人民创造的成功经验上升为理论，不断赋予当代中国马克思主义鲜明的实践特色、民族特色、时代特色。

(2) 坚定中国特色社会主义共同理想。中国特色社会主义是当代中国发展进步的根本方向，集中体现了最广大人民的根本利益和共同愿望。要深入开展理想信念教育，引导干部群众深刻认识中国共产党的领导和中国特色社会主义制度的历史必然性和优越性，深刻认识中国特色社会主义道路既是实现社会主义现代化和中华民族伟大复兴的必由之路，也是创造人民美好生活的必由之路，自觉地把个人理想融入中国特色社会主义共同理想之中，最大限度地把广大人民团结和凝聚在中国特色社会主义伟大旗帜之下。紧密结合中国特色社会主义成功实践，联系干部群众思想实际，针对社会热点难点问题，从理论和实践结合上作出有说服力的回答，引导干部群众在重大思想理论问题上划清是非界限、澄清模糊认识，有力抵制各种错误和腐朽思想影响。深入开展形势政策教育、国情教育、革命传统教育、改革开放教育、国防教育，组织学习中国近现代史特别是党领导人民进行革命、建设、改革的历史，坚定广大干部群众对中国特色社会主义的信心和信念。

（3）弘扬以爱国主义为核心的民族精神和以改革创新为核心的时代精神。爱国主义是中华民族最深厚的思想传统，最能感召中华儿女团结奋斗；改革创新是当代中国最鲜明的时代特征，最能激励中华儿女锐意进取的精神。要广泛开展民族精神教育，大力弘扬爱国主义、集体主义、社会主义思想，增强民族自尊心、自信心、自豪感，激励人民把爱国热情化作振兴中华的实际行动，以热爱祖国和贡献自己全部力量建设祖国为最大光荣、以损害祖国利益和尊严为最大耻辱。广泛开展时代精神教育，引导干部群众始终保持与时俱进、开拓创新的精神状态，永不自满、永不僵化、永不停滞，以思想不断解放推动事业持续发展。大力弘扬一切有利于国家富强、民族振兴、人民幸福、社会和谐的思想和精神，大力发扬艰苦奋斗、劳动光荣、勤俭节约的优良传统。加强民族团结进步教育，增进对伟大祖国和中华民族的认同，促进各民族共同团结奋斗、共同繁荣发展。加强爱国主义教育基地建设，用好红色旅游资源，使之成为弘扬培育民族精神和时代精神的重要课堂。

（4）树立和践行社会主义荣辱观。社会主义荣辱观体现了社会主义道德的根本要求。要深入开展社会主义荣辱观宣传教育，弘扬中华传统美德，推进公民道德建设工程，加强社会公德、职业道德、家庭美德、个人品德教育，评选表彰道德模范，学习宣传先进典型，引导人民增强道德判断力和道德荣誉感，自觉履行法定义务、社会责任、家庭责任，在全社会形成知荣辱、讲正气、作奉献、促和谐的良好风尚。深化群众性精神文明创建活动，广泛开展志愿服务，拓展各类道德实践活动，倡导爱国、敬业、诚信、友善等道德规范，形成男女平等、尊老爱幼、扶贫济困、扶弱助残、礼让宽容的人际关系。全面加强学校德育体系建设，构建学校、家庭、社会紧密协作的教育网络，动员社会各方面共同做好青少年思想道德教育工作。深入开展学雷锋活动，采取措施推动学习活动常态化。深化政风、行风建设，开展道德领域突出问题专项教育和治理，坚决反对拜金主义、享乐主义、极端个人主义，坚决纠正以权谋私、造假欺诈、见利忘义、损人利己的歪风邪气。把诚信建设摆在突出位置，大力推进政务诚信、商务诚信、社会诚信和司法公信建设，抓紧建立健全覆盖全社会的征信系统，加大对失信行为惩戒力度，在全社会广泛形成守信光荣、失信可耻的氛围。

8.2.2　社会主义核心价值观

1. 社会主义核心价值观的最新凝练

党的十八大报告提出："倡导富强、民主、文明、和谐，倡导自由、平等、公正、法治，倡导爱国、敬业、诚信、友善，积极培育社会主义核心价值观。"这一重要论述，是对社会主义核心价值观的最新概括，是我们党立足社会主义核心价值体系建设实践作出的重大理论创新，反映了我们党对社会主义核心价值观问题的最新认识，体现了我们党高度的理论自觉和文化自觉，对社会主义核心价值体系建设，将产生极大的推动。

2. 对社会主义核心价值观的理解

（1）富强、民主、文明、和谐立足于国家层面，体现了社会主义核心价值观在发展目标上的规定，也是我国在社会主义初级阶段的奋斗目标。社会主义作为一种先进的生产关系和社会制度，极大地解放和发展了社会生产力，必将创造出比以往社会形态条件下更为发达的物质文明和高度的精神文明，为迈向共产主义社会奠定坚实基础。实现富强、民主、文明、和谐，反映了近代以来中国历史发展的根本要求。倡导富强、民主、文明、和谐，是改革开放新时期以来我们党的基本主张。在当代中国，实现国家昌盛、人民幸福和民族复兴，符合近代以来中国人民寻求民族复兴的共同愿景，昭示中国特色社会主义伟大事业的美好前景，始终是一个鼓舞人心、振奋精神的价值理想，是一个能够凝聚起亿万人民群众智慧和力量的宏伟目标。

（2）自由、平等、公正、法治立足于社会层面，体现了社会主义核心价值观在价值导向上的规定，反映了社会主义社会的基本属性，始终是我们党和国家奉行的核心价值理念。我们党是马克思主义政党，马克思主义追求的终极目标是人的自由而全面的发展，我们党从成立之初就将其写在自己的旗帜上，并为之做出不懈奋斗。十七大以来，我们党的重要会议和重要文件，多次强调这一价值目标。可以说，我们党坚持科学发展，坚持以人为本，坚持执政为民，坚持依法治国，最终的目标都是服务人民，促进人的全面发展，践行自由、平等、公正、法治的崇高理念。

（3）爱国、敬业、诚信、友善立足于公民个人层面，体现了社会主义核心价值观在道德准则上的规定，是中国特色社会主义国家的公民应当树立的基本价值追求和应当遵循的根本道德准则，是公民基本道德规范的核心要求，体现了社会主义价值追求和公民道德行为的本质属性。2001年党中央印发《公民道德建设实施纲要》以来，中央在多次重要会议和重要文件中论及公民道德规范方面的内容。爱国、敬业、诚信、友善，涵盖了社会主义公民道德行为各个环节，贯穿了社会公德、职业道德、家庭美德、个人品德各方面，集成了中华民族传统美德、中国共产党人革命道德和社会主义新时期道德的精华，具有全面性和系统性。

综上所述，三个层次的理念相互联系、相互贯通，实现了政治理想、社会导向、行为准则的统一，实现了国家、集体、个人在价值目标上的统一，兼顾了国家、社会、个人三者的价值愿望和追求。这一表述反映了我国社会主义制度的本质规定，体现了中国特色社会主义事业的发展要求，昭示了中国共产党长期奋斗的一贯主张，继承了中华传统文化精华，汲取了人类文明优秀成果，既坚持了马克思主义的共性又涵盖着中国特色社会主义的个性，既坚守国家社会的目标又张扬了人的主体性，既有深厚的传统底蕴又有鲜明的时代特征，符合历史、合乎实践，贴近民情、顺乎民意，能够发挥出广泛的感召力、强大的凝聚力和持久的引导力。

8.3　加强思想道德建设和教育科学文化建设

中国特色社会主义文化建设包括思想道德建设和教育科学文化建设两个方面。社会主义思想道德建设，集中体现了中国特色社会主义文化建设的性质和方向，对社会政治经济的发展具有巨大的能动作用。教育和科学是中国特色社会主义文化建设的重要内容，对于提高民族素质、提高社会文明程度、促进经济发展和社会全面进步具有重要作用。

8.3.1　加强思想道德建设

1. 思想道德建设的目的

思想道德建设，解决的是整个中华民族的精神支柱和精神动力问题。加强思想道德建设，是建设社会主义核心价值体系的必然要求，是中国特色社会主义文化建设的重要内容和中心环节。新时期以来，在推进改革开放和现代化建设的过程中，思想道德建设也取得了重要进展。但也要看到，在发展社会主义市场经济和对外开放的条件下，原有的一些道德规范已经远远不能适应社会发展的需要，而新的道德规范尚未形成，从而出现了不同程度的理想信念模糊、价值取向扭曲、诚信意识淡薄、社会责任感缺乏等问题，加强思想道德建设就越来越成为一项紧迫的现实任务。

2. 思想道德建设的内容

加强思想道德建设，是发展社会主义先进文化、建设和谐文化的重要内容。建设社会主义和谐社会，要求公民正确处理个人与他人、个人与集体、个人与社会的关系；建设社会主义精神文明，要求公民有良好的道德素质；全面建成小康社会，要求显著提高公民文明素质和社会文明程度。紧紧围绕建设社会主义核心价值体系，按照发展先进文化、建设和谐文化的要求，坚持不懈地用马克思主义中国化的最新成果武装全党、教育人民、引导全社会牢固树立建设中国特色社会主义共同理想，坚持弘扬以爱国主义为核心的民族精神和以改革创新为核心的时代精神。倡导爱国主义、集体主义、社会主义思想，倡导以"八荣八耻"为主要内容的社会主义荣辱观，不断巩固全党全国人民团结奋斗的共同思想道德基础。所有这一切，都要求全面提高公民的道德素质并把它作为社会主义道德建设的基本任务。

3. 加强思想道德建设的途径

(1) 加快建立和完善社会主义思想道德体系。坚持依法治国和以德治国相结合，加强社会公德、职业道德、家庭美德、个人品德教育，弘扬中华传统美德，弘扬时代新风。按照与社会主义市场经济相适应的要求，进一步培养社会主义思想道德观念，逐步建立日益完善、反映不同层次和不同职业要求、具有很强引导力和规范力的道德体系，促进社会主义市场经济的健康发展；按照与社会主义法律规范相协调的要求，进一步把依法治国和以德治国结合起来，使法律和道德相辅相成、相互促进；按照与中华民族传统美德相承接的要求，进一步把中华民族的优良传统发扬光大，使社会主义思想道德既具有民族特色，又具有鲜明的时代特征。

(2) 着力培育文明道德风尚。推进公民道德建设工程，弘扬真善美、贬斥假恶丑，引导人们自觉履行法定义务、社会责任、家庭责任，营造劳动光荣、创造伟大的社会氛围，培育知荣辱、讲正气、作奉献、促和谐的良好风尚。积极倡导爱国、敬业、诚信、友善等道德规范，开展社会公德、职业道德、家庭美德教育，促进人际和谐。注重人文关怀和心理疏导，加强心理健康教育，促进人的心理和谐。引导人们牢固树立节约资源、保护环境、科学发展的意识，促进人与自然的和谐。广泛开展和谐创建活动，引导人们用和谐的思维认识事物，用和谐的态度对待事物，用和谐的方式处理矛盾，塑造自尊自信、理性平和、积极向上的社会心态，推动形成知荣辱、讲正气、促和谐的良好社会风尚。

(3) 把先进性要求同广泛性要求结合起来。深入开展道德领域突出问题专项教育和治理，特别是应加强社会诚信建设。诚信，既是社会主义市场经济的要求，也是社会主义道德的要求。要坚持从实际出发，区分层次，着眼多数，鼓励先进，循序渐进，引导人们在遵守基本思想道德规范的基础上，不断追求更高层次的思想道德目标。鼓励支持一切有利于解放和发展社会主义生产力的思想道德，一切有利于国家统一、民族团结、社会进步的思想道德，一切有利于追求真善美、抵制假恶丑、弘扬正气的思想道德，一切有利于履行公民权利与义务，用诚实劳动争取美好生活的思想道德。

(4) 进一步加强和改进思想政治工作。越是改革开放，越是发展社会主义市场经济，就越需要重视和加强思想政治工作。要紧密结合改革开放和现代化建设的实际，探索新形势下加强思想道德建设的规律和方法，将教育与管理相结合，解决思想问题与解决实际问题相结合，形成职责明确、齐抓共管、覆盖全社会的工作机制，不断增强思想政治工作的针对性和实效性。

(5) 深化群众性精神文明创建活动。群众性精神文明创建活动，离不开广大群众的道德自觉，它有利于提高广大群众的道德素质。深化群众性精神文明创建活动，要求广泛开展志愿服务，推动学雷锋活动、学习宣传道德模范常态化。

8.3.2　加强教育科学文化建设

1. 教育科学建设

新世纪新阶段，全面建设小康社会，对教育和科学事业的发展提出了新的更高的要求：

(1) 科学技术作为第一生产力，对一个国家、一个民族现在和未来的发展具有决定性意义。进入 21 世纪，科技进步日新月异，世界科学技术酝酿着新的突破，一场新的科技革命正在孕育之中，科技进步愈益成为经济社会发展的决定性因素，国民财富的增长和人类生活的改善越来越有赖于知识的积累和创新，科技竞争成为国际综合国力竞争的焦点。与现代化建设的需要相比，与世界先进水平相比，我国科技发展的水平还相对落后。当前，要全面建设小康社会，就必须大力推进科技进步和创新，进一步发挥科学技术对经济社会发展的关键性作用，把经济建设转到依靠科技进步和提高劳动者素质的轨道上来。要坚持自主创新、重点跨越、支撑发展、引领未来，不断增强创新能力，加快建设国家创新体系。要坚持科学技术面向经济建设的方针，从我国经济社会发展的战略需求出发，把关键领域的重大技术开发放在优先位置，按照有所为有所不为的要求，启动一批重大专项，力争取得重要突破。要深化科技体制改革，调整优化科技结构，促进科技资源的合理配置。要坚持以人为本，充分发挥广大科技人员的积极性，铸造我国科技事业的新辉煌。加强科学普及，提高全社会的科学素质。

(2) 哲学社会科学，是人们认识世界、改造世界的重要工具，是推动历史发展和社会进步的重要力量。哲学社会科学是现代国家的一种战略性资源，哲学社会科学的研究能力和成果是综合国力的重要组成部分。建设中国特色社会主义离不开以马克思主义为指导的哲学社会科学的繁荣发展。在改革开放和社会主义现代化建设进程中，哲学社会科学与自然科学同样重要，培养高水平的哲学社会科学家与培养高水平的自然科学家同样重要，提高全民族的哲学社会科学素质与提高全民族的自然科学素质同样重要，任用好哲学社会科学人才并充分发挥他们的作用与任用好自然科学人才并充分发挥他们的作用同样重要。要面向实际、立足国情，以重大理论问题和现实问题为主攻方向，推动理论创新和知识创新，研究回答关系党和国家发展的全局性、战略性、前瞻性问题，研究回答全面建设小康社会的紧迫问题，研究回答干部群众普遍关心的深层次思想认识问题，充分发挥认识世界、传承文明、创新理论、咨政育人、服务社会的重要作用，努力形成充分体现马克思主义中国化最新成果的，具有中国特色、中国风格、中国气派的哲学社会科学学科体系和教材体系。

(3) 教育是民族振兴的基石。提高人民科学文化素质和思想道德素质的基本途径，是发展科学技术和培养人才的基础，在现代化建设中具有基础性、先导性、全局性的地位和作用。要坚持把教育摆在优先发展的战略地位，并作为我们党和国家长期坚持的一项重大方针，推动我国教育事业全面协调可持续发展，建设人力资源强国，为全面建成小康社会、实现中华民族的伟大复兴提供强有力的人才和人力资源保证。要坚持教育的社会主义性质，坚持教育公益性原则，努力促进教育公平，办好让人民群众满意的教育。要把全面实施素质教育作为教育工作的主题，摆在教育工作最核心的位置。坚持育人为本、德育为先，把立德树人作为教育的根本任务。密切高等教育与经济社会发展的联系，保持高等院校招生合理增长，注重增强学生的实践能力、创造能力、就业能力和创业能力。要把教育体制改革和创新作为推动教育事业发展的动力。把促进教育公平作为国家基本教育政策，健全教育资助制度和助考体系，推进依法治教、依法治校，建设和谐校园。

2. 深化文化体制改革

发展社会主义先进文化，建设和谐文化，推动社会主义文化大发展大繁荣，必须适应社会主义市场经济的要求，遵循社会主义精神文明建设的规律，不断深化文化体制改革。

(1) 深化文化体制改革，要坚持以发展为主题，以改革为动力，以体制机制创新为重点，以创造生产更多更好适应人民群众需求的精神文化产品为目标，促进文化事业全面繁荣和文化产业快速发展。让人民享有健康丰富的精神文化生活，是全面建成小康社会的重要内容。当前，我国的哲学社会科学、新闻舆论、文艺作品、网络文化等领域的文化创作生产，总体上呈现积极健康、欣欣向荣的景象，但与人民期待和社会需求相比仍有很大差距，必须坚持正确导向，激发创新活力。要牢牢把握以人民为中心的创作导向，坚持正确的文化立场，牢固树立人民是历史创造者的观点，始终牢记为人民服务、为社会主义服务的职责，自觉深入生活，与人民同心，与时代同行，认真对待和积极追求文化产品的社会效益；要坚持把推出更多的精品力作作为根本任务，文化工作者在文化创作生产中，应善于把深刻的思想内涵、丰富的知识信息与完美的表现形式有机结合起来，在注重提升作品思想内涵的同时，不断增强作品的吸引力和感染力；要把创新精神贯穿于文化创作生产全过程，进一步解放思想、转变观念，树立与社会主义市场经济体制相适应、与社会主义精神文明建设要求相符合、与社会主义文化发展规律相一致的文化发展理念，推出更多表现力、吸引力、感染力俱佳，中国特色、中国风格、中国气派浓郁的优秀作品。

(2) 深化文化体制改革，要坚持一手抓公益性文化事业，一手抓经营性文化产业。公益性文化事业和经营性文化产业要协调发展，公益性文化事业是保障人民文化权益的主要途径，是政府主导的公共文化服务体系。发展经营性文化产业是社会主义市场经济条件下，繁荣社会主义文化的重要途径。经营性文化产业的根本任务是繁荣文化市场，满足人民群众多方面、多层次、多样性的精神文化需求。发展经营性文化产业，要充分发挥市场配置资源的基础性作用，坚持以市场为导向，在改革中贯彻"创新主体、转换机制、面向市场、壮大实力"的方针，调动社会力量发展文化产业，在市场竞争中发展壮大。

推动文化事业全面繁荣，必须按照公益性、基本性、均等性、便利性的要求，发挥政府的主导作用，加强文化基础设施建设，完善公共文化服务网络。坚持以公共财政为支撑，以公益性文化单位为骨干，以全体人民为服务对象，以保障人民基本文化权益为主要内容，完善覆盖城乡、结构合理、功能健全、实用高效的公共文化服务体系。推动文化产业快速发展，要充分发挥市场在文化资源配置中的基础性作用，加快构建结构合理、门类齐全、科技含量高、富有创意、竞争力强的现代文化产业体系，优化文化产业布局，打造文化知名品牌，建立公有制为主体、多种所有制共同发展的文化产业格局，把文化消费作为内生动力，增加文化消费总量，提高文化消费水平。为此，应积极创新商业模式，拓展大众文化消费市场，开发特色文化消费，扩大文化服务消费，提供个性化、大众化的文化产品和服务，培育新的文化消费增长点；提高基层文化消费水平，积极发展文化旅游，促进非物质文化遗产保护传承与旅游相结合，挖掘旅游景点的文化内涵，提升旅游的文化品位与价值，发挥旅游对文化消费、文化熏陶的促进作用。

(3) 深化文化体制改革，要坚持以体制机制创新为重点，在关键环节上实现新突破。无论是发展文化事业还是文化产业，都要把社会效益放在首位。公益性文化事业和经营性文化产业，只是文化形式的差别和载体的不同，而承载的精神即文化的灵魂是一致的，即社会主义先进文化。因此，它们的改革发展，必须坚持社会主义先进文化前进方向，把社会效益摆在首位，努力满足群众的文化需求，丰富人们的精神世界，促进人的全面发展，突出文化育人的功能。着力在重塑市场主体、完善市场体系、改善宏观管理、健全政策法规、转变政府职能等关键环节上取得新的突破。加快推进国有经营性文化单位的转企改制，在完善法人治理结构、盘活国有文化资源上拿出新办法；打破传统的文化资源和产品分配体制，在建立健全现代文化市场体系上推出新成果；加快转变政府职能、完善各种配套政策，在加强宏观管理上获得新进展。要把文化体制改革和文化创新结合起来，以改革促创新、促发展，推动文化观念、文化内容、文化形式、文化科技的全面进步。

本 章 小 结

建设中国特色社会主义文化，是我国社会主义现代化建设的重要内容，是凝聚和激励全国各族人民的重要力量，是综合国力的重要标志。在当代中国，发展社会主义先进文化，建设和谐文化，就是建设中国特色社会主义文化。中国特色社会主义文化建设，以培育有理想、有道德、有文化、有纪律的公民为根本任务。在马克思主义指导下，坚持为人民服务和为社会主义服务的方向，坚持百花齐放、百家争鸣的方针。继承和发扬优秀民族文化传统，利用、借鉴和吸收人类文明的共同成果。坚持贴近实际、贴近生活、贴近群众，不断推进文化创新。坚持一手抓繁荣，一手抓管理。社会主义核心价值体系是社会主义意识形态的本质体现。马克思主义指导思想是社会主义核心价值体系的灵魂。中国特色社会主义共同理想是社会主义核心价值体系的主题。民族精神和时代精神是社会主义核心价值体系的精髓。社会主义荣辱观是社会主义核心价值体系的基础。社会主义核心价值观是社会主义核心价值体系的内核和最高体现。建设中国特色社会主义文化，必须加强思想道德建设和教育科学文化建设，提高整个中华民族的思想道德素质和科学文化素质。改革文化体制，解放和发展文化生产力，坚持经济效益和社会效益的统一。一手抓公益性事业，一手抓经营性事业。

同 步 练 习

I 客观性试题

一、单项选择题(在每个小题列出的四个选项中，有一项是最符合题目要求的，请将正确选项的字母填在本书后面答题卡的括号内)

1. 建设中国特色社会主义文化的根本任务是(　　)。
   A. 弘扬科学精神　　　　　　　　　B. 培养"四有"新人
   C. 弘扬民族精神　　　　　　　　　D. 树立共产主义远大理想

2. 社会主义核心价值体系的灵魂是(　　)。
   A. 马克思主义指导思想　　　　　　B. 民族精神和时代精神
   C. 中国特色社会主义共同理想　　　D. 社会主义荣辱观

3. 社会主义思想道德建设要解决的是(　　)。
   A. 为物质文明建设提供智力支持　　B. 整个民族的精神支柱和精神动力问题
   C. 社会主义的发展方向　　　　　　D. 继承和发展民族优秀传统文化

4. 社会主义核心价值体系的主题是(　　)。
   A. 马克思主义指导思想　　　　　　B. 民族精神和时代精神
   C. 中国特色社会主义共同理想　　　D. 社会主义荣辱观

5. 社会主义核心价值体系的精髓是(　　)。
   A. 马克思主义指导思想　　　　　　B. 民族精神和时代精神
   C. 中国特色社会主义共同理想　　　D. 社会主义荣辱观

二、多项选择题(在每小题列出的五个选项中有二至五个选项是符合题目要求的，选出正确答案前的字母填在本书所附答题纸的括号内)

6. 先进文化最基本、最直接的价值取向是崇尚和追求先进性，体现在(　　)。
   A. 符合人类社会发展方向　　　　　B. 是先进生产力发展的要求
   C. 代表最广大人民的根本利益　　　D. 反映时代进步潮流
   E. 追求最新潮流与时尚

7. 江泽民指出，中国共产党要始终代表中国先进文化前进的方向，坚持(　　)。

　A．以坚定的信念培养人　　　　　　B．以科学的理论武装人

　C．以正确的舆论引导人　　　　　　D．以高尚的精神塑造人

　E．以优秀的作品鼓舞人

8. 在中国特色社会主义文化建设的长期实践中，形成了指导文化建设的一系列重要方针和原则，包括坚持以马克思主义为指导和(　　)。

　A．坚持为人民服务、为社会主义服务　　B．坚持百花齐放、百家争鸣

　C．坚持"三个贴近"，推进文化创新　　D．坚持一手抓繁荣，一手抓管理

　E．坚持立足当代又继承民族优秀文化传统，立足本国又吸收世界优秀文化成果

9. 在五千多年的发展历程中，中华民族形成了以爱国主义为核心的民族精神，其基本内容包括(　　)。

　A．爱好和平　　　　　　B．勤劳勇敢　　　　　　C．开拓进取

　D．自强不息　　　　　　E．团结统一

10. 社会主义思想道德建设的基本任务是加强(　　)。

　A．爱国主义和社会主义教育　　　　B．集体主义教育

　C．社会公德教育　　　　　　　　　D．职业道德教育

　E．家庭美德教育

11. 中国特色社会主义文化对社会成员产生凝聚与激励的途径是(　　)。

　A．知识体系　　　　　　B．价值观念　　　　　　C．思想信仰

　D．行为规范　　　　　　E．物质手段

12. 中国特色社会主义文化建设中强调的"三贴近"，其含义是(　　)。

　A．贴近时代　　　　　　B．贴近实际　　　　　　C．贴近生活

　D．贴近群众　　　　　　E．贴近领导

13. 我国当前在思想道德建设上存在的问题有(　　)。

　A．理想信念淡漠　　　　B．价值取向扭曲　　　　C．诚信意识淡薄

　D．社会责任感缺乏　　　E．荣辱标准颠倒

14. 党中央提出在改革开放和社会主义现代化建设进程中，繁荣哲学社会科学的"四个同样重要"是(　　)。

　A．哲学社会科学与自然科学同样重要

　B．培养高水平的哲学社会科学家与培养高水平的自然科学家同样重要

　C．提高全民族的哲学社会科学素质与提高全民族的自然科学素质同样重要

　D．任用好哲学社会科学人才并充分发挥他们的作用与任用好自然科学人才并充分发挥他们的作用同样重要

E. 文科与理科同样重要

15. 由于社会成员的思想觉悟和精神境界处在不同层次，因此中国特色社会主义文化建设不能强求指导思想的一元化。这个命题(　　)。

A. 是针对目前我国的国情为中国特色社会主义文化建设提出了合理化的建议

B. 没有看到只有统治阶级的思想才能成为全社会的指导思想

C. 实质上是强调"指导思想多元化"，是资产阶级自由化的论调

D. 没有看到如果搞"指导思想多元化"，社会主义建设就会迷失方向

E. 因为古今中外，各个国家和社会，社会形态不同，社会思想复杂

II 主观性试题

16. 如何认识文化是综合国力的重要标志？

17. 试述中国特色社会主义文化建设的战略地位。

18. 怎样理解中国特色社会主义文化建设的根本任务和主要内容？

19. 如何理解社会主义核心价值体系的主要内容及其相互关系？

20. 建设社会主义核心价值体系，为什么必须坚持马克思主义指导思想？

第9章 中国特色社会主义和谐社会建设

内 容 导 学

【学习目标】

通过本章的学习，使学生了解社会和谐是中国特色社会主义的本质属性，是国家富强、民族振兴、人民幸福的重要保证。构建社会主义和谐社会，反映了建设富强、民主、文明、和谐的社会主义现代化国家的内在要求，体现了全党全国各族人民的共同愿望；认识构建社会主义和谐社会的重要性和紧迫性，把握构建社会主义和谐社会的总要求、指导思想、基本原则和目标任务，理解加快推进以改善民生为重点的社会建设的基本要求。

【基本概念】

乌托邦，儒家"大同"思想，西方福利国家论，基本公共服务，社会主义和谐社会，民生工程。

【学习重点】

(1) 全面了解构建社会主义和谐社会的重要性和紧迫性；

(2) 准确把握社会主义和谐社会的科学内涵；

(3) 全面了解构建社会主义和谐社会的指导思想、基本原则和目标任务。

【学习难点】

(1) 正确认识我国当前经济社会发展中的不和谐因素；

(2) 准确把握社会和谐是中国特色社会主义的本质属性。

9.1　构建社会主义和谐社会的重要性和紧迫性

9.1.1　构建社会主义和谐社会提出的背景和科学含义

1. "和谐社会"理念产生的历史渊源

1) 我国历史上有关社会和谐的思想

"和"的思想是中华民族的价值观念和理想追求。我国古代在人与自然的关系上强调"天人和谐"、"天人合一",在人与社会的关系上崇尚"合群集众";在人与人的关系上要求"和睦相处";在各种文明的关系上主张"善解能容,和而不同"。我国历史上春秋战国时期,诸子百家就运用了"和"的概念,来阐发他们的哲学思想和文化理念。孔子在《论语·学而》中就提到过"和为贵"。墨子提出过"兼相爱"、"爱无差",主张"兼爱交利"、人人平等。孟子在《孟子·梁惠王上》中描述了"老吾老,以及人之老;幼吾幼,以及人之幼"这样一种社会状态。

两千多年来,人们从不同角度提出过"小康"、"大同"社会的描述,反映了我国人民对和谐社会的向往和追求。但是在阶级压迫和阶级剥削的旧制度下,这些设想是根本无法实现的。因为当时既没有这些设想产生的社会基础,也没有实现这一理想境界的有效途径,注定只能是一种无法实现的乌托邦式的幻想。

2) 西方有关社会和谐的思想

在西方,也有很多学者提出过和谐社会的思想。如古希腊的哲学家毕达哥拉斯提出过"和谐最美",柏拉图提出过"公正即和谐",赫拉克利特也提出过"对立和谐观"等等。自近代以来,也有不少学者先后提出过一些关于加强社会建设、社会管理的思想和理论,蕴涵着许多关于社会和谐的思想。一些西方国家还提出和实施了加强社会建设和管理的政策。但在资本主义制度下,存在着严重的阶级矛盾和阶级对立,也不可能实现真正意义上的社会和谐。

3) 空想社会主义者关于和谐社会的思想

西方近代最早提出"和谐社会"概念的是 19 世纪初法国的空想社会主义者傅立叶(Fourier,1772—1837 年)。他无情揭露资本主义社会的种种罪恶,建立起自己的空想社会主义思想体系。他在《全世界和谐》一书中指出,现存资本主义制度是不合理不公正的,将被新的"和谐制度"所代替。英国的空想社会主义者罗伯特·欧文(Robert Owen,1771年-1858 年)也提出了一个改造资本主义、建立人与自然和谐相处的共产主义社会的方案。1824 年,欧文把对和谐社会的追求付诸行动,在美国印第安纳州买下 1214 公顷土地,开始新和谐移民区试验，试图建立一种人与自然、工作和生活真正和谐的社会，最后还是以失败告终。1842 年，魏特林在《和谐与自由的保证》一书中，详细地阐述了自己的空想社会主义理论，他把资本主义社会称为"病态社会"，把社会主义社会称为"和谐与自由"的社会，并指出新社会的"和谐"是"全体和谐"，即在消灭私有制的基础上，消除人所受到的各种奴役以及人与人之间的不平等，实现社会的和谐。

虽然空想社会主义者没有认识到资本主义社会的本质矛盾，也没有找到实现社会变革的正确途径，结果只能陷于空想。然而，空想社会主义者毕竟在资本主义统治下对人人平等的理想社会进行了一次有意义的尝试。这种尝试及其思想，对后来马克思主义的产生起到了重要作用。

4) 马克思主义经典作家对和谐社会的设想

马克思、恩格斯在继承前人思想成果的基础上，创立了科学社会主义理论，勾画了共产主义社会的美好蓝图，指明了实现美好社会理想的正确途径。他们在《共产党宣言》中明确提出："代替存在着阶级和阶级对立的资产阶级旧社会的，将是这样一个联合体，在那里，每个人的自由发展是一切人的自由发展的条件。"按照马克思、恩格斯的设想，未来社会将在打碎旧的国家机器、消灭私有制的基础上，消除阶级之间、城乡之间、脑力劳动和体力劳动之间的对立和差别，极大地调动全体劳动者的积极性，使社会物质财富极大丰富、人民精神境界极大提高，实行各尽所能、按需分配，实现每个人自由而全面的发展，在人与人之间、人与自然之间都形成和谐的关系。马克思、恩格斯关于未来社会的科学设想，指明了构建社会主义和谐社会的前进方向。

2. 中国共产党和谐社会思想的形成

20 世纪 50 年代后半期，毛泽东相继发表了《论十大关系》和《关于正确处理人民内部矛盾的问题》，明确提出要学会用民主的方法解决人民内部矛盾。他还提出："我们的目标，是想造成一个又有集中又有民主，又有纪律又有自由，又有统一意志、又有个人心情舒畅、生动活泼，那样一种政治局面，以利于社会主义革命和社会主义建设，较易于克服困难，较快地建设我国的现代工业和现代农业，党和国家较为巩固，较为能够经受风险。"

十一届三中全会后，邓小平重申了毛泽东关于社会主义社会建设的一系列重要思想，同时结合改革开放的实际，科学阐述了建设中国特色社会主义的一系列重大理论观点，也对社会主义社会建设提出了一系列重要论断。他提出了社会主义本质论、强调民主的重要性、提出进行政治体制改革、论述了安定团结的重要性、强调了建立爱国统一战线的重要性。此外还有贫穷不是社会主义，社会主义要消灭贫穷；社会主义发展生产力，成果是属于人民的；要调动一切积极因素，努力化消极因素为积极因素；要按照统筹兼顾的原则来调节各种利益的相互关系，正确处理人民内部矛盾；关于一系列"两手抓"的思想等等，这些思想奠定了我们党关于社会主义和谐社会建设理论的重要基础。

十三届四中全会以后，江泽民进一步丰富和发展了我们党关于社会主义社会建设的理论，凝聚成为"三个代表"重要思想，强调社会主义作为人类历史崭新的社会形态，是以经济建设为重点的全面发展、全面进步的这样一种社会，是物质文明、精神文明、政治文明协调发展的社会，也包括了促进人的全面发展的任务。将和谐社会包括在全面建设小康社会之中，强调实现经济社会协调发展是我国社会主义现代化建设的一个重要指导方针、要充分调动各个方面的积极性、要正确处理改革发展稳定的关系、要正确处理新形势下的人民内部矛盾等。这些思想和措施孕育了构建社会主义和谐社会的主要内容，进一步丰富和发展了我们党关于社会主义和谐社会建设的理论。

3. 构建社会主义和谐社会的提出过程

　　2002 年，党的十六大明确把社会更加和谐列为全面建设小康社会的一个重要目标。十六大以来，我们党对社会和谐的认识不断深化，明确了构建社会主义和谐社会在中国特色社会主义事业总体布局中的地位。

　　2004 年 9 月，党的十六届四中全会进一步提出了构建社会主义和谐社会的任务，强调形成全体人民各尽其能、各得其所而又和谐相处的社会是巩固党执政的社会基础、实现党执政的历史任务的必然要求，要适应我国社会的深刻变化，把和谐社会建设摆在重要位置，并明确了构建社会主义和谐社会的主要内容。

　　2004 年 12 月，在中央经济工作会议上，胡锦涛同志明确提出了在现阶段构建社会主义和谐社会的四个着力点。

　　2005 年 2 月，在中共中央党校举办的省部级主要领导干部就提高构建社会主义和谐社会能力专题研讨班上，胡锦涛总书记第一次明确指出四位一体的中国特色社会主义事业的总体布局和社会主义社会建设的理论概念，以及构建社会主义和谐社会的总目标、总要求。

　　2005 年 10 月，胡锦涛同志在十六届五中全会上的讲话明确了提高协调各方面利益关系的能力是加强党对构建社会主义和谐社会领导的一项重要内容。

　　2006 年 10 月，十六届六中全会审议通过的《中共中央关于构建社会主义和谐社会若干重大问题的决定》，全面、深刻地阐明了社会主义和谐社会的性质和定位，指明了构建社会主义和谐社会的指导思想、目标任务、工作原则和重大部署。

4. 构建社会主义和谐社会的现实依据

　　构建社会主义和谐社会是我们党带领人民把中国特色社会主义伟大事业推向前进的必然选择。党的十六大以来，党中央反复强调要把推进社会主义和谐社会建设作为全面建设小康社会和中国未来发展的重要任务，其现实依据在于：

　　(1) 这是我们抓住和利用好重要战略机遇期、实现全面建设小康社会宏伟目标的必然要求。改革开放以来，我国社会主义市场经济体制日趋完善，社会主义物质文明、政治文明、精神文明建设和党的建设不断加强，综合国力大幅度提高，人民生活显著改善，社会政治长期保持稳定。同时，我国正处于并将长期处于社会主义初级阶段，人民日益增长的物质文化需要同落后的社会生产之间的矛盾仍然是我国社会的主要矛盾，统筹兼顾各方面利益任务艰巨而繁重。特别要看到，我国已进入改革发展的关键时期，经济体制深刻变革，社会结构深刻变动，利益格局深刻调整，思想观念深刻变化。这种空前的社会变革，给我国发展进步带来巨大活力，也必然带来这样那样的矛盾和问题。目前，我国社会总体上是和谐的。但是，也存在不少影响社会和谐的矛盾和问题，主要是：城乡、区域、经济社会发展很不平衡，人口资源环境压力加大；就业、社会保障、收入分配、教育、医疗、住房、安全生产、社会治安等方面关系群众切身利益的问题比较突出；体制机制尚不完善，民主法制还不健全；一些社会成员诚信缺失、道德失范，一些领导干部的素质、能力和作风与新形势新任务的要求还不适应；一些领域的腐败现象仍然比较严重；敌对势力的渗透破坏活动危及国家安全和社会稳定。这些问题如果处理不好，就会严重影响社会和谐稳定和全面建设小康社会的大局。我们党要带领人民抓住机遇、应对挑战，把中国特色社会主义伟大事业推向前进，必须坚持以经济建设为中心，把构建社会主义和谐社会摆在更加突出的地位。

(2) 这是我们把握复杂多变的国际形势、有力应对来自国际环境的各种挑战和风险的必然要求。新世纪新阶段，我们面临的发展机遇和挑战前所未有。和平、发展、合作成为时代潮流，世界多极化和经济全球化的趋势深入发展，科技进步日新月异。同时，国际环境复杂多变，综合国力竞争日趋激烈，影响和平与发展的不稳定不确定因素增多，我们仍将长期面对发达国家在经济科技等方面占优势的压力。在复杂多变的国际形势下，我们要有力应对来自外部的各种挑战和风险，就必须首先把国内的事情办好，通过和谐社会建设，始终保持国家统一、民族团结、社会稳定的局面。这是我们集中全党全民族的智慧和力量、全面推进中国特色社会主义事业的重要保障。

(3) 这是巩固党执政地位的社会基础、实现党执政历史任务的必然要求。巩固党执政地位的社会基础的根本因素就是发挥全体社会成员的积极性，构建和谐社会对调动广大社会成员的积极性有重要的作用，因此它是巩固党执政地位的社会基础。

(4) 这是党执政历史任务的必然要求。首先，构建和谐社会，既是党带领人民全面建成小康社会、实现工业化和现代化并最终实现共产主义的必由之路，也是我们党把最广大人民群众的积极性创造性调动起来，共同为完成党的执政目标和执政任务而奋斗的现实要求。其次，我国经济社会发展处于关键时期，经济社会发展已经进入全面建成小康社会和加快推进现代化的新的发展阶段。再次，随着改革开放和社会主义市场经济的深入发展，我国经济生活也发生了深刻的变化，社会利益关系复杂化，出现很多新问题。要解决问题，创造有利于经济社会发展的环境，不断满足人们日益增长的物质文化需求，保持社会的安定团结和国家的长治久安，必须努力构建社会主义和谐社会。

总之，构建社会主义和谐社会，是我们党坚持立党为公、执政为民的必然要求，是实现好、维护好、发展好最广大人民根本利益的重要体现，也是党实现执政历史任务的重要条件。党的十六大以来，中央强调要坚持立党为公、执政为民，做到权为民所用、情为民所系、利为民所谋；牢固树立和落实科学发展观，按照"五个统筹"的要求，即"统筹城乡发展、统筹区域发展、统筹经济社会发展、统筹人与自然和谐发展、统筹国内发展和对外开放"的要求，推进经济社会全面协调可持续发展；发展党内民主和人民民主，充分调动一切积极因素；坚持以人为本，始终把最广大人民的根本利益作为党和国家工作的根本出发点和落脚点，切实做好关心群众生产生活的工作，等等，都是为了推进社会主义社会建设。只有社会主义社会建设搞好了，我们党才能不断增强执政的社会基础，才能更好地实现继续推进现代化建设、完成祖国统一、维护世界和平与促进共同发展这三大历史任务。

9.1.2　构建社会主义和谐社会的科学含义

1. 社会与和谐社会

　　社会有广义和狭义之分。广义的社会是和自然相对的，即与宇宙、万物相对的人所创造出来的一切，如宗教、道德、法律、制度、政治、经济及狭义社会。狭义社会是关于复合的人聚集状态的概念，如家庭、学校、城市、农村等。马克思曾经说过社会是人们交互活动的产物。"在人们生产力发展的一定状况下,就会有一定的交换和消费形式。在生产、交换和消费发展的一定阶段上,就会有一定的社会制度、一定的家庭、等级或阶级组织,一句话就会有一定的市民社会。有一定的市民社会,就会有不过是市民社会表现的相应的政治国家。"他所指的社会是广义的社会，和谐社会也是一种广义的社会。

　　和谐社会是对人类社会发展理想状态的一种描绘，是古今中外人们梦寐以求的理想。一般地讲，和谐社会就是人与自然、人与社会、人与人之间的和谐统一与协调发展；就是生产力和生产关系、经济基础和上层建筑之间的和谐统一与协调发展。人类社会是在生产力和生产关系的矛盾统一中发展的，因而也是在和谐与不和谐的矛盾统一中发展的。

2. 社会主义和谐社会的科学涵义

　　2005 年 2 月，胡锦涛在中央党校省部级主要领导干部就提高建设社会主义和谐社会能力专题研讨班上发表的重要讲话中指出，我们所要建设的社会主义和谐社会，应该是民主法治、公平正义、诚信友爱、充满活力、安定有序、人与自然和谐相处的社会。我们要准确把握社会主义和谐社会的科学内涵，必须把握以下几个方面：

　　(1) 要正确把握社会主义和谐社会的性质。社会主义和谐社会不是以往任何其他社会形态标榜的社会协调与和谐，而是社会主义性质的和谐社会。一方面，它不同于封建式的"田园牧歌"，也不是空想社会主义的"乌托邦"，更不是现代资本主义式的"福利社会"。另一方面，它也不同于未来的共产主义和谐社会，而是马克思主义关于社会和谐的思想同当代中国实际相结合的产物，是迈向未来共产主义和谐社会的一个阶梯。构建社会主义和谐社会既是我们的一个治国理想，又是一种治国方略、治国机制，同时也是一种治国结果。

(2) 要正确把握构建社会主义和谐社会同建设社会主义物质文明、政治文明、精神文明的关系。建设社会主义物质文明、政治文明、精神文明，可以为构建社会主义和谐社会提供坚实基础；构建社会主义和谐社会，又可以为建设社会主义物质文明、政治文明、精神文明提供重要条件。我们要通过发展社会主义社会的生产力来不断增强和谐社会建设的物质基础，通过发展社会主义民主政治来不断加强和谐社会建设的政治保障，通过发展社会主义先进文化来不断巩固和谐社会建设的智力支持和精神支撑，同时又通过和谐社会建设来为社会主义物质文明、政治文明、精神文明建设创造有利的社会条件。

(3) 要正确把握构建社会主义和谐社会与全面建设小康社会的关系。构建社会主义和谐社会是贯穿中国特色社会主义事业全过程的长期历史任务和全面建设小康社会的重大现实课题。构建社会主义和谐社会同全面建设小康社会，都属于建设中国特色社会主义这个大范畴，两者是相互包含、相辅相成的。作为社会建设过程，构建社会主义和谐社会既是全面建设小康社会的重要内容，也是全面建设小康社会的重要条件。十六大提出的全面建设小康社会，包含了"社会更加和谐"的要求；构建社会主义和谐社会，是对这一要求的进一步展开和丰富。在全面建设小康社会阶段，构建社会主义和谐社会是一项现实的重大任务。同时，构建社会主义和谐社会又是一个长期的过程，在实现全面建成小康社会的宏伟目标之后，还要继续为构建更高水平的和谐社会长期奋斗。

9.1.3　构建社会主义和谐社会的重要意义

1. 构建社会主义和谐社会的理论意义

(1) 构建社会主义和谐社会，是我们党以马克思列宁主义、毛泽东思想、邓小平理论和"三个代表"重要思想为指导，全面贯彻落实科学发展观，从中国特色社会主义事业总体布局和全面建设小康社会全局出发提出的重大战略任务，反映了建设富强民主文明和谐的社会主义现代化国家的内在要求，体现了全党全国各族人民的共同愿望。

(2) 构建社会主义和谐社会，是对人类社会发展规律认识的深化，是对马克思主义关于社会主义社会建设理论的丰富和发展；是对社会主义建设规律认识的深化，丰富和发展了中国特色社会主义理论；提出构建社会主义和谐社会是对共产党执政规律的深化，是我们党执政理念的升华。明确提出构建社会主义和谐社会，反映了我们党对执政规律、执政方略的新认识，为我们紧紧抓住和用好重要战略机遇期、实现全面建设小康社会的宏伟目标提供了重要的思想指导。

2．构建社会主义和谐社会的现实意义

(1) 构建社会主义和谐社会是中国特色社会主义事业四位一体总体布局的重要组成部分，及时对构建社会主义和谐社会进行研究并作出部署，有利于全面推进中国特色社会主义事业。

(2) 社会和谐是全面建设小康社会的重要目标，切实做好构建社会主义和谐社会的各项工作，有利于充分调动社会各方面的积极性，抓住和用好我国发展的重要战略机遇期，切实维护和促进改革发展稳定的大局，确保实现全面建设小康社会的目标。

(3) 社会和谐是中国最广大人民的根本利益所在，把构建社会主义和谐社会的各项任务落到实处，有利于进一步解决好人民群众最关心、最直接、最现实的利益问题，实现好、维护好、发展好最广大人民的根本利益。

(4) 社会和谐是应对外部挑战的重要条件，保持国内安定和谐的社会政治局面，有利于增强民族凝聚力和抗风险能力，更好地维护国家主权、安全、发展利益。

总之，构建社会主义和谐社会，是中国特色社会主义事业的有机组成部分，是推进全面建设小康社会的重大战略举措。它关系到最广大人民的根本利益，关系到巩固党执政的社会基础、实现党执政的历史任务，关系到全面建设小康社会的全局，关系到党的事业兴旺发达和国家的长治久安。党要带领人民把中国特色社会主义伟大事业推向前进，必须坚持以经济建设为中心，把构建社会主义和谐社会摆在更加突出的地位。

9.2　构建社会主义和谐社会的总体思路

9.2.1　构建社会主义和谐社会的指导思想、基本原则和目标任务

1．构建社会主义和谐社会的指导思想和基本原则

构建社会主义和谐社会必须坚持正确的指导思想。十六届六中全会明确提出了构建社会主义和谐社会的指导思想。这就是：必须坚持以马克思列宁主义、毛泽东思想、邓小平理论和"三个代表"重要思想为指导，坚持党的基本路线、基本纲领、基本经验，坚持以科学发展观统领经济社会发展全局，按照民主法治、公平正义、诚信友爱、充满活力、安定有序、人与自然和谐相处的总要求，以解决人民群众最关心、最直接、最现实的利益问题为重点，着力发展社会事业、促进社会公平正义、建设和谐文化、完善社会管理、增强社会创造活力，走共同富裕道路，推动社会建设与经济建设、政治建设与文化建设协调发展。

在提出构建社会主义和谐社会这一重大任务的同时，党中央还明确提出了推进和谐社

会建设必须遵循的重要原则，为我们在实践中积极稳妥地推进和谐社会的建设指明了方向。

第一，必须坚持以人为本。坚持以人为本，这是构建社会主义和谐社会的根本出发点和落脚点。构建社会主义和谐社会必须把以人为本贯彻始终，把实现最广大人民的根本利益作为党和国家一切工作的最高标准，做到发展为了人民、发展依靠人民、发展成果由人民共享，促进人的全面发展。

第二，必须坚持科学发展。坚持科学发展，这是构建社会主义和谐社会的工作方针。构建社会主义和谐社会必须牢固树立和全面贯彻科学发展观，切实抓好发展这个党执政兴国的第一要务，统筹兼顾城乡、区域、经济社会和人与自然和谐发展，统筹国内发展和对外开放，实现经济社会全面协调可持续发展。

第三，必须坚持改革开放。坚持改革开放。是构建社会主义和谐社会工作的动力。构建社会主义和谐社会必须坚持社会主义市场经济的改革方向，适应社会发展要求，推进经济、政治、文化和社会体制的改革和创新，进一步扩大对外开放。

第四，必须坚持民主法治。这是构建社会主义和谐社会的工作保证。构建社会主义和谐社会必须加强社会主义民主政治建设，发展社会主义民主，实施依法治国基本方略，建设社会主义法治国家，树立社会主义法治理念，增强全社会法律意识，推进国家经济、政治、文化、社会生活法制化、规范化，逐步形成社会公平保障体系，促进社会公平正义。

第五，必须坚持正确处理改革发展稳定的关系。这是构建社会主义和谐社会的工作条件。构建社会主义和谐社会必须把改革的力度、发展的速度和社会可承受的程度统一起来，维护社会安定团结，以改革促进和谐、以发展巩固和谐、以稳定保障和谐，确保人民安居乐业、社会安定有序、国家长治久安。

第六，必须坚持在党的领导下全社会共同建设。这是构建社会主义和谐社会的领导核心和依靠力量。构建社会主义和谐社会必须加强和改善党的领导，发挥党的领导核心作用；同时要维护人民群众的主体地位，团结一切可以团结的力量，调动一切积极因素，形成促进和谐人人有责、和谐社会人人共享的生动局面。

上述六条重要原则，构成一个有机整体，包含丰富内容，深刻地体现了构建社会主义和谐社会的根本要求。它们从不同的角度回答了社会主义和谐社会为谁建、靠谁建、怎样建的问题，指明了我们应当遵照什么思想构建社会主义和谐社会、依据什么原则统筹全局、根据什么要求推进发展、运用什么方式保证和谐，形成了比较系统的构建社会主义和谐社会的指导思想和基本原则。

2．构建社会主义和谐社会的目标任务

党明确提出并积极推进社会主义和谐社会建设，不仅具有必然性，而且具备了政治保证、物质基础、矛盾化解基础、思想文化保证等诸多有利条件。同时，我们也要认识到，我国国情决定建成社会主义和谐社会任重道远，还需要一个很长的历史过程，必须同全面

建成小康社会的目标和基本实现现代化的战略目标衔接好，立足当前、着眼长远，量力而行、尽力而为，有重点分步骤地持续推进。

(1) 按照党的十六大确立的全面建设小康社会的宏伟目标，根据构建社会主义和谐社会的总要求，党的十六届六中全会提出了到 2020 年构建社会主义和谐社会的目标和主要任务是：第一，社会主义民主法制更加完善，依法治国基本方略得到全面落实，人民的权益得到切实尊重和保障；第二，城乡、区域发展差距扩大的趋势逐步扭转，合理有序的收入分配格局基本形成，家庭财产普遍增加，人民过上更加富足的生活；第三，社会就业比较充分，覆盖城乡居民的社会保障体系基本建立；第四，基本公共服务体系更加完备，政府管理和服务水平有较大提高；第五，全民族的思想道德素质、科学文化素质和健康素质明显提高，良好道德风尚、和谐人际关系进一步形成；第六，全社会创造活力显著增强，创新型国家基本建成；第七，社会管理体系更加完善，社会秩序良好；第八，资源利用效率显著提高，生态环境明显好转；第九，实现全面建设惠及十几亿人口更高水平的小康社会的目标，努力形成全体人民各尽其能、各得其所而又和谐相处的局面。这九条目标和主要任务分别反映了民主法治、公平正义、诚信友爱、充满活力、安定有序、人与自然和谐相处总要求的各个方面，充实和丰富了全面建设小康社会的内容。

(2) 党的十七大在提出夺取全面建设小康社会奋斗目标的新要求时，将上述几个方面的目标和任务进一步概况为："现代国民教育体系更加完善，终身教育体系基本形成，全面受教育程度和创新人才培养水平明显提高。社会就业更加充分，覆盖城乡居民的社会保障体系基本建立，人人享有基本生活保障。合理有序的收入分配格局基本形成，中等收入者占多数，绝对贫困现象基本消除。人人享有基本医疗卫生服务，社会管理体系更加健全。"

9.2.2　构建社会主义和谐社会的主要举措

党的十八大报告明确提出：加强社会建设，是社会和谐稳定的重要保证。必须从维护广大人民根本利益的高度，加快健全基本公共服务体系，加强和创新社会管理，推动社会主义和谐社会建设。

1. 努力办好人民满意的教育

教育是民族振兴和社会进步的基石。要坚持教育优先发展，全面贯彻党的教育方针，坚持教育为社会主义现代化建设服务、为人民服务，把立德树人作为教育的根本任务，培养德智体美全面发展的社会主义建设者和接班人；全面实施素质教育，着力提高教育质量，培养学生社会责任感、创新精神、实践能力；完善终身教育体系，建设学习型社会；大力促进教育公平，合理配置教育资源，让每个孩子都能成为有用之才。鼓励引导社会力量兴办教育。加强教师队伍建设，提高师德水平和业务能力，增强教师教书育人的荣誉感和责任感。

2．推动实现更高质量的就业

就业是民生之本。要贯彻劳动者自主就业、市场调节就业、政府促进就业和鼓励创业的方针，实施就业优先战略和更加积极的就业政策。引导劳动者转变就业观念，鼓励多渠道多形式就业，促进创业带动就业，做好以高校毕业生为重点的青年就业工作和农村转移劳动力、城镇困难人员、退役军人就业工作。加强职业技能培训，提升劳动者就业创业能力，增强就业稳定性。健全人力资源市场，完善就业服务体系，增强失业保险对促进就业的作用。健全劳动标准体系和劳动关系协调机制，加强劳动保障监察和争议调解仲裁，构建和谐劳动关系。

3．千方百计增加居民收入

实现发展成果由人民共享，必须深化收入分配制度改革，努力实现居民收入增长和经济发展同步、劳动报酬增长和劳动生产率提高同步，提高居民收入在国民收入分配中的比重，提高劳动报酬在初次分配中的比重。初次分配和再分配都要兼顾效率和公平，再分配更加注重公平。完善劳动、资本、技术、管理等要素按贡献参与分配的初次分配机制，加快健全以税收、社会保障、转移支付为主要手段的再分配调节机制。深化企业和机关事业单位工资制度改革，推行企业工资集体协商制度，保护劳动所得。多渠道增加居民财产性收入。规范收入分配秩序，保护合法收入，增加低收入者收入，调节过高收入，取缔非法收入。

4．统筹推进城乡社会保障体系建设

社会保障是保障人民生活、调节社会分配的一项基本制度。要坚持全覆盖、保基本、多层次、可持续方针，以增强公平性、适应流动性、保证可持续性为重点，全面建成覆盖城乡居民的社会保障体系。改革和完善企业和机关事业单位社会保险制度，整合城乡居民基本养老保险和基本医疗保险制度，建立兼顾各类人员的社会保障待遇确定机制和正常调整机制。扩大社会保障基金筹资渠道，完善社会救助体系，健全社会福利制度，支持发展慈善事业，做好优抚安置工作。建立市场配置和政府保障相结合的住房制度，满足困难家庭基本需求。坚持男女平等基本国策，保障妇女儿童合法权益。积极应对人口老龄化，大力发展老龄服务事业和产业。健全残疾人社会保障和服务体系，切实保障残疾人权益。健全社会保障经办管理体制，建立更加便民快捷的服务体系。

5．提高人民健康水平

健康是促进人的全面发展的必然要求。要坚持为人民健康服务的方向，坚持预防为主、以农村为重点、中西医并重，按照保基本、强基层、建机制要求，重点推进医疗保障、医

疗服务、公共卫生、药品供应、监管体制综合改革，完善国民健康政策，为群众提供安全有效方便价廉的公共卫生和基本医疗服务。健全全民医保体系，建立重特大疾病保障和救助机制，完善突发公共卫生事件应急和重大疾病防控机制。巩固基本药物制度。提高医疗卫生队伍服务能力，加强医德医风建设。改革和完善食品药品安全监管体制机制。开展爱国卫生运动，促进人民身心健康。坚持计划生育的基本国策，提高出生人口素质，逐步完善政策，促进人口长期均衡发展。

6. 加强和创新社会管理

提高社会管理科学化水平，必须加强社会管理法律、体制机制、能力、人才队伍和信息化建设。改进政府提供公共服务方式，加强基层社会管理和服务体系建设，增强城乡社区服务功能，强化企事业单位、人民团体在社会管理和服务中的职责，引导社会组织健康有序发展，充分发挥群众参与社会管理的基础作用。完善和创新流动人口和特殊人群管理服务。畅通和规范群众诉求表达、利益协调、权益保障渠道。建立健全重大决策社会稳定风险评估机制。强化公共安全体系和企业安全生产基础建设，遏制重特大安全事故。加强和改进党对政法工作的领导，加强政法队伍建设。深化平安建设，完善立体化社会治安防控体系，强化司法基本保障，依法防范和惩治违法犯罪活动，保障人民生命财产安全。完善国家安全战略和工作机制，高度警惕和坚决防范敌对势力的分裂、渗透、颠覆活动，确保国家安全。

本 章 小 结

社会和谐是中国特色社会主义的本质属性，是国家富强、民族振兴、人民幸福的重要保证。我们要构建的社会主义和谐社会，是在中国特色社会主义道路上，中国共产党领导全体人民共同建设、共同享有的和谐社会；是民主法治、公平正义、诚信友爱、充满活力、安定有序、人与自然和谐相处的社会。提出构建社会主义和谐社会，是对人类社会发展规律、社会主义建设规律和共产党执政规律认识的深化，是对马克思主义关于社会主义社会建设理论的丰富和发展。构建社会主义和谐社会，要遵循以下原则：必须坚持以人为本，必须坚持科学发展，必须坚持改革开放，必须坚持民主法治，必须坚持正确处理改革发展稳定的关系，必须坚持在党的领导下全社会共同建设。加强社会建设，必须以保障和改善民生为重点。要努力办好人民满意的教育；推动实现更高质量的就业；千方百计增加居民收入；统筹推进城乡社会保障体系建设；提高人民健康水平；加强和创新社会管理。

同 步 练 习

Ⅰ 客观性试题

一、单项选择题(在每个小题列出的四个选项中，有一项是最符合题目要求的，请将正确选项前的字母填在本书所附答题纸的括号内)

1. 我国传统文化中的理想社会可概括为(　　)。

A. 理想国　　　　　　B. 太阳城　　　　　C. 大同社会　　　　　D. 乌托邦

2. 党的十六届六中全会强调，构建社会主义和谐社会必须遵循六个原则，其中工作动力问题是必须(　　)。

A. 坚持改革开放　　　　　　　　　B. 坚持民主法制

C. 坚持正确处理改革稳定发展的关系　　D. 坚持在党的领导下全社会共同建设

3. 构建社会主义和谐社会是贯穿中国特色社会主义事业全过程的长期历史任务和(　　)的重大现实课题。

A. 全面建设小康社会　　　　　　　B. 社会主义初级阶段

C. 新型工业化社会　　　　　　　　D. "三步走"战略

4. 构建社会主义和谐社会是对(　　)认识的深化。

A. 人类社会发展规律　　　　　　　B. 社会主义社会发展规律

C. 初级阶段社会发展规律　　　　　D. 工业化社会发展规律

5. 构建社会主义和谐社会是中国特色社会主义事业(　　)总体布局的重要组成部分。

A. 两个文明　　　B. 三位一体　　　　C. 四位一体　　　　D. 五位一体

二、多项选择题(在每小题列出的五个选项中有二至五个选项是符合题目要求的，请将正确选项前的字母填在本书所附答题纸的括号内)

6. 十六大以来，党中央反复强调要把推进社会主义和谐社会建设作为全面建设小康社会和中国未来发展的重要任务，其现实依据在于(　　)。

A. 我国正处于重要的战略机遇期

B. 我国正处于社会主义初级阶段的要求

C. 有力应对国际形势复杂多变的要求

D. 巩固党执政地位的社会基础的要求

E. 实现党执政历史任务的要求

7. 社会主义和谐社会就是(　　)。

A. 团结进步　　　B. 诚信友爱　　　C. 民主法治　　　D. 公平正义　　　E. 安定有序

8. 在和谐社会中，人与自然和谐相处就是(　　)。

A. 生产发展　　　B. 生活富裕　　　C. 生态良好　　　D. 天人合一　　　E. 民生富足

9. 社会主义和谐社会是(　　)。

A. 一切人类社会的　　　　　　　　B. 社会主义性质的

C. 社会主义精神文明、物质文明和政治文明有机的统一

D. 贯穿中国特色社会主义事业全过程的长期历史任务

E. 贯穿全面建设小康社会的重大现实课题

10. 构建社会主义和谐社会的重大理论意义是(　　)。

A. 对人类社会发展规律认识的深化

B. 对马克思主义关于社会主义社会建设理论的丰富和发展

C. 对社会主义建设规律认识的深化

D. 对共产党执政规律认识的深化

E. 党的执政理念的升华

11. 构建和谐社会的指导思想是(　　)。

A. 人类社会发展的一切规律　　　B. 毛泽东思想　　　C. 邓小平理论

D. 科学发展观　　　　　　　　　E. 马克思列宁主义

12. 构建和谐社会必须遵循的原则，下列正确的是(　　)。

A. 以人为本　　　　　　　　　　B. 科学发展　　　　　C. 改革开放

D. 民主法治　　　　　　　　　　E. 社会团结

13. 构建和谐社会的主要举措有(　　)。

A. 协调发展，加强社会事业建设

B. 加强制度建设，保障社会公平正义

C. 建设和谐文化，巩固社会和谐的思想道德基础

D. 完善社会管理，保持社会安定有序

E. 激发社会活力，增进社会团结和睦

14. 目前，构建社会主义和谐社会已经成为全社会的共识，必须正确处理好(　　)。

A. 经济建设与社会各项事业发展的关系

B. 效率与公平、先富与共富的关系

C. 行政管理与社会自我管理的关系

D. 发挥传统政治优势与创新群众工作机制的关系

E. 人与自然环境的关系

15. 在构建社会主义和谐社会的进程中，我们要正确处理改革发展稳定的关系，就

必须( )。

A. 把改革力度、发展的速度和社会可承受的程度统一起来
B. 维护社会安定团结
C. 以改革促进和谐、以发展维护和谐、以稳定保障和谐
D. 确保人民安居乐业、社会安定有序、国家长治久安
E. 中国与国际社会协调发展

Ⅱ 主观性试题

16. 如何准确把握社会主义和谐社会的科学内涵？

17. 如何正确理解构建社会主义和谐社会的重要性和紧迫性？

18. 简述构建社会主义和谐社会的指导思想和基本原则。

19. 为什么在经济发展的同时要加快推进以改善民生为重点的社会建设？

20. 如何推进以改善民生为重点的社会建设？

第 10 章　中国特色社会主义生态文明建设

内 容 导 学

【学习目标与要求】

掌握生态文明的含义及其在人类文明史上的地位；明确社会主义生态文明提出的历史背景及现实意义；把握社会主义生态文明建设的指导思想、基本原则和总体布局；掌握建设资源节约型、环境友好型社会的基本思路和具体要求。通过本书的学习，学生可以更加理性和科学地认识社会主义生态文明建设的必要性和重要性，清楚党和国家建设社会主义生态文明的战略构想和具体对策，明确自己在建设社会主义生态文明过程中所承担的责任和使命。

【基本概念】

生态文明，可持续发展，资源节约社会，环境友好型社会。

【教学重点】

(1) 生态文明的含义；

(2) 生态文明提出的意义；

(3) 生态文明建设的基本要求。

【教学难点】

(1) 生态文明提出的依据；

(2) 生态文明建设的指导思想；

(3) 生态文明建设的具体措施。

10.1　生态文明思想的提出及意义

10.1.1　生态文明思想的提出

1. 人类社会文明发展的演进及生态文明的含义

1) 人类社会文明发展演进的阶段

文明是人类文化发展的成果，是人类改造世界的物质和精神成果的总和，也是人类社会进步的象征。人类文明经历了以下四个阶段：

第一阶段是原始文明。约在石器时代，人们依赖集体的力量，通过身体延伸的自然力维持生存，以采集和渔猎为生活方式，为时上百万年。

第二阶段是农业文明。土地成为第一个被资源化了的自然形态，人类依赖依附于土地的农业而生活，为时一万年。

第三阶段是工业文明。18世纪英国工业革命开启了人类现代化生活，机器大生产代替了手工生产，规模经济代替了工场经济，精确的社会分工代替了模糊的社会分工，以社会大生产为主要特征的工业社会到来，为时三百年。三百年的工业文明以人类征服自然为主要特征，引起了一系列全球性生态危机，使得人类陷入增长的困境。

第四阶段是上世纪五六十年代以来，人类开始反思工业文明的弊端，要求开创一个新的文明形态来延续人类的生存，这就是生态文明。生态文明作为一种后工业文明，是人类社会一种新的文明形态，是人类迄今最高的文明形态。

2) 生态文明

一般而言，所谓生态文明是指人类调控人与自然、人与人、人与社会之间的关系，实现和谐相处、协同进步、全面发展、持续繁荣的目标而创造的成果总和。它是对传统工业文明牺牲生态环境换取经济增长弊端进行深刻反思后而形成的一种新的文明形态，是人类社会进步的重要标志，代表了人类文明发展的新方向。生态文明抛弃了工业社会人与自然二元对立的价值观，强调在处理人与自然的关系时，将征服、控制和改造自然的自然观转变为控制、协调人与自然和谐关系的自然观，发挥人类在协调生态系统稳定性和平衡性中的主导地位，担负起人类在生态系统中的主体责任，实现人与自然相互依存、相互促进、共处共融。如果说农业文明是"黄色文明"，工业文明是"黑色文明"，那么生态文明就是"绿色文明"。

2. 生态文明建设构想提出的背景

上世纪初始，工业文明在推动经济增长的同时所带来的生态环境恶化弊端日益显现。

工业社会大量生产、大量消费、大量排放废弃物所带来的直接后果是：70%的农业用地退化、地力枯竭；50%的湿地在 20 世纪丧失；2/3 的渔业已濒临或超过持续生产的极限；地球上 1/3 的人们面临缺水，其中有 13 亿人没有健康的饮用水；世界上 10%～15%的物种将在今后 30 年灭绝；80%的森林正遭受砍伐。总结工业文明时期社会发展的经验教训，西方主要资本主义国家开始关注生态环境问题，摒弃人与自然二元对立的价值观和牺牲生态换取经济增长的发展观，倡导文明形态由工业文明向生态文明转变，开发绿色技术、发展绿色经济、采用绿色生活方式。

随着经济的发展，中国进入工业化发展的中后期，也面临着发达国家在上个世纪所遇到的生态环境恶化问题。据《中国统计年鉴》数据显示，中国人口总量已从 1949 年的 5.04 亿上升到 2008 年的 13.54 亿，增长了 1.69 倍。在今后十几年中，中国每年平均净增人口仍将保持 1000 万。而中国现有耕地同历史上最多的 1951 年相比，面积递减了 2.3 亿亩，平均每年递减 700 亩。自 1949 年以来，中国草场面积退化了 7 亿多亩，占总面积的 1/4，优良牧草大幅度减少，干草产量下降 3/4。中国现有森林面积 1.59 亿公顷，约占世界森林面积的 4%，而人均森林面积、人均蓄积量分别是世界人均水平的 20%和 12.5%。另外，中国也是世界上自然资产损耗最严重的国家。有关资料显示：45 种主要矿产在 15 年后将剩下 6 种，5 年以后 60%以上的石油依赖进口。生态问题已经成为挑战中国未来的全局性、战略性和根本性问题。

国际经验表明：一个国家或地区进入中等收入阶段后，一般应更注重经济增长与资源环境生态的协调。2011 年我国人均 GDP 达到 5432 美元，成为中等偏上收入国家。在全面建设小康社会的过程中，如何避免重蹈发达国家"先发展、后治理"的老路，兼顾经济发展与生态保护的"双赢"成为中国需要解决的问题。在这种背景下，生态文明思想在党的十七大报告中被正式提出并在十八大中进一步得到阐释。

3. 生态文明建设构想提出的依据

当然，生态文明思想的提出和形成没有那么简单，还有其复杂的理论和现实依据：

(1) 中国生态环境的积累性恶化是生态文明思想提出和形成的现实依据。建国后特别是改革开放以来，随着中国人口的急剧膨胀，以及以能源化工产业为主导的工业化和以挤占土地资源为特征的城市化的发展，引起了中国生态环境的持续性恶化。根据耶鲁大学和哥伦比亚大学联合研究小组进行的环境绩效指数(EPI)显示，2006、2008、2010 年中国在世界的排名分别为 94、105、121 位，表明尽管近年来加大了生态环境治理和保护的力度，但是我国整体的生态环境恶化态势并未发生根本性的改善。比较 1991 年—2012 年《中国环境状况公告》中公布的生态状况统计数据也可以看出，我国生态环境总体恶化、局部改善的趋势没有得到根本扭转，一些地方生态环境承载能力已近极限，水、大气、土壤等污染严重，固体废料、汽车尾气、重金属等污染持续增加；环境突发事件增多，水污染、食品安全问题严重危害人民群众身体健康。目前我国温室气体排放总量大、增速快，化石能源排放的二氧化碳已位居世界第一，生态环境的硬性约束越来越大。资源相对不足、环境容量有限，已经成为新的基本国情，成为发展的"短板"。

(2) 世界其他国家生态文明建设的理论和实践是生态文明思想提出和形成的客观依据。随着产业技术革命的发展，西方国家率先进入以无生命能源的消耗为核心、以专业化社会大生产为主要特征、以经济的快速增长为主要价值导向的工业化社会。为了维持工业社会的运转，西方国家凭借先进的科学技术，既把自然界当做水龙头肆意掠夺资源，又把自然界当做污水池随意污染生态环境，使得自然界支离破碎、面目全非。上世纪六七十年代，随着美国学者卡逊《寂静的春天》的发表和西方环境保护运动的崛起，西方国家逐渐从工业文明人与自然二元对立的价值观中汲取教训，注重生态环境的保护，开启了生态文明建设之路，并取得了一系列理论和实践成果。正是在这一国际背景下，中国共产党借鉴西方发达国家生态文明建设理论和实践成果并总结其经验教训，提出了既具有中国特色又蕴含世界元素的中国特色社会主义生态文明理论。

(3) 马克思恩格斯的生态观、中国古代生态保护理念是生态文明思想提出和形成的理论依据。中国特色社会主义生态文明思想主要来源于马克思恩格斯的生态观和中国古代的生态保护理念。马克思恩格斯的生态观是中国共产党生态文明思想的最主要来源。首先是方法论基础。马克思恩格斯的生态保护思想为中国共产党生态文明思想的形成提供了唯物论基础、辩证法基础、实践观基础和唯物史观基础。它揭示了自然对人的先在性和人对自然的依赖性，剖析了人与自然、人与人、人与社会之间的辩证关系，阐释了实践对自然界存在的意义和作用，指出了社会的解放、人的解放是自然解放的先决条件这一唯物史观命题。其次，马克思恩格斯的生态观蕴含着丰富的内容。其一，强调生态环境对人类发展的重大影响，指出人本身是自然界的产物，是在自己所处的环境中并且和这个环境一起发展起来的；其二，强调自然对人的先在性和人的主体性的统一，要求在实现"人同人自身的和解"的过程中实现"人同自然的和解"；其三，强调实践作为人类所特有的一种活动，是人与自然的纽带，人类在实践活动中要认识、尊重和遵循自然规律。

(4) 中国生态文明思想源远流长，博大精深，很多文化典籍中都有生态保护的思想。儒家主张以仁爱之心对待自然，强调"天人合一"，肯定人与自然界的有机联系和有机统一，提出"能尽人之性，则能尽物之性；能尽物之性，则可以赞天地之化育；可以赞天地之化育，则可以与天地参矣"。道家提出人以尊重自然为最高准则，要达到"天地与我并生，而万物与我为一"的境界。佛教从善待万物角度出发，认为世间万物皆有生存的权利，"一切众生悉有佛性，如来常住无有变异"，将"勿杀生"奉为"五戒"之首。古代的生态保护思想大都包含"天地与我并生，万物与我为一"的朴素整体观，承认人类和万物一样，是天地自然而然的产物，要求人类要关爱和爱护自然。中国共产党取其精华去其糟粕，对中国古代天人和谐思想积极扬弃，并赋予其时代意义和价值。

(5) 建国后正反两方面的经验教训是生态文明思想提出和形成的直接依据。建国后很长一段时间里，为了解决日益增长的人口温饱和就业问题，党和政府一味追求物质生产力的发展，沿用传统的"高消耗、高污染、低利用"的线性经济发展模式，靠增加自然资本、物质资本投入推动经济的增长，走片面依靠重型机械制造业的"压缩型"工业化道路，这在推动中国工业化和现代化发展的同时，也导致了严重的生态问题。70年代以后，党和政府开始认识到生态环境的重要性，陆续提出了一系列生态治理的战略，包括工业"三废"治理、经济增长方式的转变、可持续发展观、科学发展观、和谐社会及资源节约型和环境友好型社会等，这为社会主义生态文明思想的提出提供了理论和实践基础。

10.1.2　生态文明思想提出的现实意义

生态文明体现了人类文明发展的新趋势，是人类价值观念、生产方式、生活方式的重大变革。党的十八大报告强调把生态文明建设放在突出地位，融入经济建设、政治建设、文化建设、社会建设各个方面和全过程，努力建设美丽中国，实现中华民族永续发展。推进生态文明建设，不仅对于深入贯彻落实科学发展观、推动现代化事业的发展具有重大现实意义，而且对于保障全球生态安全、推动人类文明进步具有深远意义。

1. 生态文明思想的提出是贯彻落实科学发展观的必然要求

建国后，中国共产党长期处于经济增长与生态环境保护的"两难选择"之中。社会主义改造完成之后，中国进入社会主义初级阶段，国内的主要矛盾是人民日益增长的物质文化需要同落后的社会生产之间的矛盾。要解决这一矛盾，还要不断满足日益增长的人口温饱问题和物质需求，我们就必须加速开采资源、实现经济高速增长，而这难免加剧资源的消耗、牺牲生态环境。相反，若减少资源的过量消耗和浪费、保护生态环境，则需要控制经济发展的速度和规模，这又难免影响人民物质生活的提高。很长时间以来，我们在经济增长与生态环境保护二者的选择中以牺牲后者换取前者的一时发展，引起了生态问题。

当前中国面临的生态国情是：一方面，我国人均资源不足，人均耕地、淡水、森林面积分别仅占世界平均水平的32%、27.4%和12.8%，石油、天然气、铁矿石等资源的人均拥有储量也明显低于世界平均水平；另一方面，由于长期实行主要依赖增加投资和物质投入的粗放型经济增长方式，能源和其他资源的消耗增长很快，生态环境恶化的问题日益突出。而这种境况的出现和长期以来一味追求GDP的发展观念紧密相关。

科学发展观的发展不仅是单纯的经济增长，而是社会整体的进步，既包括社会关系方面的进步，也包括自然关系方面的进步；协调不仅包含了人与人的协调和人与自我的协调，还包括人与自然关系的协调；统筹兼顾不仅包括统筹城乡发展、区域发展、经济社会发展以及国内发展和对外开放，还包括统筹人与自然的关系。科学发展观不是一般地要求我们要保护自然环境、维护生态安全、实现可持续发展，而是把这些要求本身就视为发展的基本要素，其目标就是通过发展去真正实现人与自然的和谐以及人口增长、经济发展与生态环境的平衡，实现根植于现代文明之上的"天人合一"，而这正是生态文明建设的应有之义。所以说，建设生态文明是实现全面建设小康社会奋斗目标的内在需要，是深入贯彻落实科学发展观的重要内容和必然要求。

2. 生态文明思想的提出是推动现代化发展的必然要求

我们党在不断开创中国特色社会主义事业新局面的过程中逐渐认识到：中国特色社会主义是全面发展的社会主义，社会的发展进步不仅包括经济的发展，也包括民主法制的健全、文化艺术的繁荣、社会的和谐稳定、生态环境的优美等，五者相辅相成。党的十七届四中全会把生态文明建设提升到与经济建设、政治建设、文化建设、社会建设并列的战略高度，提出了中国特色社会主义建设的"五位一体"格局，党的十八大报告将之正式确定下来。"五位一体"总体布局的形成，是时代召唤、实践推动、理论创新的结果，它使中国特色社会主义事业的发展方略更加完善、发展目的更加明确、发展内涵更加丰富、发展道路更加广阔，标志着我们党对共产党执政规律、社会主义建设规律、人类社会发展规律的认识达到新的高度。

经济建设、政治建设、文化建设、社会建设和生态建设是紧密联系、互为支撑的。没有良好的生态条件，人类既不可能有高度的物质享受，也不可能有高度的政治享受和精神享受。没有生态安全，人类自身就会陷入最深刻的生存危机状态。所以，生态文明是物质文明、政治文明和精神文明的基础和前提，没有生态文明建设，就不可能有高度发达的物质文明、政治文明和精神文明。因此，我们要建成惠及十几亿人口的更高水平的小康社会、建设富强民主文明和谐的社会主义现代化国家、实现中华民族的伟大复兴，必须将生态文明的内容和要求内在地体现在法律制度、思想意识、生活方式和行为方式中，必须将生态文明建设贯穿于社会主义现代化建设的始终。

3. 生态文明思想的提出是顺应文明发展潮流的必然要求

走生态文明之路已是当今世界发展的大趋势。回顾人类文明史，由农业文明到工业文明是人类文明史上的一次飞跃，由工业文明到生态文明是人类文明史上的又一次飞跃，具有里程碑的意义。

近代以来 300 多年的工业文明史，是人类改造自然能力不断增强的历史，也是人类生态环境不断恶化的历史。工业革命以来全球人口快速增长，从 1750 年的 8 亿人口增加到 2008 年的 68 亿人口。增长 10 亿人口的时间由 100 年(1830 年 10 亿人口到 1930 年 20 亿人口)缩短为 12 年(1987 年 50 亿人口到 1999 年 60 亿人口)。人口规模的急剧扩大带来的直接后果是人类的需求持续增加，生产规模不断扩大。在科技的推动下，以石油、煤炭、天然气等自然资源为原料的现代工业体系推动了工业化、城市化和全球化的发展。这需要源源不断地从自然界中开采资源，然后再源源不断地将废弃物排放到自然界之中。最终，地球上可再生资源的消耗速度超越了其再生的能力，不可再生资源的消耗速度超越了其替代产品的研发和使用速度，引起了严重的资源危机；工业生产和生活消费过程中及末端产生的噪音、废气、废水和固体垃圾量骤然增加，环境污染的速度远远超越了环境治理的速度，带来了深重的环境灾难。

上世纪五六十年代以来，联合起来拯救地球成为各国的共识，世界开始迈向生态文明时代。1992年联合国环境与发展大会召开，通过了以可持续发展理念为指导的《里约环境与发展宣言》、《21世纪议程》等，是世界环境治理史上的标志性事件。可持续发展理念强调发展既要满足当代人的需要，又不对后代人满足其需要的能力构成危害，要求人口再生产、物质再生产和生态再生产协调统一，蕴含着代际之间生态公平和正义的思想，是人类社会发展的指导性战略，被世界各国所重视。随后，生态文明建设被提出，并在美国、德国、日本等发达国家得到实践。我国是世界上最大的发展中国家，将生态文明建设提到总体布局的高度，符合世界文明发展潮流，有助于全球生态治理目标的实现。

10.2　建设社会主义生态文明的总体思路

面对资源约束趋紧、环境污染严重、生态系统退化的严峻形势，必须树立尊重自然、顺应自然、保护自然的生态文明理念，把生态文明建设放在突出地位，融入经济建设、政治建设、文化建设、社会建设各个方面和全过程，努力建设美丽中国，实现中华民族永续发展。

10.2.1　建设社会主义生态文明的指导思想、基本原则和总体布局

建设生态文明，是关系人民福祉，关乎民族未来的长远大计。经过近年来的努力，我国的生态环境治理工作取得了较大成绩：生态文明**主**体功能区布局基本形成，资源循环利用体系初步建立；单位国内生产总值能源消耗和二氧化碳排放大幅下降，主要污染物排放总量显著减少；森林覆盖率提高，生态系统稳定性增强，人居环境明显改善。不过，这与党和国家制定的目标和人民的期望还有一定差距，生态环境形势还很严峻。未来中国特色社会主义生态文明建设的目标是，在全社会牢固树立尊重自然、顺应自然、保护自然的生态文明理念，把生态文明建设放在突出地位，融入经济建设、政治建设、文化建设、社会建设各个方面和全过程，努力建设美丽中国，实现中华民族永续发展。

1. 建设社会主义生态文明的指导思想

社会主义生态文明建设的总指导思想是，以邓小平理论和"三个代表"重要思想为指导，深入贯彻落实科学发展观，以把握自然规律、尊重自然为前提，以人与自然、环境与

经济、人与社会和谐共生为宗旨，以资源环境承载力为基础，以建立可持续的产业结构、生产方式、消费模式以及增强可持续发展能力为着眼点，以建设资源节约型、环境友好型社会为本质要求，切实提高全社会生态文明意识，为人民创造良好的生产生活环境，为全球生态安全作出贡献。

2. 建设社会主义生态文明的基本原则

社会主义生态文明建设所要秉承的基本原则是，其一，以人为本。就是要求在生态文明建设过程中，维护人民在生态治理中的主人翁地位，保证他们享有良好生态环境的权利，维护他们的生态利益，真正做到发展为了人民、发展依靠人民、发展成果由人民共享，促进人的全面发展。其二，和谐发展。就是要求在生态文明建设过程中坚持人口、经济、社会和生态的和谐发展，实现人口再生产、物质再生产和自然再生产的动态协调，将人口再生产、物质再生产对生态系统的影响控制在其自我恢复范围内。其三，生态正义。就是要求在生态文明建设过程中充分考虑不同社会阶层、不同区域的人基于生态权利和义务的不均等性和不公正性，通过价格政策、税收政策、产业政策、土地政策等调控不同人群之间生态治理成本和收益的不均衡性，实现各阶层人们基于生态权利和利益的公平性。

3. 建设社会主义生态文明的总体布局

社会主义生态文明建设的总体布局包括四个方面、八大重点任务。

建设社会主义生态文明的四个方面包括：

一是建设生态经济，在生产、运输、交换、消费各个环节推动能源资源节约和高效利用，大幅度减少经济活动对生态环境的负面影响。

二是建设生态政治，重点是从人类生存与发展的高度定位生态在国家和地区政治生活中的地位；推进生态环境建设法制化、制度化进程；强化生态环境建设责任与政治家前途之间的联结机制；落实生态环境建设的监管责任和考核评价措施。

三是建设生态社会，包括建设生态型城市、生态型农村、生态型社区，建设绿色单位和绿色家庭，让生态环境的恢复重建工作渗透到各个领域和各个角落。

四是建设生态文化，通过持之以恒的教育示范和潜移默化，改变公民的思维习惯和行为习惯，让保护环境、建设生态家园成为全体人民的共同性格特征和行为模式。

建设社会主义生态文明的八大重点任务包括：

一是加快转变经济发展方式，大力发展绿色经济、循环经济和低碳技术，培育壮大节能环保产业，形成资源节约、环境友好的产业结构、生产方式和消费模式。

二是更加注重保障和改善民生，着力解决损害群众健康的突出环境问题。

三是深化节能减排，加大水、大气、土壤等污染治理力度，强化核与辐射监管能力，明显改善环境质量。

四是切实加强农村环境综合整治，实现城乡生态环境基本公共服务均等化。

五是加强生态保护和防灾减灾体系建设，构建生态安全屏障。

六是健全激励和约束机制，构建有利于建设生态文明的政策法规和体制机制。

七是加强宣传教育，在全社会树立和弘扬生态文明理念。

八是积极应对气候变化、生物多样性保护等全球性环境问题。

最终，通过社会主义生态文明的建设，使整个社会基本形成了节约能源资源和保护生态环境的产业结构、增长方式和消费模式；循环经济发展形成较大规模，可再生能源开发和利用的比重显著上升；主要污染物排放得到有效控制，生态环境明显改善；生态文明观念在全社会已经牢固树立。

10.2.2　建设资源节约型、环境友好型社会，实现人与自然的和谐发展

1. 我们党对建设社会主义生态文明的战略举措

(1) 建设生态文明，实质上就是要建设以资源环境承载力为基础、以自然规律为准则、以可持续发展为目标的资源节约型、环境友好型社会。党的十六届五中全会从贯彻落实科学发展观、构建社会主义和谐社会的高度，提出了建设资源节约型、环境友好型社会的奋斗目标。这是继新世纪提出实施可持续发展重大决策以来，党对社会主义现代化建设规律认识的新飞跃，是统筹人与自然和谐发展和促进可持续发展的重大举措，是实现节约发展、清洁发展、安全发展的重要任务。

(2) 十七大报告指出，坚持节约资源和保护环境的基本国策，是关系到人民群众切身利益和中华民族的生存发展。必须把建设资源节约型、环境友好型社会放在工业化、现代化发展战略的突出位置。在规划 2020 年全面建设小康社会的奋斗目标时，明确提出建设生态文明的要求，基本形成节约能源资源和保护生态环境的产业结构、增长方式和消费模式，使循环经济形成较大规模、生态环境质量明显改善、生态文明观念在全社会牢固树立。这是深入贯彻科学发展观、实施可持续发展战略的需要，也是实现全面建设小康社会奋斗目标的需要。

第一，资源节约型社会，是指以能源资源高效率利用的方式进行生产、以节约的方式进行消费为特征的社会。它不仅体现了经济增长方式的转变，更是一种全新的社会发展模式。它要求在生产、流通、消费的各个领域，在经济社会发展的各个方面，以节约使用能源资源和提高能源利用效率为核心，以节能、节水、节材、节地、资源综合利用为重点，以尽可能小的资源消耗，获得尽可能大的经济和社会效益，从而保障经济社会的可持续发展。

第二，环境友好型社会，是人与自然和谐发展的社会，是通过人与自然的和谐来促进人与人、人与社会的和谐。具体来说，它是一种以人与自然的和谐相处为目标，以环境承载力为基础，以遵循自然规律为核心，以绿色科技为动力，坚持保护优先、开发有序、合理进行功能区划分，倡导环境文化和生态文明，追求经济、社会、环境协调发展

的社会体系。

第三，建设资源节约型、环境友好型社会，必须处理好经济建设、人口增长与资源利用、生态环境保护的关系，要充分考虑人口承载力、资源支撑力、环境承载力，正确处理好人口、资源、环境的关系，统筹考虑当前发展和长远发展的需要，不断提高发展的质量和效益，走生产发展、生活富裕、生态良好的文明发展之路。为此必须转变发展的传统观念，从重经济增长轻环境保护转变为保护环境与经济增长并重，在保护环境中求发展；从环境保护滞后于经济发展转变为环境保护和经济发展同步，做到不欠新账，多还旧账，改变先污染后治理、边治理边破坏的状况；从主要用行政手段保护环境转变为综合运用法律、经济、技术和必要的行政办法解决经济环境问题，自觉遵循经济规律和环境规律，提高生态保护工作水平。

2．党的十八大对建设社会主义生态文明提出了新的要求

要建设资源节约型、环境友好型社会和社会主义生态文明，必须做到以下几点：

(1) 优化国土空间开发格局。国土是建设的空间载体，必须珍惜每一寸国土。要按照人口资源环境相均衡、经济社会生态效益相统一的原则，控制开发强度，调整空间结构，促进生产空间集约高效、生活空间宜居适度、生态空间山清水秀，给自然留下更多修复空间，给农业留下更多良田，给子孙后代留下天蓝、地绿、水净的美好家园。加快实施主体功能区战略，推动各地区严格按照主体功能定位发展，构建科学合理的城市化格局、农业发展格局、生态安全格局。提高海洋资源开发能力，发展海洋经济，保护海洋生态环境，坚决维护国家海洋权益，建设海洋强国。

(2) 全面促进资源节约。节约资源是保护生态环境的根本之策。要节约集约利用资源，推动资源利用方式根本转变，加强全过程节约管理，大幅降低能源、水、土地消耗强度，提高利用效率和效益。推动能源生产和消费革命，控制能源消费总量，加强节能降耗，支持节能低碳产业和新能源、可再生能源发展，确保国家能源安全。加强水源地保护和用水总量管理，推进水循环利用，建设节水型社会。严守耕地保护红线，严格土地用途管制。加强矿产资源勘查、保护、合理开发。发展循环经济，促进生产、流通、消费过程的减量化、再利用、资源化等。

(3) 加大自然生态系统和环境保护力度。良好生态环境是人和社会持续发展的根本基础。要实施重大生态修复工程，增强生态产品生产能力，推进荒漠化、石漠化、水土流失综合治理，扩大森林、湖泊、湿地面积，保护生物多样性。加快水利建设，增强城乡防洪、抗旱、排涝能力。加强防灾减灾体系建设，提高气象、地质、地震灾害防御能力。坚持预防为主、综合治理，以解决损害群众健康的环境问题为重点，强化水、大气、土壤等污染防治。坚持生态环境保护的责任原则、公平原则、各自能力原则，同国际社会一道积极应对全球气候变化。

(4) 加强制度建设。保护生态环境必须依靠制度，要把资源消耗、环境损害、生态效益纳入经济社会发展评价体系，建立体现要求的目标体系、考核办法、奖惩机制。建立国土空间开发保护制度，完善最严格的耕地保护制度、水资源管理制度、环境保护制度。深化资源性产品价格和税费改革，建立反映市场供求和资源稀缺程度、体现生态价值和代际补偿的资源有偿使用制度和生态补偿制度。积极开展节能量、碳排放权、排污权、水权交易试点。加强环境监管，健全生态环境保护责任追究制度和环境损害赔偿制度。加强宣传教育，增强全民节约意识、环保意识、生态意识，形成合理消费的社会风尚，营造爱护生态环境的良好风气。

保护生态环境，关系广大人民的切身利益，关系中华民族的长远发展。必须充分认识到保护生态环境的重要性、艰巨性、长期性，坚持保护环境的基本国策，加大保护生态环境的力度，更加科学地利用自然为人民的生活和经济社会发展服务，坚决禁止掠夺自然、破坏自然的做法，坚决摒弃先污染后治理、先破坏后恢复的做法。把祖国建设成为经济繁荣、环境优美、生态美好的家园，既是亿万人民的共同愿望，也是每个公民义不容辞的责任。要在全社会营造建设资源节约型、环境友好型社会的良好氛围，形成爱护生态环境、保护生态环境的良好风尚。

本 章 小 结

建设社会主义生态文明，是关系人民福祉、关乎民族未来的长远大计。建设生态文明，以把握自然规律、尊重自然为前提，以人与自然、环境与经济、人与社会和谐共生为宗旨，以资源环境承载力为基础，以建立可持续的产业结构、生产方式、消费模式以及增强可持续发展能力为着眼点，以建设资源节约型、环境友好型社会为本质要求。建设生态文明，实质上就是要建设以资源环境承载力为基础、以自然规律为准则、以可持续发展为目标的资源节约型、环境友好型社会。建设资源节约型、环境友好型社会，必须处理好经济建设、人口增长与资源利用、生态环境保护的关系，走生产发展、生活富裕、生态良好的文明发展之路。

同 步 练 习

Ⅰ 客观性试题

一、单项选择题(在每个小题列出的四个选项中，有一项是最符合题目要求的，请将正确选项前的字母填在本书所附答题纸的括号内)

1. 与绿色文明对应的是(　　)。

A．采集与狩猎文明　　　　　　　　B．农耕与游牧文明

C．工业文明　　　　　　　　　　　D．生态文明

2．下列不符合生态文明建设要求的是(　　)。

A．循环经济　　　　　　　　　　　B．低碳经济

C．粗放经济　　　　　　　　　　　D．集约经济

3．下面不符合可持续发展的发展理念是(　　)。

A．注重效益、速度和比例的协调　　B．追求 GDP 增长后加大治理环境的投入

C．注重资源、环境与发展的协调　　D．经济发展与人的发展的协调

4．党的十六届五中全会从贯彻落实科学发展观、构建社会主义和谐社会的高度，提出的奋斗目标是(　　)。

A．建设资源节约型的可持续发展国家　　B．建设资源节约型、环境友好型社会

C．建设环境友好型国家　　　　　　　　D．建设以人为本的创新型社会

5．保护生态环境最有效的方法是(　　)。

A．按照"增长的极限"的观点停止发展　　B．按照先发展后治理的思路解决

C．依靠法律与制度来保证　　　　　　　D．靠领导人重视

二、**多项选择题**(在每小题列出的五个选项中有二至五个选项是符合题目要求的，请将正确选项前的字母填在本书所附答题纸的括号内)

6．人类社会文明发展演进的阶段包括(　　)。

A．原始文明　　　　　　B．农业文明　　　　　　C．工业文明

D．生态文明　　　　　　E．现代文明

7．下列属于我国基本国策的有(　　)。

A．计划生育　　　　　　B．对外开放　　　　　　C．改革开放

D．保护环境　　　　　　E．节约资源

8．中国特色社会主义建设"五位一体"格局包括(　　)。

A．经济建设　　　　　　B．政治建设　　　　　　C．文化建设

D．社会建设　　　　　　E．生态建设

9．建设社会主义生态文明，应该坚持的基本原则是(　　)。

A．以人为本　　　　　　B．人类中心　　　　　　C．和谐发展

D．生态正义　　　　　　E．利益优先

10．新型工业化道路的"新"在(　　)。

A．它同信息化等现代高科技发展紧密结合

B．注重经济发展同资源环境相协调

C．坚持城乡协调发展

D．坚持区域协调发展

E．实现资金技术密集型产业同劳动密集型产业相结合

II　主观性试题

11．生态文明的含义是什么？

12．社会主义生态文明建设提出的依据是什么？

13．社会主义生态文明建设的目标是什么？

14．简述资源节约型、环境友好型社会建设的具体要求。

第11章 祖国完全统一的构想

内 容 导 学

【学习目标】

通过对本章的学习，使学生了解实现祖国完全统一是海内外中华儿女的共同心愿，是中华民族的根本利益所在，对实现国家繁荣富强和民族伟大复兴具有巨大的推动作用；掌握新中国成立以来党和政府对台方针经历的两个重要历史阶段；把握"和平统一、一国两制"构想的形成及确立过程、基本内容和重要意义，在香港澳门的成功实践及其对解决台湾问题的重大推动作用；理解党和政府关于实现祖国完全统一的基本立场、战略策略和方针政策。

【基本概念】

一纲四目，一国两制，台湾问题，叶九条，邓六条，九二共识，三通，反分裂国家法。

【教学重点】

(1) 实现祖国完全统一是中华民族的根本利益；

(2) "和平统一、一国两制"构想的基本内容和重要意义；

(3) 新世纪新阶段的对台方针和政策。

【教学难点】

(1) "一国两制"对于解决台湾问题的可行性；

(2) 新形势下对台方针政策的依据。

11.1 实现祖国的完全统一是中华民族的根本利益

实现祖国的完全统一，是海内外中华儿女的共同心愿，是中华民族的根本利益，对实现国家繁荣富强和民族伟大复兴具有巨大的推动作用。实现祖国完全统一，为什么要实行

"和平统一、一国两制"的基本方针？如何理解中国共产党实现祖国完全统一方针政策的一贯性和连续性？香港和澳门顺利回归祖国后，如何继续推进祖国统一大业，最终解决台湾问题？这些问题关系到维护国家主权和领土完整，关系到中华民族的根本利益。

11.1.1　中国人民终将实现祖国的完全统一

爱国主义是在长期历史发展过程中形成的对自己祖国的一种最深厚的感情，是一个国家民族意识和民族觉悟的集中反映。爱国主义是动员和鼓舞中国人民团结奋斗的一面旗帜，是维护民族团结和国家统一、推动我国社会历史前进的巨大力量，是各族人民共同的精神支柱。

中国共产党领导中国人民推翻了帝国主义、封建主义和官僚资本主义的反动统治，建立了中华人民共和国，结束了中华民族遭受外敌入侵、任人宰割的悲惨命运，实现了中国大陆的统一和各民族的大团结。实现祖国完全统一，是中华民族伟大复兴的重要内容和基本任务。国家的完全统一是民族复兴的重要标志，没有国家的完全统一，就没有完全意义上的民族复兴。民族团结和国家统一，符合中华民族的根本利益，符合中国社会发展的历史潮流。中国共产党在实现祖国统一问题上的立场是坚定不移的。党领导人民同一切阻挠破坏中国统一的势力进行坚决的斗争，不断推动实现祖国统一的进程。

11.1.2　从武力解放台湾到和平解放台湾政策的演变

1. 台湾问题的由来和实质

(1) 台湾自古以来就是中国领土不可分割的组成部分。台湾人民同大陆同根、同宗、同源，承继的是相同的文化传统。台湾问题是中国国内战争遗留下来的问题。1949 年，中国人民取得了新民主主义革命的伟大胜利，建立了中华人民共和国。国民党统治集团退踞台湾后，抗拒统一，图谋反攻大陆。正当中国人民解放军准备着手解放台湾时，朝鲜战争爆发，美国军队进入台湾和台湾海峡地区，阻挠中国人民解放军解放台湾，从政治上、经济上、军事上扶持国民党政权，形成台湾与大陆长期分裂对峙的局面，台湾问题由此产生。

(2) 台湾问题实质是中国的内政问题。1895 年日本通过侵略战争从中国割占台湾、澎湖列岛。第二次世界大战期间的《开罗宣言》、《波茨坦公告》等有关国际条约明确规定将台湾、澎湖列岛归还中国。1949 年日本无条件投降后，台湾回归中国，中国政府恢复对台湾行使主权。1949 年 10 月 1 日，中华人民共和国中央人民政府宣告成立，取代中华民国政府成为全中国的唯一合法政府和在国际上唯一合法代表。这是在同一国际法主体没有发生变化的情况下新政权取代旧政权，中国的主权和固有领土疆域并未由此而改变，中华人民共和国政府理所当然地完全享有和行使中国的主权，其中包括对台湾的主权。

(3) 台湾问题的复杂性。由于美国等外国势力的阻挠和台湾当局抗拒统一，两岸分离状态持续了半个多世纪之久。中国共产党和中国政府一直把解决台湾问题、实现祖国完全统一，作为自己神圣的历史使命，并根据国内外形势的发展变化，适时制定和实现了对台方针政策。以毛泽东为主要代表的中国共产党人在解决台湾问题的方针上经历了从武力解放台湾到和平解放台湾的过程。

2. 武力解决台湾的方针

1949 年 3 月，新华社发表题为《中国人民一定要解放台湾》的时评，指出："中国人民(包括台湾人民)绝对不能容忍国民党反动派把台湾作为最后挣扎的根据地。中国人民解放斗争的任务就是解放全中国，直到解放台湾、海南岛和属于中国的最后一寸土地为止。"这是中国共产党首次提出"解放台湾"的口号。1949 年 12 月中共中央发表《告前线将士和全国同胞书》，明确提出 1950 年的任务就是解放海南岛、台湾和西藏，全歼蒋介石集团的最后残余势力。朝鲜战争爆发后，党中央作出"抗美援朝、保家卫国"的政策，人民解放军的战略重点由东南转向东北，解放台湾的计划被迫搁置。

3. 和平解放台湾的方针

20 世纪 50 年代中期，围绕台湾问题的国内外形势都发生了很大变化。国际形势缓和，亚太地区国家希望和平的呼声高涨。国内正在进行社会主义改造和第一个五年计划的经济建设，需要一个和平的国际环境，开展社会主义建设。同时，台湾局势发生变化，美蒋在合作中出现矛盾。根据形势的发展变化，我们党及时调整了对台政策，提出了和平解放台湾的主张，并从两个方面开展工作。一是敦促美国政府与中国政府谈判。二是向台湾当局提出和平解放台湾的倡议。1963 年周恩来将我们党提出的一系列和平解决台湾问题的思想、政策和主张归纳为"一纲四目"。"一纲"即台湾必须统一于中国。"四目"为：(1) 台湾回归祖国后，除外交必须统一于中央外，所有军政大权、人事安排等悉委于蒋介石；(2) 所有军政及建设经费不足之数悉由中央拨付；(3) 台湾的社会改革可以从缓，必俟条件成熟并征得蒋介石同意后进行；(4) 互约不派特务，不做破坏对方团结之举。"一纲四目"是我党处理台湾问题政策调整的一个具体表现，也是后来提出的"一国两制"的依据。

11.2　"和平统一、一国两制"科学构想及其实践

11.2.1　"和平统一、一国两制"科学构想的提出及基本内容

1. "和平统一、一国两制"科学构想的形成和确立

20 世纪 70 年代，国内国际形势发生了深刻变化，为确立和平解决台湾问题的方针创造了新的有利条件。以邓小平为核心的第二代中央领导集体从国家和民族的利益出发，在

毛泽东、周恩来关于争取和平解放台湾思想的基础上，确立了和平统一的大政方针，创造性地提出了"一国两制"的科学构思。

(1) 1978 年 12 月，党的十一届三中全会公报首次以"台湾回到祖国怀抱，实现统一大业"来代替"解放台湾"的提法。1979 年元旦，全国人大常委会发表《告台湾同胞书》，郑重宣示了争取祖国和平统一的大政方针，两岸关系发展由此揭开新的历史篇章。1981 年 9 月，叶剑英对新华社记者发表了被称为"叶九条"的谈话，进一步阐明了解决台湾问题的方针政策。其要点是：建议举行中国共产党和中国国民党两党对等谈判，实行第三次国共合作；提出通邮、通商、通航、探亲、旅游以及开展学术、文化、体育交流的主张；提出国家统一后，台湾可作为特别行政区，享有高度的自治权，并可保留军队，台湾现行社会、经济制度不变，生活方式不变，同外国的经济、文化关系不变；提出台湾当局和各界代表人士，可担任全国性政治机构的领导职务，参与国家管理。

(2) 1982 年 12 月，全国人大五届五次会议通过《中华人民共和国宪法》，其中第 31 条规定：国家在必要时设立特别行政区。在特别行政区内实行的制度按照具体情况由全国人民代表大会以法律规定。这一条所载明的"设立特别行政区"，指的就是实行"一国两制"。这表明，实行"一国两制"有了宪法的保证。

(3) 1983 年 6 月，邓小平在会见美籍华人学者时，进一步阐述了实现台湾和祖国大陆和平统一的构想，后来被称为"邓六条"。其要点是：

第一，台湾问题的核心是祖国统一，希望国共两党共同完成民族统一，大家都对中华民族作出贡献；

第二，坚持一个中国，制度可以不同，但在国际上代表中国的，只能是中华人民共和国；

第三，不赞成"完全自治"的提法，自治应有一定的限度，条件是不能损害统一的国家的利益；

第四，祖国统一后，台湾作为特别行政区，可以实行同大陆不同的制度，可以有其他省、市、自治区所没有而为自己所独有的某些权力，台湾还可以有自己的军队，只是不能构成对大陆的威胁；

第五，和平统一不是大陆把台湾吃掉，当然也不能是台湾把大陆吃掉，所谓"三民主义统一中国"是不现实的；

第六，举行国共两党平等会谈，实行第三次国共合作，不提中央与地方谈判，万万不可让外国插手。

"邓六条"使"一国两制"的构想更加完备、充实，更加具体化、系统化。1984 年 6 月，邓小平接见香港工商界访京团和香港知名人士时明确指出："我们的政策是实行'一个国家，两种制度，具体说，就是在中华人民共和国内，十亿人口的大陆实行社会主义制度，香港、台湾实行资本主义制度。"1985 年 3 月，六届全国人大三次会议正式把"一国两制"确定为中国的一项基本国策。

2. "和平统一、一国两制"科学构想的基本内容和重要意义

1) "和平统一、一国两制"构想的基本内容

"和平统一、一国两制"的基本内容就是在祖国统一的前提下，国家的主体坚持社会主义制度，同时在香港、澳门、台湾保持原有的资本主义制度长期不变。具体来说，有以下十个方面的内容。

第一，一个中国。这是"和平统一、一国两制"核心，是发展两岸关系和实现和平统一的基础。世界上只有一个中国，大陆和台湾同属一个中国，中国的主权和领土完整不容分割。坚决反对制造"台湾独立"、"两个中国"、"一中一台"的言行。

第二，两制并存。在祖国统一的前提下，国家的主体部分实行社会主义制度，同时在台湾、香港、澳门保持原有的社会制度和生活方式长期不变。

第三，高度自治。祖国完全统一后，台湾、香港、澳门作为特别行政区，享有不同于中国其他省、市、自治区的高度自治权。台湾、香港、澳门同胞各种合法权益将得到切实尊重和维护。他们可以充分行使选择社会制度和生活方式的权利，更加广泛、直接地参与管理国家大事。

第四，尽最大努力争取和平统一，但不承诺放弃使用武力。

第五，解决台湾问题，实现祖国的完全统一，寄希望于台湾人民。台湾同胞具有光荣的爱国主义传统，是发展两岸关系的重要力量。

第六，积极促谈，争取通过谈判实现统一。以和平的方式实现国家统一，就需要通过谈判来解决问题。

第七，积极促进两岸"三通"和各项交流，增进两岸同胞的相互了解和感情，密切两岸经济、文化关系，为实现和平统一创造条件。

第八，坚决反对任何"台湾独立"的言行。

第九，坚决反对外国势力插手和干涉台湾问题。解决台湾问题是中国的内政，任何国家无权干涉。

第十，集中力量搞好经济建设，是解决国际国内问题的基础，也是实现国家统一的基础。

2) "和平统一、一国两制"构想的意义

"和平统一、一国两制"构想是充分尊重历史和现实、照顾各方面利益、维护民族团结、实现祖国完全统一和民族伟大复兴的科学构想，是中华民族对人类政治文明的独特贡献，丰富和发展了马克思主义，具有重大的意义：

第一，"和平统一、一国两制"构想创造性地把和平共处原则用之于解决一个国家的统

一问题。

第二，"和平统一、一国两制"构想创造性地发展了马克思主义的国家学说。

第三，"和平统一、一国两制"构想体现了既坚持祖国统一、维护国家主权的原则坚定性，也体现了照顾历史实际和现实可能的策略灵活性，可以避免武力统一会造成的不良后果。

第四，"和平统一、一国两制"构想有利于争取社会主义现代化建设事业所需要的和平的国际环境与国内环境。

第五，"和平统一，一国两制"构想为解决国际争端和历史遗留问题提供了新的思路。"一国两制"构想的提出及其在香港和澳门的成功实践，证实了"一国两制"构想的科学性，也为国际社会解决世界争端、稳定世界局势，提供了一个极好的范例。

11.2.2　"和平统一、一国两制"科学构想的成功实践及其意义

1. 香港、澳门问题的由来及其解决

(1) "一国两制"的构想最早是针对台湾问题提出来的，首先运用于解决香港和澳门问题。香港、澳门相继回归祖国，是按照"一国两制"方针实现祖国完全统一的重要步骤，对台湾问题的解决有着重要的示范作用。香港、澳门问题是历史上殖民主义侵略遗留下来的问题。香港是被英国殖民主义者通过向中国发动侵略战争，强迫清政府先后签订《南京条约》、《北京条约》、《展拓香港界址专条》等不平等条约而强占的。澳门是被葡萄牙殖民主义者通过胁迫清政府签订不平等的《中葡北京条约》逐步强占的。1997年7月1日，中英两国政府举行了香港政权交接仪式，中国政府恢复对香港行使主权，香港回到了祖国的怀抱。1999年12月20日，中葡两国政府举行澳门政权交接仪式，澳门重新回到了祖国的怀抱。

(2) 香港、澳门的顺利回归是祖国统一大业进程中的重要里程碑，是中国共产党对中华民族的重大历史性贡献。香港、澳门的回归使"一国两制"由科学构想变为现实，充分说明了"一国两制"构想是正确的、可行的。香港、澳门回归祖国后，中央政府坚持"一国两制"，坚持以爱国者为主体的"港人治港"、"澳人治澳"、高度自治的方针，严格按照特别行政区基本法办事，全力支持特别行政区政府依法施政，着力发展经济、改善民生、推进民主；鼓励香港、澳门各界人士在爱国爱港、爱国爱澳旗帜下和衷共济，促进社会和谐；加强内地与香港、澳门开展对外交往，坚决反对外部势力干预香港、澳门事务。2009年，国务院颁发实施《珠江三角洲地区改革发展规划纲要》、《横琴总体发展规划》，为推进大陆与港、澳紧密合作、融合发展，保持港、澳地区长期繁荣稳定提供了有力支撑。

2. 香港、澳门回归对解决台湾问题具有重要的示范作用

香港、澳门顺利回归祖国，标志着中国人民在完成祖国统一大业的道路上取得了重要进展，表明了中国人民实现祖国统一的坚强意志和决心，体现了中国共产党治国理政和处

理国际关系的卓越能力。台湾与香港、澳门虽然有所不同，但它们都是中国的一部分，都实行不同于大陆的社会制度。香港、澳门实行"一国两制"的成功实践，对解决台湾问题具有重要的推动作用。它表明通过"和平统一、一国两制"实现两岸统一，完全能够满足台湾人民当家做主的愿望。随着时间的推移，祖国大陆日新月异的变化和香港、澳门的稳定繁荣，"和平统一、一国两制"必将显示出越来越强大的生命力和影响力。

11.3 "和平统一、一国两制"构想的重要发展

11.3.1 "和平统一、一国两制"科学构想的丰富与发展

1. "台独"问题的沉渣泛起

自 20 世纪 80 年代末 90 年代初以来，围绕台湾问题的内外环境发生了巨大变化。在国际上，随着东欧剧变、苏联解体，美国加紧利用台湾问题对我国进行牵制。在台湾岛内，1988 年 1 月，蒋经国去世，李登辉继任台湾当局领导人。此后，李登辉逐步背弃一个中国原则，顽固拒绝和谈统一，企图在维持"中华民国"的招牌下把台湾变成一个"独立的政治实体"，公开制造"两个中国"、"一中一台"；支持、纵容"台独"势力及其活动，使"台独"势力膨胀、"台独"思潮蔓延。与此同时，两岸关系跌宕起伏，经历了复杂的发展变化。在 1987 年底长达 38 年之久的两岸隔绝状态被打破的条件下，两岸人员往来不断扩大，经济、科技、文化、体育等领域的交流蓬勃发展。1992 年，海协会和海基会达成各自以口头方式表述"海峡两岸均坚持一个中国原则"的"九二共识"，在此基础上开启了两岸事务性商谈。1993 年 4 月，两岸举行了汪辜会谈，两岸关系发展迈出历史性的重要一步，但李登辉于 1995 年 6 月赴美进行制造"两个中国"的分裂活动，1999 年 7 月抛出"两国论"，严重破坏了两岸关系发展。针对李登辉的"台独"分裂活动，中国政府和人民展开了声势浩大的反分裂、反"台独"斗争，沉重打击了"台独"分裂势力，促使台湾民众和国际社会认清"台独"的危险性。2000 年 5 月，主张"台独"的民进党在台湾上台后，顽固坚持"台独"立场，拒不接受一个中国原则，否认"九二共识"，并在 2002 年 8 月悍然抛出"一边一国"论，反对和遏制"台独"成为两岸同胞最重要、最紧迫的任务。

2. 新形势下我党对"一国两制"构想的发展

面对内外环境的巨大变化，以江泽民为核心的党的第三代中央领导集体，在"和平统一、一国两制"构想的基础上，提出了一系列具有鲜明时代特色的重要论断和主张。江泽民于 1995 年 1 月 30 日发表了题为《为促进祖国统一大业的完成而继续奋斗》的重要讲话，精辟地阐述了"和平统一、一国两制"思想的精髓，提出了现阶段发展两岸关系、推进祖

国和平统一进程的八项主张。2002 年 11 月，江泽民在十六大报告中高度概括了台湾局势和两岸关系形势的重大变化和主要特征，提出了今后一个时期对台工作的指导思想和总体要求，宣示了全党和全国人民完成祖国统一大业的坚定决心。这些重要论述，体现了中央对台方针政策的一贯性、连续性和在新形势下的重大发展，展现了中国共产党和中国政府发展两岸关系、促进祖国统一的决心和诚意，是解决台湾问题的纲领性文件，创造性地丰富和发展了"和平统一、一国两制"的重要思想。

(1) 明确提出坚持一个中国原则是实现和平统一的基础和前提，坚定地维护一个中国的原则。强调世界上只有一个中国，大陆与台湾同属一个中国，中国的主权和领土完整不容分割。任何制造"台湾独立"、"两个中国"、"一中一台"的言论和行动都应坚决反对。强调维护祖国统一事关中华民族的根本利益，中国人民将义无反顾地捍卫国家主权和领土完整，绝不允许任何人以任何方式把台湾从中国分割出去。

(2) 在坚持和平统一、不承诺放弃使用武力的基础上，提出"文攻武备"的总方略。我们坚持"和平统一、一国两制"的基本方针，尽一切可能争取和平统一，同时为维护国家主权和领土完整，绝不承诺放弃使用武力。不承诺放弃使用武力，绝不是针对台湾同胞，而是针对外国势力干涉中国统一和搞"台湾独立"的图谋。要把按照"和平统一、一国两制"的基本方针解决台湾问题作为努力目标，把"文攻武备"作为反"台独"斗争的总方略。文攻和武备两手都要硬，这样才能牢牢掌握解决台湾问题的主动权。军队必须抓紧做好反"台独"军事斗争准备。反"台独"军事斗争准备工作做得越好，就越有争取到和平统一的前景。

(3) 首次提出进行海峡两岸和平统一谈判，创造性地发展了关于两岸谈判的主张。强调一个中国原则是两岸谈判的前提，在一个中国原则的前提下，什么问题都可以谈。在和平统一谈判的过程中，可以吸收两岸各党派、团体有代表性的人士参加。作为第一步，双方可先就"在一个中国的原则下，正式结束两岸敌对状态"进行谈判，并达成协议。在此基础上，共同承担义务，维护中国的主权和领土完整。至于政治谈判的名义、地点、方式等问题，只要早日进行平等协商，总可找出双方都可以接受的解决办法。

(4) 将做好台湾人民工作提升到"完成祖国统一的重要基础"的战略高度，努力扩大两岸经济文化交流和人员往来。突出强调寄希望于台湾人民，明确指出，我们无论以什么方式实现统一，都要取得台湾同胞的广泛支持，否则就会遇到很大的阻力，统一后也难以保持台湾的长治久安。要充分尊重台湾同胞的生活方式和当家做主的愿望，保护台湾同胞一切正当权益。我们在做台湾人民工作的时候，要有针对性，要了解台湾同胞的心态和愿望，多做释疑解惑的工作。要从根本上讲清楚一个道理，使台湾同胞明白：台湾离开了祖国，必将被外国干涉势力所控制，陷入风雨飘摇之中。要使他们了解，实现统一并不会改变台湾的社会制度、生活方式，他们现有的各种权益将得到切实尊重和维护。要努力扩大两岸交流交往，不以政治分歧去影响、干扰两岸经济合作。

(5) 指出台湾问题不能无限期地拖延下去。早日完成祖国统一，是中国各族人民的共同心愿。1997 年、1999 年，我们相继恢复对香港和澳门行使主权，这是包括台湾同胞在内的全国各族人民的一件大喜事。无限期地拖延统一，是所有爱国同胞不愿意看到的。

(6) 从国家发展战略高度阐述了解决台湾问题与经济建设的辩证关系，强调解决台湾问题的关键在于增强综合国力。2000 年 10 月，党的十五届五中全会提出，新世纪的三大任务是推进现代化建设、完成祖国统一、维护世界和平与促进共同发展。三大任务中，现代化建设是核心，发展是硬道理，是我们必须始终坚持的一个战略思想。解决台湾问题，完成祖国统一大业，要靠发展。大陆同台湾的统一问题，实质上是政治、经济、军事、外交等综合实力较量的过程。关键是要把我们大陆的事情办好。大陆政治安定，改革开放顺利进行，经济持续稳定发展，这是促进祖国和平统一大业完成的根本保证。要大力发展经济，增强综合国力，主要是经济实力、科技实力、军事实力，为最终解决台湾问题奠定坚实而强大的基础。

11.3.2　新世纪新阶段的对台方针政策

在 2003 年后相当一段时间里，"台独"势力在分裂祖国的道路上越走越远，台海局势日益严峻。以胡锦涛为总书记的党中央，针对当时台海局势的紧张状况，作出了一系列重大决策和部署。2005 年 3 月 4 日，胡锦涛提出了新形势下发展两岸关系的四点意见：坚持一个中国原则绝不动摇，争取和平统一的努力决不放弃，贯彻寄希望于台湾人民的方针决不改变，反对"台独"分裂活动不妥协。3 月 14 日，十届全国人大三次会议审议通过了《反分裂国家法》，首次以国家大法形式宣示了中国人民维护国家统一、领土完整的坚强意志，进一步巩固和凸显了"大陆和台湾同属一个中国"这一事实，有力地遏制和打击了"台独"分裂势力。胡锦涛提出的"四个决不"和《反分裂国家法》两者结合，使我们掌握了反"台独"斗争的主动权。同年 4～5 月间，中共中央和胡锦涛总书记邀请中国国民党主席连战、亲民党主席宋楚瑜先后率团访问大陆，开展两岸政党交流与对话并分别发表公报，达成多项共识。在会谈和公报中，胡锦涛提出构建和平稳定发展的两岸关系等新的主张。2006 年 4 月，胡锦涛进一步提出，和平发展理应成为两岸关系发展的主题，成为两岸同胞共同为之奋斗的目标。2007 年 10 月，胡锦涛在党的十七大报告中再次表明了我们党对实现祖国完全统一的真诚愿望和坚定原则。2008 年 3 月，台湾局势发生积极变化。"台独"分裂势力在台湾地区选举中遭到重挫下台，重新执政的国民党反对"台独"、坚持"九二共识"，使两岸关系出现了新的转机，两岸关系迎来难得历史机遇，对台工作取得重要进展，两岸关系取得重大突破。本着建立互信、搁置争议、求同存异、共创双赢的精神，两岸协商在"九二共识"基础上得到恢复，全面直接双向"三通"已经实现，两岸同胞往来更频繁、经济联系更密切、文化交流更活跃、共同利益更广泛，两岸关系开始步入和平发展轨道。2008 年 12 月 31 日，胡锦涛在纪念《告台湾同胞书》发表 30 周年座谈会上发表重要讲话，全面系统地阐述了两岸关系和平发展的思想，科学回答了为什么要推动两岸关系和平发展、怎样推动两岸关系和平发展的重大问题，明确提出新世纪新阶段推动两岸关系和平发展的六点意见。

(1) 恪守一个中国，增进政治互信。维护国家主权和领土完整是国家核心利益。两岸复归统一，不是主权和领土再造，而是结束政治对立。两岸在事关维护一个中国框架这一原则问题上形成共同认知和一致立场，就有了构筑政治互信的基石，什么事情都好商量。继续反对"台独"分裂活动是推动两岸关系和平发展的事，都应该大力推动，凡是破坏两岸关系和平发展的事，都必须坚决反对。

(2) 推进经济合作，促进共同发展。两岸同胞要开展经济大合作，扩大两岸直接"三通"，厚植共同利益，形成紧密联系，实现互利双赢。两岸可以为此签订综合性经济合作协议，建立具有两岸特色的经济合作机制，以最大限度实现优势互补、互惠互利。建立更加紧密的两岸经济合作机制进程，有利于台湾经济提升竞争力和扩大发展空间，有利于两岸经济共同发展，有利于探讨两岸经济共同发展同亚太区域经济合作机制相衔接的可行途径。

(3) 弘扬中华文化，加强精神纽带。中华文化源远流长、瑰丽灿烂，是两岸同胞共同的宝贵财富，是维系两岸同胞民族感情的重要纽带。中华文化在台湾根深叶茂，台湾文化丰富了中华文化内涵。两岸同胞要共同继承和弘扬中华文化优秀传统，开展各种形式的文化交流，使中华文化薪火相传、发扬光大，以增强民族意识、凝聚共同意志，形成共谋中华民族伟大复兴的精神力量。我们将继续采取积极措施，推动两岸文化教育交流合作迈上范围更广、层次更高的新台阶。

(4) 加强人员往来，扩大各界交流。两岸同胞要扩大交流，两岸各界及其代表性人士要扩大交流，加强善意沟通，增进相互了解。对于任何有利于推动两岸关系和平发展的建设性意见，我们都愿意作出积极回应。我们将继续推动国共两党交流对话，共同落实"两岸和平发展共同愿景"。对于部分台湾同胞由于各种原因对祖国大陆缺乏了解甚至存在误解、对发展两岸关系持有疑虑，我们不仅愿意以最大的包容和耐心加以化解和疏导，而且愿意采取更加积极的措施让越来越多的台湾同胞在推动两岸关系和平发展中增进福祉。对于那些曾经主张过、从事过、追随过"台独"的人，我们也热诚欢迎他们回到推动两岸关系和平发展的正确方向上来。只要民进党改变"台独"分裂立场，我们愿意作出正面回应。

(5) 维护国家主权，协商涉外事务。我们一贯致力于维护台湾同胞在国外的正当权益。我们了解台湾同胞对参与国际活动问题的感受，重视解决与之相关的问题。两岸在涉外事务中避免不必要的内耗，有利于增进中华民族整体利益。对于台湾参与国际组织活动问题，在不造成"两个中国"、"一中一台"的前提下，可以通过两岸务实协商作出合情合理安排。

(6) 结束敌对状态，达成和平协议。海峡两岸中国人有责任共同终结两岸敌对的历史，竭力避免再出现骨肉同胞兵戎相见，让子孙后代在和平环境中携手创造美好生活。两岸可以就在国家尚未统一的特殊情况下的政治关系展开务实探讨，可以适时就军事问题进行接触交流，探讨建立军事安全互信机制问题。在一个中国原则的基础上，协商正式结束两岸敌对状态，达成和平协议，构建两岸关系和平发展框架。

国家要统一、民族要振兴，是任何力量也阻挡不了的历史大趋势，两岸统一是中华民族走向伟大复兴的历史必然。尽管前进道路上还会出现困难和阻碍，但只要我们坚定信心、不懈努力，紧紧依靠两岸同胞，就一定能够开创两岸关系和平发展新局面，迎来中华民族伟大复兴的锦绣前程。

本 章 小 结

新中国成立以来，党和政府对台方针政策大致经历了由"解放台湾"到"和平统一"两个重要历史时期。中国共产党在为实现祖国完全统一的奋斗进程中形成了"和平统一、一国两制"的科学构想。"一国两制"构想的提出是从台湾问题开始的，首先在香港、澳门成功实践。香港、澳门的胜利回归，使"一国两制"由科学构想变为生动事实。解决台湾问题是中国的内政。我们应该把坚持大陆和台湾同属一个中国作为推动两岸关系和平发展的政治基础，把深化交流合作、推进协商谈判作为推动两岸关系和平发展的重要途径，把促进两岸同胞团结奋斗作为推动两岸关系和平发展的强大动力。我们要牢牢把握两岸关系和平发展的主题，本着建立互信、搁置争议、求同存异、共创双赢的精神，积极推动两岸关系和平发展，实现全民族的团结、和谐、昌盛。两岸统一是中华民族走向伟大复兴的历史必然，祖国完全统一一定能够实现。

同 步 练 习

Ⅰ　客观性试题

一、单项选择题(在每小题列出的四个选项中只有一个选项是最符合题目要求的，请将正确选项前的字母填在本书所附答题纸的括号内)

1. 解决台湾问题的前提是(　　)。

A. 坚持一个中国的原则　　　　　　　　B. 一国两制

C. 和平统一　　　　　　　　　　　　　D. 承认台湾事实上的主权地位

2. "一国两制"的前提是(　　)。

A. 国家主体实行社会主义制度　　　　　B. 一个中国

C. 港、澳、台实行原有的资本主义制度　D. 港、澳、台实行高度自治

3. 按照"一国两制"构想完成祖国统一大业，不会改变我国社会主义制度的性质，其原因是(　　)。

　　A. 特别行政区是中华人民共和国不可分割的一部分

　　B. 两种制度的地位不同，中国的主体坚持社会主义制度

　　C. 特别行政区要接受中央人民政府的领导

　　D. 特别行政区除高度自治外与大陆各行政区没有什么区别

4. "一纲四目"的核心是(　　)。

　　A. 中央政府允许台湾保留军队　　　　　B. 中央政府给予台湾当局必要经费

　　C. 台湾必须统一于中国　　　　　　　　D. 双方保持不战不和的状态

5. 1992 年海峡两岸关系协会与台湾海峡交流基金会达成的"九二共识"，其核心是(　　)。

　　A. 两岸均坚持一个中国的原则　　　　　B. 两岸实行三通的原则

　　C. 两岸加强经济交流的原则　　　　　　D. 两岸加强沟通的原则

二、多项选择题(在每小题列出的五个选项中有二至五个选项是符合题目要求的，请将正确选项前的字母填在本书所附答题纸的括号内)

6. "一国两制"的基本内容包括(　　)。

　　A. 在一个中国的前提下，国家主体坚持社会主义制度

　　B. 在国际上代表中国的只能是中华人民共和国

　　C. 港澳台保持原有资本主义制度不变

　　D. 港澳台是中华人民共和国不可分割的一部分

　　E. 港澳台将来要实行社会主义制度

7. 一国两制下，两种制度将(　　)。

　　A. 长期共存　　　　　　B. 和平共处　　　　　　C. 共同发展

　　D. 相互竞争　　　　　　E. 相互支援

8. 香港问题是英国殖民主义者强迫清政府签订一系列不平等条约而强占的，这些条约有(　　)。

　　A.《南京条约》　　　　　B.《北京条约》　　　　　C.《展拓香港界址专条》

　　D.《马关条约》　　　　　E.《辛丑条约》

9. 香港实行高度自治，要保持的几个不变是(　　)。

　　A. 社会、经济制度不变　　B. 生活方式不变　　　　C. 法律基本不变

　　D. 外交事务和防务不变　　E. 政治体制不变

10. 依据香港特别行政区基本法，香港特别行政区享有(　　)。

　　A. 独立的外交权　　　　　B. 行政管理权　　　　　C. 独立的防务权

D．独立的司法权和终审权　　E．立法权

11．香港特别行政区基本法(　　)。

A．是我国的基本法

B．其法律效力低于宪法而高于行政法规和地方性法规

C．属于行政法规和地方性法规

D．其法律效力等同于宪法

E．可以任意制定

12．我国党和政府解决台湾问题的基本方针是(　　)。

A．坚持一个中国原则

B．台湾可以保持资本主义制度长期不变

C．努力实现和平统一，但决不承诺放弃使用武力

D．台湾应实行社会主义制度

E．两岸恢复"三通"

13．台湾问题是(　　)。

A．中国国内战争的遗留问题　　　　B．属于中国的内政问题

C．决不允许外国势力插手　　　　　D．只能用和平的方式解决

E．只能用武力的方式解决

14．"三通"是指(　　)。

A．通政治　　　B．人员往来　　　C．通航　　　D．通邮　　　E．通商

15．为了遏制"台独"势力分裂活动，2005 年 3 月胡锦涛发表对台关系的四点意见是
(　　)。

A．坚持一个中国的原则绝不动摇

B．争取和平统一的努力决不放弃

C．贯彻寄希望于台湾人民的方针绝不改变

D．反对"台独"分裂活动决不妥协

E．实行"一国两制"决不后退

Ⅱ　主观性试题

16．如何理解实现祖国完全统一是中华民族的根本利益所在？

17．谈谈你对我党从武力解放台湾到和平解放台湾方针转变的认识。

18．谈谈你对"和平统一、一国两制"构想重大意义的认识。

19．如何理解中国政府解决台湾问题的原则立场？

20．谈谈你对我党在新世纪新阶段对台方针政策。

第12章　中国特色社会主义建设外部环境及外交政策

内 容 导 学

【学习目标】

通过对本章的学习，使学生了解二次世界大战后国际局势的发展变化及其基本特点，认清在经济全球化和世界多极化条件下和平与发展仍是当今时代的主题；掌握我国外交工作的基本原则、方针和政策；通过对中国在国际舞台上地位和作用提升的分析，明确中国坚持走和平发展的道路，坚定反对霸权主义、维护世界和平的决心和信心。

【基本概念】

世界多极化，经济全球化，和平发展道路，独立自主的和平外交政策，维护世界和平，促进共同发展。

【教学重点】

(1) 时代主题的转换与世界战略格局的新变化；

(2) 世界多极化和经济全球化在曲折中发展；

(3) 中国必须坚持走和平发展的道路。

【教学难点】

(1) 经济全球化与外交战略的新调整；

(2) "和谐世界"的新理念。

12.1　国际形势的发展与特点

中国特色社会主义建设需要一个稳定的国内环境，也需要一个和平的国际环境。对国际环境或国际形势的判断，直接影响着一个国家的战略决策和路线方针政策。我国坚持以经济建设为中心、坚持改革开放就是基于对时代主题的正确判断与分析，并在此基础上形成了新形势下我国独立自主的和平外交政策。

12.1.1　和平与发展是当今时代的主题

所谓时代主题，是指在一定历史时期内反映世界基本特征并对世界形势的发展具有全局性影响和战略性意义的问题，就是在一定历史条件下世界历史发展进程中需要解决的主要问题。随着世界矛盾和国际形势的发展变化，时代主题也会发生转换。科学认识和准确把握时代主题，是制定正确发展战略和内外政策的重要前提。

1. 毛泽东对第二次世界大战后国际形势的分析

如何判断世界范围的战争与和平问题，历来是观察和估量国际形势、制定和执行内外政策必须关注和解决的首要问题。第二次世界大战后，战争与和平问题成为国际社会所面临的突出问题。毛泽东分析战后国际形势，指出世界反动力量确在准备第三次世界大战，战争危险是存在着的。但是，世界人民的民主力量超过世界反动力量，并且正在向前发展，世界人民必能克服战争危险。正是基于这种判断，中国共产党领导人民勇敢地将新民主主义革命进行到底，建立了全国政权。新中国成立后，我们党密切关注世界上各种力量的消长和各种矛盾的变化，在战争与和平问题上，继续坚持新的世界大战既有可能发生也有可能防止的两点论。

在科学分析战争与和平问题的基础上，毛泽东逐步提出了两个中间地带和三个世界划分的战略。1946 年 8 月毛泽东指出，在美国和苏联中间隔着极其辽阔的地带。20 世纪 60 年代，毛泽东进一步提出了两个中间地带的思想，亚非拉是第一个中间地带，欧洲、北美加拿大、大洋洲是第二个中间地带，日本也属于第二个中间地带。1974 年，毛泽东又提出了三个世界划分的战略思想，第一世界是美苏两个超级大国，并指出这是导致战争的根源，第二世界欧洲、澳大利亚、日本、加拿大等发达国家，第三世界是亚非拉等发展中国家，中国属于第三世界。毛泽东还根据战后国际形势的发展，先后提出了各国的事情应由各国人民自己来管，反对帝国主义的干涉和称霸；国家不分大小强弱都是平等的，反对以大压小、以强凌弱；支持世界被压迫民族的解放运动和各国人民的革命斗争；结成广泛的反帝反霸斗争的国际统一战线等著名论断。毛泽东关于三个世界划分的战略思想，对于我们团结世界人民反对霸权主义，改变世界政治力量对比，改善我国的国际环境，提高我国的国际威望，起到了重要的作用。

20 世纪 60 年代后期和 70 年代初期，面对日益复杂的周边环境，我国政府一方面坚定不移地反对霸权主义，另一方面也在应对大规模侵略战争的准备。

2. 邓小平对时代主题的新判断

1) 邓小平对时代主题判断的依据

20 世纪 70 年代末以后，在战争与和平问题上邓小平逐渐形成了新的判断。1985 年，邓小平指出：现在世界上真正大的问题，带全球性的战略问题，一个是和平问题，一个是经济问题或者说发展问题。和平问题是东西问题，发展问题是南北问题。概括起来，就是东西南北四个字。南北问题是核心问题。邓小平对时代主题判断的基本点是：

第一，世界大战在一个相当长的时期内可以避免，我们有可能争取较长时期的和平环境。

第二，和平与发展是当今世界两大带有全球性的战略问题，是东西方之间、发达国家与发展中国家之间矛盾全局的集中体现。

第三，和平与发展是相辅相成的，世界和平是促进各国共同发展的前提条件，各国的共同发展则是保持世界和平的重要基础。

第四，和平与发展成为时代主题，并不意味着这两个问题已经解决。要清醒地看到，当今世界和平与发展这两大问题一个都没有得到解决，还需要各国人民长期不懈地共同努力。

2) 维护世界和平是当今世界的重大问题

从和平趋势的内在需求看，两次世界大战的浩劫给人类留下深重灾难和沉痛教训，世界各国人民对和平的追求十分强烈；和平发展成为世界的潮流，民心所向；世界经济的发展加深了各国利益的相互交织和相互依赖，冷战结束后多极化进程使世界各种主要力量彼此制衡，对霸权主义战争政策的牵制力量在增强，成为制约战争的一个重要因素；核武器等毁灭世界的战争工具形成的"恐怖平衡"，也成为制约战争的一个重要因素；广大发展中国家力量的发展，尤其是中国的发展壮大，对世界和平与发展起着不可低估的作用，通过和平方式解决国际争端越来越受到国际社会的重视。

3) 促进发展是当今世界的带有战略性和全局性的核心问题

这是因为发展事关全人类社会的文明进步，是每个民族和国家繁荣昌盛的基础。没有全人类协调、平衡、坚实的经济和社会发展，就没有持久的世界和平与稳定，已经实现的和平与稳定也难以巩固。在和平稳定中谋求发展，是当今世界的头等大事。谋求发展，不仅成为各国关注的核心，也成为一种现实可能。日新月异的科学技术成为推动人类社会发展变化的最重要力量。

4) 和平与发展的关系是世界范围内的政治和经济的关系

世界和平是促进各国共同发展的基本前提；世界各国的共同发展和繁荣是维护世界和平的重要基础；和平与发展的核心问题是南北问题及发展问题；二者相互依存又互为因果，相互促进又相互制约，是内在统一的。当今世界正处在大发展、大变革、大调整之中。和平与发展仍然是时代主题，求和平、谋发展、促合作已经成为不可阻挡的时代潮流。世界多极化、经济全球化深入发展，全球总体上保持和平稳定。但是，世界还很不安宁，世界和平与发展面临诸多挑战。总体和平、局部战争；总体缓和、局部紧张；总体稳定、局部动荡；是当前和今后一个时期国际局势发展的基本态势。

12.1.2　世界多极化和经济全球化趋势在曲折中发展

1．世界多极化在曲折中发展

(1) 世界多极化是指在一定时期内对国际关系有突出影响的国家和国家集团相互作用而趋向于形成多极格局的一种发展趋势，是对主要政治力量在全球实力分布状态的一种反映。世界格局多极化是国际关系发展的必然结果，是不以人的意志为转移的客观趋势。第二次世界大战后，世界格局的演变，经历了从两大阵营对立到美苏两个超级大国争霸全球，再到两极格局终结、走向多极化的曲折发展过程。

(2) 国际格局走向多极化，是时代进步的要求，符合各国人民的利益。多极化格局使世界各种力量逐渐形成既相互借重又相互制约与制衡的关系，有利于避免新的世界大战的爆发，有利于遏制霸权主义和强权政治，有利于推动建立公正合理的国际政治经济新秩序，有利于实现各国人民对和平、稳定、繁荣的新世界的美好追求，也有利于广大发展中国家抓住机遇、发展自己。但也要看到，世界多极化的最终形成要经历一个漫长、曲折、复杂的演进过程。在这个过程中，单极与多极的矛盾，称霸与反霸的斗争，将成为相当长一个时期内国际斗争的焦点。合作中的竞争和竞争中的合作成为世界格局多极化趋势发展过程中的重要特征。

(3) 在世界格局多极化与单边主义的斗争中，军事力量仍然是关键因素。在日趋激烈的综合国力竞争中，经济技术的地位越来越重要。经济力量是国家实力的基础。强大的经济技术力量是能否成为世界一极的根本条件。因此，各国都把发展经济摆在优先地位。世界格局多极化能否成为现实，归根到底，取决于世界各大力量中心的经济能否迅速发展，取决于发展中国家的经济能否实现腾飞。中国要在世界格局多极化的趋势中发挥大国作用，必须不断增强综合国力。

2．经济全球化趋势深入发展

(1) 经济全球化始于资本主义生产方式的形成，是市场经济的产物。马克思恩格斯在《共产党宣言》中指出：资产阶级由于开拓了世界市场，使一切国家的生产和消费都成为世界性的了。世界格局演变的一个重要背景是经济全球化，经济全球化趋势和世界多极化趋势相互关联、相互影响。尤其是 20 世纪 90 年代以来，随着冷战的结束，世贸组织的建立，信息技术的发展，加快了经济全球化发展的趋势。

(2) 科技革命和生产力的发展是经济全球化的根本动力。世界经济生活日益国际化，各国之间的相互交流、相互依存日益加深。世界经济活动的规模不断扩大，跨国经济联系日益紧密。经济全球化使各种生产要素在全球范围内优化组合和资源优化配置，从而促进全球经济的迅速发展。但经济全球化在推动全球生产力发展、加速世界经济增长的同时，也带来一些负面影响，经济全球化是在国际经济秩序仍存在不公正不合理因素的情况下发生和发展的，是西方发达国家主导的经济全球化。对发展中国家来说，经济全球化既是历史机遇，也是巨大的挑战。西方发达国家虽是经济全球化的主要受益者，但也面临着其带来的一系列新的社会经济问题的挑战。

(3) 新科技革命是当代经济全球化浪潮的重要推动力。新科技革命大大提高了劳动生产率和财富的增长速度，促使各国在世界范围内寻找资源和市场；新兴产业的不断涌现和生产过程的分解，为世界各国参与国际分工创造了新的机会和条件；而运输和通信技术的发展大大缩短了各国在时间和空间上的距离，降低了商品和生产要素跨国流动的成本，导致国际贸易、投资和金融活动的日益全球化。经济全球化在本质上是资本的跨国流动，是资本国际循环与周转的形成。经济全球化实际上是全球经济市场化的过程。

(4) 面对经济全球化带来的机遇和挑战，发展中国家在扩大开放时应根据本国的具体情况，循序渐进，注意提高防范和抵御风险的能力。同时，各国应本着责任与风险共担的精神，加强国际合作，共同维护国际经济稳定发展，推动国际经济秩序向公正合理的方向发展，建设一个世界各国平等、互惠、共赢、共存的经济全球化。

3. 中国坚持走和平发展的道路

走和平发展的道路，是中国政府和人民根据时代发展潮流和自身根本利益做出的战略抉择。在人类历史上，新兴大国的崛起往往导致国际格局和世界秩序的严重失衡，甚至引起世界大战。德国和日本就是例证，前苏联在此也有深刻的历史教训。改革开放以来，中国成功地走上了一条与本国国情和时代特征相适应的和平发展的道路。走和平发展道路，就是要把中国国内发展与对外开放统一起来，把中国的发展与世界的发展联系起来，把中国人民的根本利益与世界人民的共同利益结合起来。中国和平发展的道路具有两个鲜明的特征：第一，中国和平发展的道路是一条统筹国内发展和对外开放的发展道路。第二，中国和平发展的道路是一条勇于参与经济全球化而又坚持广泛合作、互利共赢的发展道路。中国对内坚持和谐发展，对外坚持和平发展，这两个方面是密切联系、有机统一的整体，都有利于建设一个持久和平、共同繁荣的和谐世界。

中国走和平发展道路的依据和意义在于：

第一，坚持走和平发展道路是基于中国特色社会主义的必然选择。改革开放以来，中国坚持以经济建设为中心，坚持深化改革，不断扩大对外开放，经济、政治、文化全面发展，人民的生活在经济发展的基础上不断得到改善。坚定不移地走中国特色社会主义的道路，对世界特别是亚太地区的和平与发展具有重要意义。中国人民最需要、最珍爱和平的国际环境。走和平发展道路，是中国实现国家富强、人民幸福的必由之路，符合中国人民和世界人民的根本利益。中国奉行防御性的国防政策，不搞军备竞赛，不对任何国家构成军事威胁。中国反对各种形式的霸权主义和强权政治,永远不称霸,永远不搞扩张。中国的发展不会妨碍任何人,也不会威胁任何人,只会有利于世界的和平、稳定、繁荣。走和平发展道路,符合社会主义的基本原则。社会主义中国现在要走和平发展道路,将来强大了也要走和平发展道路。努力实现和平的发展、开放的发展、合作的发展、和谐的发展,始终是中国谋求发展的宗旨和原则。

第二,坚持走和平发展道路是基于中国历史文化传统的必然选择。中华民族是热爱和平的民族,中华文化是一种和平的文化。渴望和平始终是中国人民的精神特征。中国人民在对外交往中始终强调亲仁善邻、和而不同。坚持在和平共处五项原则的基础上发展同世界各国的友好合作,始终同世界各国和睦相处,始终是维护世界和平的坚定力量。我们坚持把中国人民的利益同各国人民的共同利益结合起来,秉持公道,伸张正义。中国的发展有利于世界和平力量的增长。

第三,走和平发展道路是基于当今世界发展潮流的必然选择。求和平、促发展、谋合作,是世界各国人民的共同心愿,也是不可阻挡的历史潮流。中国外交政策的宗旨是维护世界和平、促进共同发展。同时,中国也清楚地看到,世界上仍存在诸多不稳定、不确定的因素,人类还面临许多严峻挑战。中国将始终不渝地高举和平、发展、合作的旗帜,坚定不移地走和平发展道路,同世界各国人民一道,共同推进人类和平与发展的崇高事业。

12.2　坚持独立自主的和平外交政策

12.2.1　我国独立自主的和平外交政策

1. 独立自主和平外交政策的形成和发展

(1) 新中国建立前夕,中共中央和毛泽东同志根据当时的国际环境和中国革命几十年的经验教训,提出了新中国即将奉行的国际战略政策。从新中国成立到 20 世纪 50 年代中期,中国外交的中心任务是:巩固新生的人民政权,为社会主义和平建设争取一个有利的国际环境。为此,中国公开宣布站在社会主义阵营一边,着重加强同苏联和其他社会主义国家的联合,坚决反对美国的侵略政策和战争政策,彻底清除帝国主义在华的特权和势力。新中国的对外政策一直是以争取和平为宗旨的。毛泽东时代新中国的外交战略大体经历了三大阶段:

第一,建国后到 20 世纪 50 年代中期实行"一边倒"的战略。新中国成立初期,毛泽东提出"另起炉灶"、"打扫干净屋子再请客"、"一边倒"三大外交方针。"另起炉灶"是新中国的人民政府不承认国民党政府同各国建立的一切旧的外交关系,要在新的基础上同各国另行建立新的外交关系。"打扫干净屋子再请客"是指新中国的建立必须清理旧中国残留的对外关系遗迹,建立国内的良好环境,以全新的面貌建立、发展同其他友好国家的关系。

"一边倒"就是在帝国主义对新生的人民政权实行敌视政策的情况下，中国只能倒向社会主义阵营一边。这三大方针，符合中国人民实现国家安全、独立和维护世界和平的根本利益，为独立自主的新中国外交关系奠定了基础。中国执行向苏联和人民民主国家"一边倒"的方针，并不意味着放弃独立自主原则。同时，我们党还坚持在和平共处五项原则基础上发展同所有国家的友好合作关系。1953 年 12 月，周恩来在会见印度政府代表团时，首次系统地提出了和平共处的五项原则，和平共处五项原则经过 1955 年的万隆会议为许多亚洲国家所接受。这五项原则后来进一步完整地表述为：互相尊重主权和领土完整、互不侵犯、互不干涉内政、平等互利、和平共处。和平共处五项原则成为我国处理对外关系的基本准则。

第二，20 世纪 60 年代被迫推行"两个拳头出击"的战略。20 世纪 60 年代世界形势仍处于"冷战共处"状态。根据当时美国对中国实行孤立、封锁和禁运，以及社会主义阵营内部发生重大变化的情况，我国外交政策重心由"一边倒"调整为同时反对美苏两个超级大国到处侵略扩张、肆意干涉别国内政的霸权主义政策。同时，积极支持民族解放运动，坚持睦邻友好，维护中国的主权和领土完整，维护世界的进步与和平。

第三，20 世纪 70 年代提出"一条线"战略。20 世纪 70 年代，美苏争霸出现了苏攻美守的态势。苏联加强在中苏边境地区和蒙古的军事部署，并企图从北、南、西三面包围中国。美国实行战略收缩，急于从越南脱身，谋求打开对华关系。毛泽东审时度势，果断地决定打开中美关系的大门，提出了"一条线"的外交战略。即从东边起，日本、中国、欧洲国家、美国，加上同一条线上的第三世界各国，联合努力，共同对付苏联霸权主义。这是我国外交的一次重大战略调整，对缓和我国面临的紧张局势，维护世界和平与稳定，保障中国人民和世界人民的根本利益发挥了重要作用。无论实行什么样的具体对外政策，独立自主、和平共处的基本方针始终没变。

(2) 十一届三中全会以后，我国进入社会主义现代化建设新的历史时期，邓小平在对国际形势做出新的分析和判断的基础上，又对我国的外交战略和对外政策进行了重大调整。

第一，邓小平的"真正不结盟"和"韬光养晦"战略。20 世纪 80 年代，美苏争霸转入均衡、僵持阶段，我国实行改革开放，综合国力提高。邓小平根据形势的变化，果断及时地改变了以往的外交战略，确定了"真正的不结盟"战略，向全世界表明中国坚持独立自主的和平外交政策，坚决反对超级大国争夺霸权，决不依附于任何大国或者集团。从"一条线"到"真正的不结盟"，是一个重大的转变，是顺应国内外形势发展的重大决策。邓小平在外交工作中，强调要反对霸权主义，维护世界和平，为我国社会主义现代化建设争取一个较长时期的国际和平环境；坚持在和平共处五项原则基础上发展同所有国家的友好合作关系；高度重视第三世界国家的战略地位和作用，强调加强同它们的团结与合作；主张积极推动建立和平稳定、公正合理的国际政治经济新秩序；强调坚定不移地实行对外开放政策；确定了冷静观察、稳住阵脚、沉着应付、韬光养晦、有所作为、善于守拙、决不当头的方针；确立独立自主、完全平等、互相尊重、互不干涉内部事务的党际关系"四项原则"，开创了党的对外工作新局面；强调中国是维护世界和平与稳定的力量，要对人类进步事业做出更大的贡献。邓小平始终坚持运用马克思主义的立场、观点和方法指导我国的外交实践，解决了我国外交面临的一个又一个重大复杂的问题，形成了具有鲜明特色的邓小平外交思想。

第二，冷战结束后，面对复杂多变的国际形势，江泽民继承和发展了邓小平外交思想，继续开创我国外交工作的新局面。强调和平与发展仍是当今时代的主题，要紧紧抓住重要战略机遇期；要正确把握世界多极化和经济全球化的发展趋势，维护世界和平，促进共同发展；始终不渝地奉行独立自主的和平外交政策；反对霸权主义和强权政治，维护国家的独立、主权和尊严；在和平共处五项原则的基础上建立国际政治经济新秩序；进一步加强同发展中国家的团结与合作；努力发展大国间长期稳定的友好合作关系。

第三，党的十六大以来，中国政府和人民在中共中央的领导下，高举和平、发展、合作的旗帜，坚持独立自主的和平外交政策。强调中国的发展是和平的发展、开放的发展、合作的发展；坚持走和平发展道路，就是既通过争取和平的国际环境来发展自己，又通过自己的发展来促进世界和平，永远做维护世界和平、促进共同发展的坚定力量。中国主张国际关系民主化和发展模式多样化，积极推动经济全球化朝着有利于实现共同繁荣的方向发展，推动国际秩序向公正合理的方向发展，为推动建设持久和平、共同繁荣的和谐世界做出贡献。

第四，党的十八大对国际形势作出新的判断。当今世界正在发生深刻复杂变化，和平与发展仍然是时代主题。世界多极化、经济全球化深入发展，文化多样化、社会信息化持续推进，科技革命孕育新突破，全球合作向多层次全方位拓展，新兴市场国家和发展中国家整体实力增强，国际力量对比朝着有利于维护世界和平方向发展，保持国际形势总体稳定具备更多有利条件。同时，世界仍然很不安宁。国际金融危机影响深远，世界经济增长不稳定不确定因素增多，全球发展不平衡加剧，霸权主义、强权政治和新干涉主义有所上升，局部动荡频繁发生，粮食安全、能源资源安全、网络安全等全球性问题更加突出。人类只有一个地球，各国共处一个世界。历史昭示我们，弱肉强食不是人类共存之道，穷兵黩武无法带来美好世界。要和平不要战争，要发展不要贫穷，要合作不要对抗，推动建设持久和平、共同繁荣的和谐世界，是各国人民共同愿望。我们主张，在国际关系中弘扬平等互信、包容互鉴、合作共赢的精神，共同维护国际公平正义。平等互信，就是要遵循联合国宪章宗旨和原则，坚持国家不分大小、强弱、贫富一律平等，推动国际关系民主化，尊重主权，共享安全，维护世界和平稳定。包容互鉴，就是要尊重世界文明多样性、发展道路多样化，尊重和维护各国人民自主选择社会制度和发展道路的权利，相互借鉴，取长补短，推动人类文明进步。合作共赢，就是要倡导人类命运共同体意识，在追求本国利益时兼顾他国合理关切，在谋求本国发展中促进各国共同发展，建立更加平等均衡的新型全球发展伙伴关系，同舟共济，权责共担，增进人类共同利益。中国将继续高举和平、发展、合作、共赢的旗帜，坚定不移地致力于维护世界和平、促进共同发展。

2. 我国外交政策的基本原则

1) 独立自主的和平外交政策的内涵

中国坚定不移地奉行独立自主的和平外交政策，是由我国的社会主义性质和在国际上的地位决定的。独立自主的和平外交政策包括：

第一，把国家主权和安全放在第一位，坚定地维护我国的国家利益，反对任何国家损害我国的独立、主权、安全和尊严。

第二，从我国人民和世界人民的根本利益出发，决定自己的立场和政策，不屈从于任何外来压力。坚持各国的事务应由本国政府和人民决定，世界上的事情应由各国政府和人民平等协商，反对一切形式的霸权主义和强权政治。

第三，不以社会制度和意识形态的异同决定国家关系的亲疏，在和平共处五项原则基础上同所有国家建立和发展友好关系。

第四，坚持不同任何大国或大国集团结盟，不搞军事集团，不参加军备竞赛，不进行军事扩张，永远不谋求霸权。社会主义性质和国际地位决定了中国奉行独立自主的和平外交政策。

2) 独立自主和平外交政策的基本原则

独立自主和平外交政策的基本原则就是我国对外交往活动的根本准则，是在外交工作实践中探索出来的处理对外关系的根本依据，也是维护世界和平和促进共同发展、推动社会主义现代化事业全面发展的必然要求。坚持独立自主和平外交政策，需要遵守以下基本原则：

第一，坚持独立自主地处理一切国际事务的原则。独立自主是马克思主义的重要原则，是我国革命和建设事业取得胜利的宝贵经验之一。独立自主，就是坚持从我国的实际情况出发，依靠自己的力量，同任何国家友好相处，不容许任何国家损害我国的尊严和主权。不管国际风云如何变幻，我们都始终不渝地奉行独立自主的和平外交政策。

第二，坚持和平共处五项原则为指导国家间关系的基本准则。和平共处五项原则是一个相互联系、相辅相成、不可分割的统一体。和平共处五项原则符合《联合国宪章》的宗旨和原则，高度概括了国际关系的基本准则。和平共处五项原则的精髓，就是国家主权平等。在新的历史条件下，和平共处五项原则适用于处理各类国家间的外交关系，应该得到认真遵循和切实履行。

第三，坚持同发展中国家加强团结与合作的原则。改革开放使中国社会经济得到长足发展，但中国作为世界发展中国家的国际地位没有变。加强同发展中国家的团结与合作是我国对外政策的基本立足点。中国同广大发展中国家的友好合作，有着坚实的政治基础。

在新形势下，中国同广大发展中国家的共同关切增多，在推动国际秩序向公正合理的方向发展方面有着共同的利益和目标。我们要同广大发展中国家一道，抓住历史机遇，巩固传统友谊，深化全面合作，促进共同发展。

第四，坚持爱国主义与履行国际义务相统一的原则。各国人民的革命和建设事业是相互依存、相互支持的，各民族的根本利益是和整个人类文明进步事业的整体相联系的。在处理国际事务和对外关系时，既要坚决维护本国人民的根本利益，在涉及我国主权、领土完整、国家利益、国家安全的问题上决不妥协退让，同时又要注意维护世界和平和世界人民的根本利益，把本国人民的根本利益和前途与世界人民的根本利益和前途紧密结合起来。

3) 新形势下我国外交政策的基本点

第一，中国将始终不渝地走和平发展道路，坚定奉行独立自主的和平外交政策。我们坚决维护国家主权、安全、发展利益，决不会屈服于任何外来压力。我们根据事情本身的是非曲直决定自己的立场和政策，秉持公道，伸张正义。中国主张和平解决国际争端和热点问题，反对动辄诉诸武力或以武力相威胁，反对颠覆别国合法政权，反对一切形式的恐怖主义。

第二，中国反对各种形式的霸权主义和强权政治，不干涉别国内政，永远不称霸，永远不搞扩张。中国将坚持把中国人民利益同各国人民共同利益结合起来，以更加积极的姿态参与国际事务，发挥负责任大国作用，共同应对全球性挑战。中国将始终不渝奉行互利共赢的开放战略，通过深化合作促进世界经济强劲、可持续、平衡增长。中国致力于缩小南北差距，支持发展中国家增强自主发展能力。中国将加强同主要经济体宏观经济政策协调，通过协商妥善解决经贸摩擦。中国坚持权利和义务相平衡，积极参与全球经济治理，推动贸易和投资自由化便利化，反对各种形式的保护主义。

第三，中国坚持在和平共处五项原则基础上全面发展同各国的友好合作。我们将改善和发展同发达国家关系，拓宽合作领域，妥善处理分歧，推动建立长期稳定健康发展的新型大国关系。我们将坚持与邻为善、以邻为伴，巩固睦邻友好，深化互利合作，努力使自身发展更好惠及周边国家。我们将加强同广大发展中国家的团结合作，共同维护发展中国家正当权益，支持扩大发展中国家在国际事务中的代表性和发言权，永远做发展中国家的可靠朋友和真诚伙伴。我们将积极参与多边事务，支持联合国、二十国集团、上海合作组织、金砖国家等发挥积极作用，推动国际秩序和国际体系朝着公正合理的方向发展。我们将扎实推进公共外交和人文交流，维护我国海外合法权益。我们将开展同各国政党和政治组织的友好往来，加强人大、政协、地方、民间团体的对外交流，夯实国家关系发展社会基础。

12.2.2 建设持久和平、共同繁荣的和谐世界

1. "和谐世界"理念提出的背景

当代中国同世界的关系发生了历史性变化，中国的前途和命运日益紧密的同世界的前

途和命运联系在一起。中国人民热爱和平、渴望发展，愿同各国人民一道为人类和平与发展的崇高事业而不懈努力。不管国际风云如何变幻，中国政府和人民都将高举和平、发展、合作的旗帜，奉行独立自主的外交政策，维护国家主权、安全、发展利益，恪守维护世界和平、促进共同发展的外交政策宗旨。

反对霸权主义和强权政治，维护世界和平与发展。维护世界多样性，促进国际关系民主化和发展模式多样化。树立新的安全观念，努力营造长期稳定的国际和平环境。推动建设持久和平与共同繁荣的和谐世界。

2. "和谐世界"理念及其意义

(1) "和谐世界"理念是以胡锦涛为总书记的党中央对新时期我国外交政策目标的新概括，是指导我国对外工作和处理国际关系的新方针。它继承了新中国外交的传统，并结合国际形势与我国国际地位和影响的变化，进行了重大理论创新。和谐世界是基于中国文化传统的系统观、整体观而提出的全球政治伦理、法律与国际关系建设的伟大理念，它不仅解决了中国发展道路问题，也是建立全球政治伦理与国际秩序的指导原则，是站在全球秩序角度而非狭隘的中国视角。

(2) 和谐世界应该是民主的世界、和睦的世界、公正的世界、包容的世界。建设持久和平与共同繁荣的和谐世界的内涵包括：要坚持民主平等、实现协调合作；坚持和睦互信、实现共同安全；坚持公正互利、实现共同发展；坚持包容开放、实现文明对话。应该保障各国享有主权平等和内政不受干涉的权利，保障各国享有平等参与国际事务的权利，保障各国享有平等的发展权利，特别是广大发展中国家的发展权利，保障各个民族和各种文明共同发展的权利。共同分享发展机遇，共同应对各种挑战，推进人类和平与发展的崇高事业，事关各国人民的根本利益，也是各国人民的共同心愿。各国应该遵循《联合国宪章》的宗旨和原则，恪守国际法和公认的国际关系准则，在国际关系中弘扬民主、和睦、协作、共赢精神。政治上相互尊重、平等协商，共同推进国际关系民主化；经济上相互合作、优势互补，共同推动经济全球化朝着均衡、普惠、共赢方向发展；文化上相互借鉴、求同存异，尊重世界多样性，共同促进人类文明繁荣进步；安全上相互信任、加强合作，坚持用和平方式而不是战争手段解决国际争端，共同维护世界和平稳定；环保上相互帮助、协力推进，共同呵护人类赖以生存的地球家园。

(3) 在处理国际关系和外交关系方面，我们坚持大国是关键、周边是首要、发展中国家是基础、多边是舞台的外交工作布局。要继续同发达国家加强战略对话，运筹好大国关系，增进互信，深化合作，妥善处理分歧，推动相互关系长期稳定健康发展。继续贯彻与邻为善、以邻为伴的周边外交方针，做实做深构筑周边地缘战略依托工作，加强同周边国家的睦邻友好和务实合作，积极开展区域合作，共同营造和平稳定、平等互信、合作共赢的地区环境。继续加强同广大发展中国家的团结合作，巩固发展中国家在中国外交全局中的基础地位，深化传统友谊，扩大务实合作，提供力所能及的援助，维护发展中国家的正当要求和共同利益。继续积极参与多边事务，积极开展多边外交，承担相应国际义务，发挥建设性作用，推动国际秩序朝着更加公正合理的方向发展。继续开展同各国政党和政治组织的交流合作，加强人大、政协、军队、地方、民间团体对外交往，增进中国人民和各国人民的相互了解和友谊。大力加强公共外交和人文外交，开展各种形式的对外文化交流活动，扎实传播中华优秀文化。坚持以人为本，依法维护中国公民和法人海外合法权益，维护侨胞及港澳台同胞正当权益。继续开展涉藏、涉疆等问题的外交斗争，维护我国主权、安全和外交大局。中国发展离不开世界，世界繁荣稳定也离不开中国。中国人民将继续同各国人民一道，为实现人类的美好理想而不懈努力。

本 章 小 结

　　第二次世界大战特别是冷战结束以来，国际关系和国际格局经历了重大变化。和平与发展成为当今的时代主题。世界多极化和经济全球化的趋势深入发展，科技进步日新月异，国际关系民主化不断推进。中国坚定不移地走和平发展道路，高举和平、发展、合作的旗帜，努力为人类和平与发展事业做出更大贡献。中国奉行独立自主的和平外交政策，其宗旨是维护世界和平，促进共同发展。这一政策在我国外交工作实践中不断得到丰富和发展。独立自主和平外交政策的形成、发展与贯彻实施，丰富了马克思主义的理论宝库，不断开创我国外交工作的新局面，为我国社会主义现代化建设赢得了有力的国际环境。中国始终不渝奉行互利共赢的开放战略，坚持在和平共处五项原则基础上同所有国家发展关系，同国际社会一道致力于人类和平与发展的崇高事业，推动国际秩序向更加公正合理的方向发展。建设持久和平与共同繁荣的和谐世界，要坚持民主平等、实现协调合作，坚持和睦互信、实现共同安全，坚持公正互利、实现共同发展，坚持包容开放、实现文明对话。

同 步 练 习

Ⅰ 客观性试题

　　一、单项选择题(在每个小题列出的四个选项中，有一项是最符合题目要求的，请将正确选项前的字母填在本书所附答题纸的括号内)

　　1. 制定正确发展战略和内外政策的一个重要前提是(　　)。

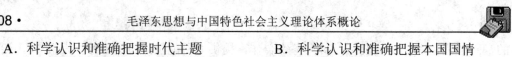

A．科学认识和准确把握时代主题　　　　B．科学认识和准确把握本国国情

C．深入理解和全面坚持马克思主义　　　D．全面观察和正确估计国际形势

2．世界格局多极化是(　　　　)的必然结果。

A．各国经济发展　　　　　　　　　　　B．国际关系发展

C．各国军事力量对峙　　　　　　　　　D．全球经济一体化

3．我国对外政策的基本立足点是(　　　)。

A．加强同发达国家的合作　　　　　　　B．努力缩短与发达国家间差距

C．加强同发展中国家的团结合作　　　　D．维护我国的基本利益

4．我国处理对外关系的基本准则是(　　　)。

A．独立自主的和平外交政策　　　　　　B．和平共处五项原则

C．"真正的不结盟"方针　　　　　　　　D．新世纪的新安全观

5．党中央对新时期我国外交政策目标制定中确定了一个新理念是(　　　)。

A．建立国际政治新秩序　　　　　　　　B．建立国际经济新秩序

C．构建和谐世界　　　　　　　　　　　D．树立新的安全观

二、多项选择题(在每小题列出的五个选项中有二至五个选项是符合题目要求的，请将正确选项前的字母填在本书所附答题纸的括号内)

6．国际上对和平趋势的内在需求包括(　　　)。

A．两次世界大战使世界各国人民对和平的追求十分强烈

B．和平发展成为世界的潮流，对霸权主义和世界大战形成越来越大的遏制力量

C．世界经济的发展加深了各国利益的相互交织和依赖，成为制约战争的重要因素

D．核武器等毁灭世界的战争工具形成的"恐怖平衡"，成为制约战争的重要因素

E．广大发展中国家力量的发展壮大，对世界和平与发展起着不可低估的作用

7．和平与发展成为当今时代的主题，这是(　　　)合力作用的结果。

A．各国间外交政策的斡旋　　　　　B．世界各种矛盾发展变化

C．世界抑制战争因素不断增长　　　D．各国综合国力的相互对比

E．各国领导人相互协商

8．我国坚定不移地奉行独立自主的和平外交政策，是由(　　　)决定的。

A．我国社会主义初级阶段的基本国情　　B．我国的社会主义性质

C．我国的发展目标　　　　　　　　　　D．我国在国际上的地位

E．我国落后的生产力状况

9．新安全观的核心是(　　　)。

A．竞争　　　　　B．互信　　　　　C．互利　　　　　D．平等　　　　　E．协作

10．我国谋求发展的宗旨和原则是努力实现(　　　)。

A．和平的发展　　　　　　　　B．开放的发展

C．合作的发展　　　　　　　　D．快速的发展

E．和谐的发展

11．当今时代，威胁世界和平与发展的主要因素有(　　　　)。

A．霸权主义　　　　　　B．强权政治　　　　　　C．民族矛盾

D．宗教纷争　　　　　　E．领土争端

12．我国坚持的和平共处五项原则，其主要内容是(　　　　)。

A．互相尊重领土和主权完整　　　　B．互惠互利

C．互不侵犯　　　　　　D．互不干涉内政　　　　E．平等互利、和平共处

13．我国在处理国际关系和外交关系方面的工作布局是(　　　)。

A．大国是关键　　　　　B．周边是首要　　　　　C．发展中国家是基础

D．多边是舞台　　　　　E．经济是主角

14．我国提出了构建和谐世界的理念，包括构建(　　　)。

A．民主的世界　　　　　B．和睦的世界　　　　　C．公正的世界

D．包容的世界　　　　　E．友好的世界

15．我国外交政策的宗旨是(　　)。

A．反对霸权主义和强权政治，维护世界和平与发展

B．维护世界多样性，促进国际关系民主化和发展模式多样化

C．树立新的安全观念，营造长期稳定的国际和平环境

D．推动建设持久和平与共同繁荣的和谐世界

E．维护国家主权

Ⅱ　主观性试题

16．如何理解和平与发展是时代的主题？

17．简述邓小平对时代主题判断的基本点。

18．中国为什么要坚持走和平发展道路？

19．谈谈你对世界多极化和经济全球化是时代发展趋势的认识。

20．如何理解"和谐世界"理念及其提出的意义？

第13章 中国特色社会主义事业的依靠力量和领导核心

内 容 导 学

【学习目标】

通过对本章的学习，使学生了解建设中国特色社会主义是中国各族人民的共同事业，工人、农民和知识分子是中国特色社会主义事业的根本依靠力量；了解中国共产党是中国特色社会主义事业的领导核心，立党为公、执政为民是党的宗旨的体现，是党始终恪守的政治立场；充分认识以加强党的执政能力建设和先进性建设为重点、全面推进党的建设新的伟大工程的现实途径和重大意义。

【基本概念】

新社会阶层，"四个尊重"方针，爱国统一战线，党的执政能力，党的民族政策，党的先进性建设。

【教学重点】

(1) 中国特色社会主义事业依靠力量提出的意义；

(2) 正确认识工人阶级队伍的变化；

(3) 新的社会阶层是中国特色社会主义事业的建设者；

(4) "四个尊重"是党和国家的重大方针；

(5) 中国共产党是社会主义现代化建设的领导核心。

【教学难点】

(1) 理解工人阶级是国家的领导阶级；

(2) 理解新的社会阶层是中国特色社会主义的建设者；

(3) 新时期的爱国统一战线；

(4) 新时期党的建设是以执政能力建设为重点的党的先进性建设。

13.1 中国特色社会主义事业的依靠力量

在当代中国，一切赞成、支持和参加中国特色社会主义建设的阶级、阶层和社会力量，都属于人民的范畴，都是建设中国特色社会主义事业的依靠力量。包括知识分子在内的工人阶级和农民阶级，始终是推动我国先进生产力、先进文化发展和社会全面进步的根本力量。全体社会主义劳动者、拥护社会主义的爱国者、拥护祖国统一的爱国者都是中国特色社会主义建设的重要力量。

13.1.1 建设中国特色社会主义的根本力量与重要力量

1. 建设中国特色社会主义的根本力量

1) 工人阶级是国家的领导阶级

工人阶级是我国国家政权的领导阶级。改革开放以来，工人阶级的工作环境、工作条件、队伍结构有所变化，但依靠广大工人阶级的方针政策是不会改变的。

第一，建设中国特色社会主义必须坚持全心全意依靠工人阶级的方针，这是由我们党和国家的性质、工人阶级的特点及其历史地位决定的。首先，我国是一个由共产党领导的社会主义国家，中国共产党的工人阶级先锋队性质决定了工人阶级在国家的领导地位。其次，中国工人阶级是近代以来我国社会发展特别是现代工业社会化大生产发展的产物，具有最严格的组织性、纪律性和革命的坚定性、彻底性等优秀品格。它始终站在时代前列，引领着先进生产力和先进生产关系的发展，善于顺应社会前进的潮流不断发展自身的先进性。最后，工人阶级是改革开放和现代化建设的基本动力。在当代中国，实行改革开放，进行现代化建设，解放和发展生产力，建设中国特色社会主义，符合工人阶级的根本利益。工人阶级由于其在社会主义现代化建设中的领导地位和高度集中统一等特点，成为国家和社会稳定的强大社会力量。

第二，改革开放以来，我国工人阶级的队伍发生了明显的变化，呈现出许多新的特点：一是队伍迅速壮大；二是内部结构发生重大变化。工人阶级中知识分子的比重大大增长，科技文化素质明显提高；进城就业的农民已成为我国产业工人的重要组成部分；职工所依存的经济组织的所有制形式日益多样化，在各类非公有制经济组织中就业的职工已占全部职工的一半左右；工人阶级队伍的年龄结构也更加趋于年轻化。三是岗位流动加快。计划经济条件下的"铁饭碗"已被打破，职工对单位的依赖性大为减弱，自主性大为增强。这些变化集中表现为工人阶级整体素质的提高和力量的增强。工人阶级队伍发生的变化，没有改变中国工人阶级作为国家主人的地位。工人阶级仍然是社会主义现代化的主要建设者、社会财富的主要创造者、先进生产力的代表者，仍然是人民民主专政国家的领导阶级。工人阶级的先进性最根本的体现在于它是先进生产力的代表。工人阶级作为我国的领导阶级，其领导地位和主人翁地位是由宪法规定的，工人阶级始终是推动中国社会发展的基本力量。

第三，新世纪以来，关于工人阶级历史地位问题，需要着重从下面三个方面来理解：

一是如何看待工人下岗。企业改革中出现的部分职工下岗问题，主要是由于经济结构调整而产生的，尽管会在一定时期、一定程度上给下岗工人带来不小的困难，但是这种改革又是必须进行的，从长远来说是符合工人阶级的整体利益的。

二是如何看待雇佣关系。私营企业和外资企业中，确实存在着雇佣关系，但是这类企业在我国的经济生活中并不占主体地位，而且它又处在社会主义制度的大环境中，必须接受我国法律的约束。

三是关于农民工的定位。怎样看待农民工，应做具体分析。有些进城务工的农民，职业已经确定或相对确定，有些则还不能确定。进城就业的农民已成为我国产业工人的重要组成部分。

2) 农民阶级是人数最多的基本依靠力量

依靠广大农民是由我国基本国情决定的：

第一，我国是个农业大国，农民占全国人口的绝大多数。我国的这一基本国情，决定了广大农民不但是我国新民主主义革命的主力军，而且是我国社会主义现代化建设和改革开放中人数最多、最基本的依靠力量。建设中国特色社会主义必须坚定不移地依靠广大农民群众，这是由农业、农村、农民的重要地位和作用决定的。

第二，依靠广大农民，调动农民的积极性和创造性，关系着改革开放和社会主义现代化事业的大局。在全面建设小康社会和实现中华民族伟大复兴的过程中，要不断提高对农业、农村、农民问题极端重要性的认识，切实保障农民的合法权益和民主权利，切实减轻农民负担，提高农民的生活水平；同时，又要教育、引导、支持农民，提高广大农民的科学文化素质和思想道德水平，增强国家主人翁地位观念，培养造就一代新型农民，推动农村实现现代化，建设社会主义新农村。

3) 知识分子是中国工人阶级的一部分

在中国民主革命中，先进的知识分子是首先觉悟的部分。没有知识分子的参加，革命的胜利是不可能的。同样，在社会主义现代化建设事业中，知识分子需要发挥其重要作用。在当代中国，知识分子作为工人阶级中掌握科学文化知识较多的主要从事脑力劳动的一部分，是先进生产力的开拓者和教育科学文化工作的基本力量，在改革开放和现代化建设中承担着重大的历史责任，是社会主义建设的一支重要依靠力量。充分发挥知识分子的作用，就要尊重知识、尊重人才。

4) 科学技术是第一生产力

科学技术作为第一生产力，是先进生产力的集中体现和主要标志，科学技术的这一重要地位，决定了知识分子在经济发展和社会进步中的特殊重要作用。知识分子作为人类科学文化知识的重要创造者、继承者和传播者，是推动我国科技进步和经济发展的生力军，是先进生产力的开拓者，也是社会主义精神文明建设的骨干和核心力量。依靠知识分子推动科技、经济发展和社会进步，已成为我国改革开放和社会主义现代化建设事业发展的关键因素。

2．建设中国特色社会主义的重要力量

1) 新的社会阶层是中国特色社会主义事业的建设者

改革开放以来，我国出现了一些新的社会阶层，这些阶层归纳起来主要有以下六个：

第一，民营科技企业的创业人员和技术人员。所谓民营科技企业，泛指以科技人员为主体，按照自筹资金、自愿组合、自主经营、自负盈亏的原则创办和经营，主要从事技术开发、转让、咨询、服务和成果转化的经济组织。它们的创业人员和技术人员拥有数量不一的企业股权，掌握企业的核心技术和经营管理的专门知识，在科学技术向现实生产力转化的过程中，是一支重要的力量。

第二，受聘于外资企业的管理技术人员。外资企业指依照中国法律，在中国境内设立的由境外投资的企业。在外资企业就职的中方管理技术人员通常年纪轻、学历高，许多人还有过在国外留学、就业的经历。他们比较熟悉国外的管理制度和工作方式，一般在外企的一些部门担任骨干。

第三，个体户。个体户即个体工商户，是以家庭为单位，拥有一定资金，独立经营、自负盈亏的经济实体，也是改革开放以来国内最早出现的一个新的社会阶层。

第四，私营企业主。私营企业指企业财产归私人所有、雇工人数较多的营利性经济组织。私营企业主正日益成为经济实力、经营范围与社会影响不断扩大的一个社会阶层。

第五，中介组织从业人员。中介组织泛指介于企业、个人之间，并为其服务、沟通、协调以及对其监督的社会组织。它主要由三类组成：行业性中介组织，如行业协会、学会、商会、研究会；公证性中介组织，如律师、会计、资产评估等专业事务所，以及证券、仲裁等中介组织；服务性中介组织，如提供就业、广告、公关、房地产等服务的组织。

第六，自由职业人员。这一阶层主要是指那些不固定供职于任何经济组织、事业单位或政府部门，凭借自己的知识、技能或专长为社会提供某种服务并获取报酬的人员。主要包括一些文化、艺术工作者等。

2) 新的社会阶层出现的原因

新的社会阶层是在党和国家改革开放政策的允许下出现的，是在社会主义公有制和社会主义上层建筑主导国家政治经济生活的总的条件下存在和发展的，其经营活动都要遵守国家的法律、法规和政策。他们中的一部分人，即使占有生产资料和雇佣工人，也不同于社会主义改造前的私营工商业者，也是中国特色社会主义事业的建设者。我国新的社会阶层的出现与社会变革的大背景有关，符合社会主义初级阶段社会生产力发展的要求。

3) 新的社会阶层的贡献或作用

应当看到，在党的路线方针政策指引下，新的社会阶层中的广大人员，通过诚实劳动、合法经营，为发展社会主义社会的生产力和其他事业做出了重要贡献。其中的一些优秀分子也因此赢得社会的尊重。他们的贡献主要体现在以下几个方面：

第一，推动了经济发展，增加了国家税收。新的社会阶层运用自己所拥有的生产要素，直接参与或服务于生产过程，是推动我国经济发展的一支重要力量，同时也为国家增加了税收。

第二，扩大了就业门路，缓解了就业压力。新的社会阶层或者自主择业，或者以自己创办企业招工的方式，吸纳了很大一部分待业人员和公有制部门的富余人员，从而扩大了就业门路，缓解了就业压力。

第三，为社会公益事业做出贡献。新的社会阶层中的不少人，自己富了不忘国家，不忘社会，积极参加"希望工程"、"光彩事业"等社会公益活动，以各种方式回报社会。

总体上看，新的社会阶层拥护党的领导和社会主义制度，拥护党的路线方针政策，遵纪守法，热爱祖国。他们勇于开拓，为我国的经济发展和社会进步做出了自己的贡献，他们都是中国特色社会主义事业的建设者。

3．尊重劳动、尊重知识、尊重人才、尊重创造

1) 劳动、知识、人才、创造的统一

劳动、知识、人才、创造，这四者是一个具有内在联系的统一整体，劳动在其中居于核心和基础的地位；知识是创造财富的重要资源，但它只有通过作用于劳动者、劳动资料，才能形成实际的财富；人才是知识资源的载体，人才的本质在于创造性。人才只有通过劳动，为社会创造出巨大的物质和精神财富，才能体现出自身的价值；创造本身就是一种劳动，创造是一种在高度紧张状态中最大限度地发挥智力和体力的复杂过程。在"四个尊重"中，核心是尊重劳动。党的十六大强调："必须尊重劳动、尊重知识、尊重人才、尊重创造，这要作为党和国家的一项重大方针在全社会认真贯彻。"把"四个尊重"作为一项重大方针，其着眼点在于坚持群众路线，最广泛、最充分地调动一切积极因素，不断地推进中国特色社会主义事业向前发展。

2) 在全社会认真贯彻执行"四个尊重"方针的意义

第一，在全社会认真贯彻执行"四个尊重"的方针，是时代发展对党和国家工作提出的新要求。当今时代，随着以信息技术为核心的科学技术的迅猛发展，以高新技术及其产业为基础的知识经济迅速兴起，世界经济发展的动力已经转向主要依靠人力资本，创造成为重要的劳动形式，人才成为最宝贵最重要的资源，脑力劳动在劳动形态中的地位和作用越来越突出。"四个尊重"是党在深刻认识和把握当代经济发展的本质特征及其影响的基础上作出的积极回应，充分反映了时代的精神，具有重大的现实意义。

第二，在全社会认真贯彻执行"四个尊重"的方针，目的在于最广泛、最充分地调动一切积极因素，使党获得取之不尽的力量源泉。只有正确看待各种形式的劳动，承认劳动者的合法权益，才能最广泛、最充分地调动一切积极因素，促进我们事业的发展。一切为我国社会主义现代化建设作出贡献的劳动，都是光荣的，都应该得到承认和尊重。

第三，在全社会认真贯彻执行"四个尊重"的方针，有利于增强全社会的创造活力，形成万众一心共创伟业的生动局面。首先，要充分发挥人民群众的首创精神，使全社会的创造能量充分释放、创新成果不断涌现、创业活动蓬勃开展。其次，要不断深化改革，努力创造一个平等竞争的社会环境。通过深化改革，在全社会建立起平等竞争的有效机制，排除权力对社会正常竞争秩序的干扰。再次，要严格执法，依法保护劳动者的权益。建立激励和保护创造的社会机制，对成功创造者给予奖励，对创造成果给予保护。

13.1.2　团结一切可以团结的力量

中国革命和建设的历史经验证明，在中国共产党的领导下，团结一切可以团结的力量，调动一切可以调动的积极因素，化消极因素为积极因素，是战胜困难、夺取革命和建设胜利的重要保证，是中国共产党在政治上的一个巨大优势。团结一切可以团结的力量，加强社会主义现代化建设事业，一要认真做好统一战线工作，二要全面贯彻党的民族政策和宗教政策。

1. 统一战线是中国革命、建设和改革的重要法宝

民主革命时期，我们党正是依靠强大的统一战线，取得了新民主主义革命的胜利。统一战线成为中国革命的三大法宝之一。新中国成立后，统一战线又在恢复国民经济、巩固人民民主专政、进行社会主义改造和社会主义建设中继续发挥着重要作用。

党的十一届三中全会以来，我国进入改革开放和社会主义现代化建设的新时期，统一战线也进入了一个新的发展阶段。在新的历史时期，我们党领导的统一战线的实质，就是要在一个共同的目标之下，实现全国各民族、各党派、各阶层、各方面人民最广泛的团结。促进政党关系、民族关系、宗教关系、阶层关系、海内外同胞关系的和谐。建设中国特色社会主义是一项十分艰巨的事业，需要团结一切可以团结的力量；完成祖国统一大业，反对霸权主义，维护世界和平，也需要团结各方面的力量。统一战线作为党的一个重要法宝，绝不能丢掉；作为党的一个政治优势，绝不能削弱；作为党的一项长期方针，绝不能动摇。

全面建设小康社会，实现中华民族的伟大复兴，在很大程度上取决于我们党能否动员千千万万的人民群众，同心同德、群策群力地为之奋斗。我们要认真做好统一战线工作，

最广泛、最充分地调动一切积极因素，把一切可以团结的力量都团结起来，努力形成全体人民各尽所能、各得其所而又和谐相处的局面，使统一战线在推动我国全面建设小康社会、实现祖国完全统一和发展对外友好合作等方面发挥更大的作用。

随着我国社会的发展，新时期爱国统一战线与以往的统一战线相比，其阶级结构和内部关系已经发生了重大变化。新时期的统一战线已成为工人阶级领导的，以工农联盟为基础的，全体社会主义劳动者、拥护社会主义的爱国者、拥护祖国统一的爱国者的最广泛联盟。新时期的统一战线包括两个范围的联盟：一是大陆范围内，以爱国主义和社会主义为基础的团结全体劳动者、建设者、爱国者的联盟，这是统一战线的主体和基础；二是大陆范围以外的，以爱国和拥护祖国统一为基础的联盟，这是统一战线的重要组成部分。这两个方面互相结合、互相促进，共同构成了一个整体，体现了新时期统一战线空前的广泛性。

新时期的统一战线的基本任务：高举爱国主义、社会主义旗帜，团结一切可以团结的力量，调动一切积极因素，同心同德，群策群力，坚定不移地贯彻执行党在社会主义初级阶段的基本路线、基本纲领，为促进社会主义经济建设、政治建设、文化建设、社会建设服务，为促进香港、澳门长期繁荣稳定和祖国和平统一服务，为维护世界和平、促进共同发展服务。

在新的历史时期，党的领导问题是统一战线的核心问题，只有坚持共产党的领导，才能结成牢不可破的统一战线，统一战线才能有正确的方向、蓬勃的生机和光明的前途，才能发挥它应有的作用。这不仅取决于我国社会主义制度的性质，也是统一战线内部各方面人士的共同愿望和共同利益所在。

新世纪新阶段，高举爱国主义和社会主义旗帜，发挥统一战线在促进社会和谐中的独特优势，支持人民政协围绕团结和民主两大主题履行政治协商、民主监督、参政议政的职能，充分调动和发挥民主党派、无党派人士和爱国人士的积极性和创造性，继续加强同民主党派协商共事，保证在国家机关中担任领导职务的民主党派和无党派人士有权有责。努力把统一战线建设成为坚持以人为本、具有强大凝聚力的统一战线，建设成为具有空前广泛性和巨大包容性的统一战线，不断巩固全体社会主义劳动者、社会主义事业的建设者、拥护社会主义的爱国者和拥护祖国统一的爱国者的最广泛的联盟，共创我们的幸福生活和美好未来。

2. 全面贯彻党的民族政策和宗教政策

1) 全面贯彻党的民族政策，正确处理民族问题

新中国成立和社会主义制度确立以后，在我国，民族压迫和民族剥削已被消灭，但这并不意味着我国已经没有了民族问题。由于我国正处于并将长期处于社会主义初级阶段，正确处理民族问题仍然是一项长期、复杂、艰巨的重要工作。社会主义制度下的民族问题与剥削制度下的民族问题在性质上是根本不同的，因此解决民族问题的方法也必然不同。

第一，社会主义时期民族问题的实质，已经不是阶级矛盾和阶级斗争问题，而是各民族人民的内部矛盾，是各民族人民在根本利益一致基础上的矛盾，应该用正确处理人民内部矛盾的方法来加以解决。

第二，社会主义时期处理民族问题的基本原则是：维护祖国统一，反对民族分裂，坚持民族平等、民族团结、各民族共同繁荣。

民族平等是民族团结、各民族共同繁荣的政治前提和基础。各民族不分人口多少、不分经济社会发展水平高低，在政治地位上都是平等的，不容许有任何民族歧视存在。

民族团结是维护国家统一、实现各民族共同发展的根本保证。没有各民族的团结，就没有社会主义祖国的统一、稳定和繁荣。各民族共同团结奋斗，共同繁荣发展，是新世纪新阶段民族工作的主题。

各民族共同繁荣是解决民族问题的根本出发点和归宿。在新时期搞好民族工作，最重要的是积极创造条件，加快发展少数民族地区的经济和科学文化事业。民族地区只有发展才能稳定，才能安定团结。必须以经济建设为中心，千方百计地加快民族地区的经济和社会发展，逐步缩小民族地区与发达地区的发展差距，促进各民族共同繁荣。

坚持民族平等、民族团结和各民族共同繁荣，必须全面贯彻党的民族政策。大力加强马克思主义民族观和党的民族政策的教育，巩固和发展平等、团结、互助、和谐的社会主义民族关系，坚决反对大民族主义、地方民族主义和民族分裂主义，坚决揭露和打击国内外敌对势力的一切分裂活动，不断巩固和发展中华民族的大团结，使各族人民和睦相处、和衷共济、和谐发展。

2) 全面贯彻党的宗教政策，正确处理宗教问题

宗教在社会主义社会中也将长期存在。正确认识我国社会存在的宗教问题，关键是要立足于我国的基本国情，充分认识宗教存在的长期性、宗教问题的群众性和特殊复杂性。必须尊重宗教产生、存在和发展的客观规律，既不能用行政的力量去消灭宗教，也不能用行政的力量去发展宗教。

第一，全面贯彻党的宗教信仰自由政策，尊重和保护公民的宗教信仰自由权利，是我们党维护人民利益、尊重和保护人权的重要体现，也是最大限度团结人民群众的需要。宗教信仰自由是指每个公民既有信仰宗教、也有不信仰宗教的自由。我们一方面要尊重每个公民信仰宗教的自由和不信仰宗教的自由，另一方面又要求宗教必须在宪法和法律规定的权利和义务范围内活动。依法管理宗教事务，要求在宗教方面涉及国家利益和社会公共利益的事项和活动，必须纳入依法管理的范围。

第二，我国实行政教分离的原则，任何宗教都没有超越宪法和法律的特权，都不能干预国家行政、司法和教育等国家职能的实施。积极引导宗教与社会主义相适应，不是要求宗教界人士和信教群众放弃宗教信仰，而是要求他们热爱祖国，拥护社会主义制度，拥护中国共产党的领导，遵守国家的法律、法规和方针政策；要求他们从事的宗教活动服从和服务于国家的最高利益与民族的整体利益；支持他们努力对宗教做出符合社会进步要求的阐释；反对一切利用宗教进行危害社会主义祖国和人民利益的非法活动，坚决抵制境外势力利用宗教进行渗透，坚决打击宗教极端势力，坚决反对和取缔邪教。

13.2　中国特色社会主义事业的领导核心

13.2.1　中国共产党的执政地位是历史与人民的选择

中国的近现代历史充分证明了这样的道理：没有共产党，就没有新中国；有了共产党，中国的面貌就焕然一新。中国共产党的执政地位是在长期革命斗争中逐步形成的，是近现代中国历史发展的必然，是人民的选择。

历史的主体是人民，历史的选择最终要通过人民的选择来实现。人民群众之所以信任、选择和支持中国共产党，就是因为共产党是为人民服务的，是能够满足人民需要的。在旧中国，广大人民群众最迫切的要求，是推翻帝国主义、封建主义和官僚资本主义的统治和压迫，获得民族独立和人民解放。中国共产党适应人民的需要，领导人民推翻了三座大山，建立了人民当家做主的共和国。新中国成立后，已经站起来的中国人民希望国家繁荣富强，过上幸福美好的生活。党适应这种需要，领导中国人民继续进行艰苦不懈的奋斗，实现了从新民主主义到社会主义的转变，建立了社会主义的基本经济制度、政治制度和比较完整的工业体系，实现了中国人民梦寐以求的民族独立、国家繁荣和人民幸福，各民族团结平等，并顺应社会历史发展的必然，走上了社会主义道路。尤其是改革开放 20 多年来，党领导的中国特色社会主义现代化建设事业取得了举世瞩目的伟大成就，赢得了世界人民的尊重，赢得了全中国人民的拥护。事实证明，"没有中国共产党，就没有社会主义的新中国"。

13.2.2　党的领导是社会主义现代化建设的根本保证

在新的历史条件下，广大人民的根本利益，就是要解放和发展生产力，实现国家的繁荣富强和人民的共同富裕，实现中华民族的伟大复兴。在中国能够团结和带领全国各族人民实现这个宏伟目标的政治力量，只有中国共产党。

1. 坚持中国现代化建设的正确方向，需要中国共产党的领导

摆脱国家贫穷落后的面貌，实现现代化和民族复兴，是中国人民的百年追求和梦想。近代中国历史反复证明，企图通过走资本主义道路使中国实现现代化，根本行不通。只有坚持中国共产党的领导，走中国特色社会主义道路，才能保证现代化建设事业的正确方向，才能制定和执行正确的路线方针政策，保证现代化建设事业不断取得进步，最终实现中华

民族的伟大复兴。

2．维护国家统一、社会和谐稳定，需要中国共产党的领导

没有国家的统一和社会的稳定，就没有国家的繁荣富强和人民的安居乐业。维护国家统一和社会稳定，历来是中国各族人民最关切的头等重要的大事。近代中国，深受外国入侵、军阀混战和政局动荡之害。中国人民对此刻骨铭心。在新世纪新阶段，中国共产党作为中国各族人民根本利益的忠实代表，以科学理论为指导，凭借其丰富的执政经验和驾驭全局的能力，统筹经济社会等各方面发展，努力构建社会主义和谐社会，能够维护国家统一和社会的和谐稳定。

3．正确处理各种复杂的社会矛盾，把亿万人民团结凝聚起来，共同建设美好未来，需要中国共产党的领导

中国幅员辽阔，人口众多，且城乡之间、地区之间发展不平衡，差异较大，面临着各种复杂的社会矛盾。只有正确调整和协调各方面的利益关系，才能最大限度地调动一切积极因素，集中一切资源、力量和智慧，解决关系国计民生的重大问题，保证经济社会的可持续发展。在中国，只有共产党才能总揽全局，协调各方，正确处理人民内部矛盾，顺利解决前进中的各种困难和问题，才能凝聚人心、汇聚力量，共建美好未来。江泽民指出："要把十几亿人的思想和力量统一和凝聚起来，共同建设有中国特色社会主义，没有中国共产党的统一领导是不可设想的。"

4．应对复杂国际环境的挑战，需要中国共产党的领导

当前，社会主义事业由于苏东剧变，共产主义运动处在低潮时期，国际社会中的各种政治力量正处在重新分化组合之中；恐怖主义威胁着全人类的安全；全球范围的热点和焦点问题此起彼伏，霸权主义、强权政治仍然横行；社会发展中不确定因素的增加也影响着各国的发展；南北差距仍在扩大；公正、合理、公平的国际经济新秩序在徘徊中前进；发展中国家在挣扎和挤压中发展，敌对势力仍然对我国实施"西化"、分化战略。在复杂的国际局势下，只有以坚强的政治核心把全国各族人民团结起来，才能保证我国真正走独立自主的和平发展道路。中国共产党就是这样一个能够把人民组织起来、团结起来走和平发展道路的政治核心。

13.3　新时期加强党的建设的必要性

如何对待人民群众，是一个根本的立场问题。以毛泽东为代表的中国共产党人，依据历史唯物主义关于人民群众是历史创造者的基本原理，在组织群众、带领群众进行革命的实践中，逐步形成了一切为了群众，一切依靠群众，从群众中来、到群众中去的群众路线。

中国共产党的最大政治优势是密切联系群众，党执政后的最大危险是脱离群众。党获得执政地位为进一步密切党群关系提供了有利条件，但也使党群关系面临新的问题，面临脱离群众的危险。

13.3.1　坚持立党为公、执政为民的执政理念

1．保持党和人民群众的血肉联系

中国共产党对于执政以后容易脱离群众的倾向始终保持高度警惕。党中央强调，能否始终保持党同人民群众的血肉联系，直接关系到党的生死存亡。从生死存亡的高度认识党群关系，具有十分重要的意义。

(1) 为了群众，相信群众，依靠群众，是马克思主义政党的本质要求。马克思主义政党是全心全意为民族、为国家、为人民的利益而奋斗的，除了最广大人民的利益，没有自己特殊的利益。中国共产党只有始终坚持唯物史观，把尊重社会发展规律与尊重人民历史主体地位统一起来，把为崇高理想奋斗与为最广大人民谋利益统一起来，才能把完成党的各项工作与实现人民利益统一起来，充分体现马克思主义政党立党为公、执政为民的本质特征。如果违背这一原则，必然会脱离人民群众，会被人民群众抛弃。

(2) 保持同人民群众的血肉联系，是党能否长期执政的关键所在。政之所兴在顺民心，政之所废在逆民心。人心向背，是决定一个政党、一个政权兴衰的根本因素。在任何时候、任何情况下，与人民群众同呼吸共命运的立场不能变，全心全意为人民服务的宗旨不能忘，坚信群众是真正英雄的历史唯物主义观点不能丢。

(3) 始终保持同人民群众的血肉联系，是中国共产党战胜各种困难和风险，不断取得事业成功的根本保证。中国最广大人民群众是建设中国特色社会主义事业的主体，是先进生产力和先进文化的创造者，是社会主义物质文明、政治文明和精神文明协调发展的推动者，是决定我国前途命运的根本力量。我国改革开放和建设的顺利推进，党的领导地位的不断巩固和加强，都需要人民群众的支持和拥护。

(4) 中国共产党作为执政党，保持同人民群众的血肉联系，应该落实到党和国家的制度与实施方针政策的工作中去，落实到各级领导干部的思想和行动中去，落实到关心群众生产生活的工作中去。

2．加强和改进党的作风建设，加大反腐败工作的力度

(1) 保持同人民群众的血肉联系，必须加强和改进党的作风建设，加大反腐败工作的力度。腐败是一种社会现象，党越是长期执政，拒腐防变的任务就越艰巨。中国共产党执政后对腐败问题一直保持着高度的警惕和强烈的忧患意识，认为不坚决惩治腐败，党同人民的血肉联系就会受到严重损害，党的执政地位就有丧失的危险，党就有可能走向自我毁灭。腐败的产生有其复杂而深刻的社会根源和思想根源，原因是党长期执政，党内一些人

产生了脱离群众、固步自封等倾向；我国处在社会主义初级阶段，实行改革开放，发展社会主义市场经济，许多方面的制度还不完善，为腐败的滋生提供了可乘之机；资产阶级腐朽思想和封建残余思想侵蚀着党的队伍；有的地方和部门治党不严，思想政治建设和组织建设抓得不紧，管理和监督不力；一些党员干部放松世界观改造，理想信念动摇，革命意志衰退，经受不住权力、金钱、美色的考验。这些因素的存在，决定了反腐败的任务必然是长期的和艰巨的。

(2) 中国共产党反腐败是非常坚决的。党中央要求全党同志特别是各级领导干部，务必深刻认识反腐败斗争的艰巨性、长期性和紧迫性，务必以更大的决心、更有力的措施、更扎实的工作，旗帜鲜明、毫不动摇地把党风廉政建设和反腐败斗争深入进行下去。反腐倡廉是加强党的执政能力建设和先进性建设的重大任务，也是维护社会公平正义和促进社会和谐的紧迫任务。新世纪新阶段，我国的改革之船已驶向市场经济的海洋，等在前面的将是更加严峻的考验风浪。反腐败的任务是长期的和艰巨的，中国共产党正努力建立健全惩治和预防腐败体系，教育、制度、监督是其中的重要环节。不断提高拒腐防变的能力，不断加强同人民群众的血肉联系。

3. 实现好、维护好、发展好最广大人民的根本利益

中国共产党来自于人民，植根于人民，服务于人民。实现好、维护好、发展好最广大人民的根本利益，是党的全部工作的根本目的。为实现好、维护好、发展好最广大人民的根本利益，中国共产党正确把握了以下几个基本原则。

(1) 根本立足点是考虑并满足最大多数人的利益要求。中国共产党要代表中国最广大人民的根本利益，这是党在执政的条件下坚持为人民服务这一根本宗旨的必然要求。为真正代表最广大人民的根本利益，中国共产党着力处理好三个方面的关系：一是正确处理利益关系多样化与根本利益的关系。制定和贯彻党的方针政策，基本着眼点是要代表最广大人民的根本利益，正确反映和兼顾不同阶层、不同方面群众的利益，使全体人民朝着共同富裕的方向稳步前进。二是正确处理局部与全局的利益关系，自觉做到以大局为重，局部服从大局。党内既不允许搞宗派主义，也不允许搞地方和部门保护主义。三是正确处理当前利益与长远利益的关系。改革使绝大多数人得到了实惠，但也使某些利益群体暂时受到影响，这是改革难以避免的。因此，在改革过程中，要切实关心人民群众的疾苦，帮助困难群体克服暂时的困难，把关心群众同引导群众正确认识改革结合起来，把当前利益与长远利益正确地统一和结合起来，坚定不移地推进改革。

(2) 妥善处理与兼顾不同阶层、不同方面群众的利益关系。目前，我国已经不存在阶级对立，社会各阶层的根本利益是一致的。但是，也必须看到，当前我国正处于改革的攻坚阶段和现代化建设发展的关键时期，社会经济成分、经济利益的多样化，人们生活方式的多样化，就业岗位和就业形式的多样化，使得各种利益矛盾错综复杂。中国共产党作为

执政党，充分反映和体现各个方面的利益要求，最大限度地赢得社会各阶层群众的拥护和支持，这样才能更好地打牢执政的社会基础，巩固执政地位。党高度重视和维护人民群众最现实、最关心、最直接的利益，使工人、农民、知识分子和其他群众共同享受到经济社会发展的成果，既坚决维护工人阶级的主人翁地位，又认真考虑和兼顾其他各阶层、各方面的利益。

(3) 切实解决好事关人民群众利益的实际问题。关心群众、代表群众利益，绝不是空洞的口号，必须十分具体地落实到解决群众生产和生活的实际问题上。党要求各级干部，对群众提出和反映的问题，必须满腔热情地对待和处理，绝不能漠然处之，更不能粗暴地对待群众；要到最困难的地方去，到群众意见最多的地方去，到工作推不开的地方去；关心群众，特别要关心困难群众的疾苦；为最广大人民谋利益，特别要为困难群众谋好利益；要注意关心那些工作和生活上暂时遇到困难的群众，把他们的事情摆上重要议事日程，重点考虑，重点解决，使他们的基本生活得到保障，特别是对下岗职工、农村贫困人口和城市贫困居民等困难群众遇到的实际问题，一定要带着深厚的感情帮助解决，把党中央为他们脱贫解困的各项政策措施落到实处，使他们切实感受到党的温暖、社会主义社会的温暖。

13.3.2 以改革创新的精神全面推进党的建设新的伟大工程

1. 党的建设是一项伟大的工程

(1) 高度重视和不断加强党的建设，是中国共产党从小到大、由弱到强，从挫折中奋起、在战胜困难中不断成熟的一大法宝，也是党领导的伟大事业不断取得胜利的根本保证。新时期，把党的建设作为一个系统工程全面来抓，就是要以先进性建设为主线，以执政能力建设为重点，全面推进党的政治、思想、组织和作风建设，把制度建设贯穿其中，从整体上提高党的建设水平，不断提高党的创造力、凝聚力和战斗力。

(2) 新时期推进党的建设新的伟大工程的重点，是加强党的执政能力建设和先进性建设。时代在发展，形势在变化。在机遇和挑战并存的条件下，中国共产党要带领全国各族人民全面建设小康社会，实现继续推进现代化建设、完成祖国统一、维护世界和平与促进共同发展这三大历史任务，必须大力加强执政能力建设和先进性建设。

第一，这是中国共产党正确应对面临的机遇和挑战、顺利完成肩负的历史使命的现实需要。我们党执政 60 多年来，依靠全国各族人民，把一个四分五裂、贫穷落后的旧中国，建设成为人民生活总体上达到小康水平、正在蓬勃发展的新中国，取得了举世瞩目的执政成就。进入新世纪新阶段，国际局势发生新的深刻变化。国内现代化建设任务更加繁重，改革发展处在关键时期，新情况、新问题层出不穷。所有这些，对我们党的执政能力提出了新的要求。党的领导方式、领导方法、领导艺术，也势必要加以改革、改进和改善，光靠老经验、老办法、老传统是不够的，因此，我们必须根据时代的要求和人民的愿望，大力加强党的执政能力建设，不断提高党的领导水平和执政水平，使党的执政方略更加完善、执政体制更加健全、执政方式更加科学、执政基础更加巩固，我们党才能真正抓住和用好本世纪头二十年的重要战略机遇期，团结带领人民群众全面建设小康社会，加快推进社会主义现代化。

第二，这是世界上一些长期执政的大党、老党相继丧失政权的惨痛教训给我们的历史警示。20 世纪 80 年代末、90 年代初以来，世界上一些执政几十年甚至上百年的大党、老党，先后失去政权，有的甚至走向衰亡。出现这种情况，原因是复杂的，从根本上说，是因为这些政党不注重执政能力建设，执政成绩不能令人民满意。这些事实告诉人们，党的执政地位不是与生俱来的，也不是一劳永逸的，无产阶级政党夺取政权不容易，执掌好政权尤其是长期执掌好政权更不容易。一个政党过去先进，不等于现在先进；现在先进，不等于永远先进。因此，中国共产党必须居安思危，增强忧患意识，坚持用发展的眼光审视和要求自己，以改革的精神加强和完善自己，永不自满，永不懈怠，不断把马克思主义中国化和中国特色社会主义事业推向前进。

第三，这是进一步提高中国共产党的领导水平和执政水平的迫切需要。党执政半个多世纪以来，执政成就有目共睹，执政能力同党肩负的重任和使命总体上是适应的。同时也必须看到，党员、干部和基层党组织等方面都存在着一些突出问题，有些党员理想信念淡薄，丧失了先进性，有些党组织缺乏战斗力和创造力；党的执政能力建设也存在一些亟待解决的突出问题，在领导方式和执政方式、领导体制和工作机制、领导干部和领导班子的素质及能力等方面，还存在与社会主义现代化建设事业不相适应的问题，严重影响党的执政形象和执政成效。因此，只有不断加强先进性建设和执政能力建设，党才能保持强大的创造力、凝聚力、战斗力，才能始终成为中国特色社会主义事业的坚强领导核心。

2. 加强党的执政能力建设

(1) 党的执政能力，就是党提出和运用正确的理论、路线、方针、政策和策略，领导制定和实施宪法和法律，采取科学的领导制度和领导方式，动员和组织人民依法管理国家和社会事务、经济和文化事业，有效治党、治国、治军，建设社会主义现代化国家的本领。执政能力建设是党执政后的一项根本建设，是我们党执政后始终面临和不断探索的一个重大课题。新中国成立前夕，毛泽东把执政比作"进京赶考"，强调必须向一切内行的人们学经济工作，从作风和本领两方面提出了党的执政能力问题。十一届三中全会以来，邓小平紧密结合改革开放和社会主义现代化建设的实际，强调坚持党的领导必须改善党的领导，提出了党和国家领导体制改革的问题，对党的执政能力建设提出了新要求。以江泽民为核心的第三代中央领导集体把加强党的执政能力建设与推进社会主义现代化建设紧密结合，与保持党的先进性紧密结合，表明党对执政能力建设有了更深刻的认识，更具有时代紧迫感。2004 年 9 月，党的十六届四中全会通过的《中共中央关于加强党的执政能力建设的决定》，全面总结了半个多世纪以来党执政的主要经验，明确提出了加强党的执政能力建设的指导思想、总体目标和主要任务，是加强党的执政能力建设的纲领性文献。

(2) 在半个多世纪的执政实践中，中国共产党积累了执政的成功经验，主要是：必须坚持党在指导思想上的与时俱进，用发展着的马克思主义指导新的实践；必须坚持推进社会主义的自我完善，增强社会主义的生机和活力；必须坚持抓好发展这个党执政兴国的第一要务，把发展作为解决中国一切问题的关键；必须坚持立党为公、执政为民，始终保持党同人民群众的血肉联系；必须坚持科学执政、民主执政、依法执政，不断完善党的领导方式和执政方式；必须坚持以改革的精神加强党的建设，不断增强党的创造力、凝聚力和战斗力。上述这些经验，也是加强党的执政能力建设的重要指导原则，必须在实践中长期坚持并继续丰富和发展。

(3) 当前和今后一个时期，加强党的执政能力建设的主要任务是：按照推动社会主义物质文明、政治文明、精神文明协调发展的要求，坚持把发展作为党执政兴国的第一要务，不断提高驾驭社会主义市场经济的能力；坚持党的领导、人民当家做主和依法治国的有机统一，不断提高发展社会主义民主政治的能力；坚持马克思主义在意识形态领域的指导地位，不断提高建设社会主义先进文化的能力；坚持最广泛、最充分地调动一切积极因素，不断提高构建社会主义和谐社会的能力；坚持独立自主的和平外交政策，不断提高应对国际局势和处理国际事务的能力。

3. 加强党的先进性建设

(1) 加强党的先进性建设，就是要通过推进党的思想建设、组织建设、作风建设和制度建设，使党的理论和路线方针政策顺应时代发展的潮流和我国社会发展进步的要求，反映全国各族人民的利益和愿望，使各级党组织不断提高创造力、凝聚力和战斗力，始终发挥领导核心和战斗堡垒作用，使广大党员不断提高自身素质，始终发挥先锋模范作用，使我们党永葆与时俱进的品质，始终走在时代前列，不断提高执政能力、巩固执政地位和完成执政使命。

(2) 中国共产党始终高度重视保持党的先进性，总是把党的先进性建设摆在突出的位置来抓。加强党的先进性建设，第一，必须准确把握时代脉搏，保证党始终与时代发展同步伐；第二，必须把实现好维护好发展好最广大人民的根本利益作为党全部工作的出发点和落脚点，保证党始终与人民群众共命运；第三，必须使党的理论和路线方针政策不断与时俱进，保证党的全部工作始终符合实际和社会发展规律；第四，必须围绕党的中心任务来进行，保证党始终引领中国社会发展进步；第五，必须坚持党要管党、从严治党，保证党始终具有蓬勃生机和旺盛活力。这些宝贵经验来之不易，对于进一步推进党的先进性建设，具有长期指导作用。

(3) 加强党的先进性建设，要始终抓好保持和发展党员队伍的先进性这个基础工程。

保持党员队伍的先进性，根本在于增强广大党员的先进性意识，激发其自我教育、自我提高的内在动力。重点在于解决党员队伍中存在的突出问题，不断增强党员队伍整体的先进性。关键在于完善制度和机制，把党的先进性要求转化为党员自觉遵守的行为准则。要通过进一步发展党内民主、加强民主集中制、完善党的各方面的制度和机制，使党的先进性要素充分发挥作用，激励广大党员自觉遵守党章和党规党纪，自觉实践党的先进性基本要求。

(4) 加强党的先进性建设是一项长期的历史任务，要紧紧围绕党的历史使命和中心任务来进行。新世纪新阶段，加强党的先进性建设，要紧密结合贯彻落实科学发展观的实践、构建社会主义和谐社会的实践、加强党的执政能力建设的实践和保持党同人民群众血肉联系的实践，使党的建设的各项工作经得起实践、历史和人民的检验。党只有紧跟时代发展的进步潮流，围绕不同时期党的中心任务和战略部署及其所反映的社会发展要求，根据不同时期人民的利益要求，以改革创新的精神来加强和改进党的建设，采取切实有效的办法来加强党员教育，才能始终保持党的先进性。

(5) 保持党的先进性，必须以改革的精神推进党的建设，不断为党的肌体注入新活力。要高度重视从青年中发展优秀分子入党，补充新鲜血液。马克思主义的政党只有赢得青年，才能赢得未来。党的事业离不开青年，青年的成长更离不开党。一切有理想、有抱负的中国青年，只有在中国共产党的领导下，同人民紧密结合，为祖国奉献青春，才能大有作为。青年一代要坚持学习科学文化与加强思想修养的统一，坚持学习书本知识与投身社会实践的统一，坚持实现自身价值与服务祖国的统一，坚持树立远大理想与脚踏实地艰苦奋斗的统一，努力成长为有理想、有道德、有文化、有纪律的人，成长为对党和人民的事业有所建树的人。

本 章 小 结

包括知识分子在内的工人、农民是中国特色社会主义事业的根本力量；改革开放以来出现的新的社会阶层是中国特色社会主义事业的建设者；必须认真贯彻尊重劳动、尊重知识、尊重人才、尊重创造的重大方针，最广泛、最充分地调动一切积极因素；巩固加强各族人民的团结合作。建设中国特色社会主义必须团结一切可以团结的力量，依靠最广泛的爱国统一路线，全面贯彻党的民族政策和宗教政策，正确处理民族问题和宗教问题。中国共产党的执政地位是经过长期斗争考验形成的，是历史的必然，是人民的选择。办好中国的事情，关键在党。坚持党的领导，必须改善党的领导。党和国家的一切工作和方针政策，都要以是否符合最广大人民群众的根本利益为最高衡量标准。实现好、维护好、发展好最广大人民的根本利益，是党的全部工作的根本目的。党的建设伟大工程同党领导的伟大事业紧密地联系在一起。在新世纪新阶段，要把全体人民的意志和力量凝聚起来，全面建设小康社会，加快推进社会主义现代化，必须以加强党的执政能力建设和党的先进性建设为主线，以改革创新精神全面推进党的建设新的伟大工程。

同步练习

Ⅰ 客观性试题

一、单项选择题(每小题列出的四个选项中只有一个选项是最符合题目要求的，请将正确选项前的字母填在本书所附答题纸的括号内)

1. 在中国特色社会主义现代化建设中，包括知识分子在内的工人阶级、农民阶级，始终是推动我国先进生产力、先进文化发展和社会全面进步的( )。

　A. 根本力量　　　B. 主要力量　　　C. 基本力量　　　D. 团结力量

2. 农民阶级是我国社会主义现代化建设和改革开放的( )。

　A. 最基本的依靠力量　　　　　　B. 最根本的依靠力量

　C. 最具开拓性的先进力量　　　　D. 最具活力的创造力量

3. 我国社会主义改革开放实践中形成的新社会阶层是( )。

　A. 中国特色社会主义的建设者　　B. 先进生产力的创造者

　C. 先进文化的开拓者　　　　　　D. 和谐社会的参与者

4. 党的十六大以来提出并贯彻实行的"四个尊重"的重大指导方针中居于核心和基础地位的是( )。

　A. 尊重知识　　　B. 尊重劳动　　　C. 尊重人才　　　D. 尊重创造

5. 我国新时期爱国统一战线的性质从根本上说是( )。

　A. 爱国主义性质的　　　　　　　B. 民主联盟性质的

　C. 人民民主性质的　　　　　　　D. 社会主义性质的

6. 中国共产党的根本宗旨是( )。

　A. 密切联系人民群众　　　　　　B. 执政兴国

　C. 全心全意为人民服务　　　　　D. 从严治党

7. 中国共产党执政后以及在新时期面临的最大危险是( )。

　A. 决策失误　　　　　　　　　　B. 指导思想多元化

　C. 脱离群众　　　　　　　　　　D. 缺乏民主

8. 以下选项中作为党的三大优良作风之一，也是党的优势的是( )。

　A. 学理论　　　　　　　　　　　B. 讲政治

C．思想政治工作 D．密切联系群众

9．判断一个政党的性质主要看( )。

A．其参加者的成分 B．它在发展经济中的作用

C．其理论和纲领的阶级性 D．其是否存在腐败现象

10．新时期我们党的建设所要解决的两大课题是( )。

A．重新确定"解放思想、实事求是"的思想路线

B．提高我们党的领导水平和执政能力

C．增强我们党拒腐防变的能力

D．用邓小平理论统一认识武装头脑

二、多项选择题(在每小题列出的五个选项中有二至五个选项是符合题目要求的，选出正确选项前的字母填在本书所附答题纸的括号内)

11．全心全意地依靠工人阶级，充分发挥工人阶级的领导作用和主人翁地位，就必须切实保障职工的民主权利，落实职工的( )。

A．知情权 B．参与权 C．表达权 D．监督权 E．劳动权

12．改革开放以来，我国工人阶级队伍的状况发生了显著的变化，其特征是( )。

A．队伍迅速壮大 B．内部结构重大变化

C．岗位流动加快 D．铁饭碗已被打破

E．职工所依靠的社会经济组织的所有制形式多样化

13．社会主义改革开放实践中形成的新社会阶层主要是指( )。

A．民营科技企业的创业人员和技术人员

B．受聘于外资企业的管理人员和技术人员

C．个体户和私营企业主

D．中介组织中的从业人员

E．自由职业者

14．新社会阶层形成的社会历史条件是( )。

A．经济领域的制度创新 B．经济结构的多样性

C．社会生产力发展的多层次性 D．产业结构的新变化

E．社会阶层结构的新变化

15．我国社会主义新时期处理民族问题的基本原则是( )。

A．维护祖国统一 B．反对民族分裂 C．坚持民族平等

D．促进民族团结 E．各民族共同繁荣

16．新时期党的建设主要内容包括( )。

A．思想建设 B．组织建设 C．作风建设

D. 制度建设　　　　　　E. 反腐倡廉建设

17. 为了真正代表最广大人民的根本利益，中国共产党必须着力处理好(　　)。

A. 利益关系多样化与根本利益的关系

B. 工人阶级利益与农民阶级利益的关系

C. 局部利益与全局利益的关系

D. 当前利益与长远利益的关系

E. 城市市民利益与农村村民利益的关系

18. 党的十六届四中全会就加强执政党的能力建设作出了战略部署，提出要着重加强和提高(　　)。

A. 驾驭社会主义市场经济的能力　　　B. 发展社会主义民主政治的能力

C. 建设社会主义先进文化的能力　　　D. 构建社会主义和谐社会的能力

E. 应对国际局势和处理国际事务的能力

Ⅱ　主观性试题

19. 谈谈你对我党提出的"尊重劳动、尊重知识、尊重人才、尊重创造"的认识。

20. 谈谈你对新时期爱国统一战线的内容、性质和任务的认识。

21. 谈谈你对中国共产党作为工人阶级的政党，为什么同时也是中国人民和中华民族的先锋队的认识。

22. 为什么要大力加强执政党建设和先进性建设？

23. 谈谈你对加强党的先进性建设的认识。

第1章 马克思主义中国化的历史进程与理论成果

Ⅰ 客 观 性 试 题

一、单项选择题

1. ( )　　2. ( )　　　3. ( )　　　4. ( )　　　5. ( )

6. ( )　　7. ( )　　　8. ( )　　　9. ( )　　　10. ( )

二、多项选择题

11. ( )　　12. ( )　　13. ( )　　14. ( )　　15. ( )

16. ( )　　17. ( )　　18. ( )　　19. ( )　　20. ( )

Ⅱ 主 观 性 试 题

第2章 中国革命的基本理论与实践

Ⅰ 客 观 性 试 题

一、单项选择题

1. （ ）   2. （ ）   3. （ ）   4. （ ）   5. （ ）

二、多项选择题

6. （ ）   7. （ ）   8. （ ）   9. （ ）   10. （ ）

Ⅱ 主 观 性 试 题

_____

_____

_____

_____

_____

_____

_____

_____

_____

_____

_____

第3章　社会主义的本质与根本任务

Ⅰ　客 观 性 试 题

一、单项选择题

1.（　　）　　　2.（　　）　　　3.（　　）　　　4.（　　）　　　5.（　　）

二、多项选择题

6.（　　）　　　7.（　　）　　　8.（　　）　　　9.（　　）　　　10.（　　）

11.（　　）　　　12.（　　）　　　13.（　　）　　　14.（　　）　　　15.（　　）

Ⅱ　主 观 性 试 题

_____

_____

_____

_____

_____

_____

_____

_____

_____

_____

_____

第4章 社会主义初级阶段理论

Ⅰ 客 观 性 试 题

一、单项选择题

1. (   )　　2. (   )　　　3. (   )　　　4. (   )　　　5. (   )

二、多项选择题

6. (   )　　7. (   )　　　8. (   )　　　9. (   )　　　10. (   )

Ⅱ 主 观 性 试 题

_____

_____

_____

_____

_____

_____

_____

_____

_____

_____

_____

_____

第 5 章 社会主义改革和对外开放

Ⅰ 客观性试题

一、单项选择题

1.（ ） 2.（ ） 3.（ ） 4.（ ） 5.（ ）

二、多项选择题

6.（ ） 7.（ ） 8.（ ） 9.（ ） 10.（ ）

Ⅱ 主观性试题

第6章 中国特色社会主义经济建设

Ⅰ 客 观 性 试 题

一、单项选择题

1. (   )　　2. (   )　　3. (   )　　4. (   )　　5. (   )

二、多项选择题

6. (   )　　7. (   )　　8. (   )　　9. (   )　　10. (   )

11. (   )　　12. (   )　　13. (   )　　14. (   )　　15. (   )

Ⅱ 主 观 性 试 题

_____

_____

_____

_____

_____

_____

_____

_____

_____

_____

_____

_____

第7章 中国特色社会主义政治建设

Ⅰ 客观性试题

一、单项选择题

1. (　　)　　　2. (　　)　　　3. (　　)　　　4. (　　)　　　5. (　　)

二、多项选择题

6. (　　)　　　7. (　　)　　　8. (　　)　　　9. (　　)　　　10. (　　)

Ⅱ 主观性试题

第8章 中国特色社会主义文化建设

Ⅰ 客观性试题

一、单项选择题

1. (　　) 　　2. (　　) 　　3. (　　) 　　4. (　　) 　　5. (　　)

二、多项选择题

6. (　　) 　　7. (　　) 　　8. (　　) 　　9. (　　) 　　10. (　　)

11. (　　) 　　12. (　　) 　　13. (　　) 　　14. (　　) 　　15. (　　)

Ⅱ 主观性试题

第9章 中国特色社会主义和谐社会建设

I 客观性试题

一、单项选择题

1. ( ) 2. ( ) 3. ( ) 4. ( ) 5. ( )

二、多项选择题

6. ( ) 7. ( ) 8. ( ) 9. ( ) 10. ( )

11. ( ) 12. ( ) 13. ( ) 14. ( ) 15. ( )

II 主观性试题

_____

_____

_____

_____

_____

_____

_____

_____

_____

_____

_____

_____

_____

第10章　中国特色社会主义生态文明建设

Ⅰ　客观性试题

一、单项选择题

1. （　　）　　　2. （　　）　　　3. （　　）　　　4. （　　）　　　5. （　　）

二、多项选择题

6. （　　）　　　7. （　　）　　　8. （　　）　　　9. （　　）　　　10. （　　）

Ⅱ　主观性试题

第11章　祖国完全统一的构想

Ⅰ　客观性试题

一、单项选择题

1.（　　）　　2.（　　）　　3.（　　）　　4.（　　）　　5.（　　）

二、多项选择题

6.（　　）　　7.（　　）　　8.（　　）　　9.（　　）　　10.（　　）

11.（　　）　　12.（　　）　　13.（　　）　　14.（　　）　　15.（　　）

Ⅱ　主观性试题

_____

_____

_____

_____

_____

_____

_____

_____

_____

_____

_____

_____

第 12 章 中国特色社会主义建设外部环境及外交政策

Ⅰ 客观性试题

一、单项选择题

1.（　　）　　2.（　　）　　3.（　　）　　4.（　　）　　5.（　　）

二、多项选择题

6.（　　）　　7.（　　）　　8.（　　）　　9.（　　）　　10.（　　）

11.（　　）　　12.（　　）　　13.（　　）　　14.（　　）　　15.（　　）

Ⅱ 主观性试题

_____

_____

_____

_____

_____

_____

_____

_____

_____

_____

_____

第13章 中国特色社会主义事业的依靠力量和领导核心

Ⅰ 客观性试题

一、单项选择题

1. (   )   2. (   )   3. (   )   4. (   )   5. (   )

6. (   )   7. (   )   8. (   )   9. (   )   10. (   )

二、多项选择题

11. (   )   12. (   )   13. (   )   14. (   )   15. (   )

16. (   )   17. (   )   18. (   )

Ⅱ 主观性试题

_____

_____

_____

_____

_____

_____

_____

_____

_____

_____

_____